A REFORMA DO ESTADO E A DESCENTRALIZAÇÃO ADMINISTRATIVA EM PORTUGAL

ESTUDOS REUNIDOS

A REFORMA DO ESTADO E A DESCENTRALIZAÇÃO ADMINISTRATIVA EM PORTUGAL

ESTUDOS REUNIDOS

2023

Isabel Celeste M. Fonseca

ALMEDINA

A REFORMA DO ESTADO E A DESCENTRALIZAÇÃO ADMINISTRATIVA EM PORTUGAL
ESTUDOS REUNIDOS

AUTORA
Isabel Celeste M. Fonseca

EDITOR
EDIÇÕES ALMEDINA, S.A.
Avenida Emídio Navarro, 81, 3D
3000-151 Coimbra
Tel.: 239 851 904 · Fax: 239 851 901
www.almedina.net · editora@almedina.net

DESIGN DE CAPA
EDIÇÕES ALMEDINA, S.A.

PRÉ-IMPRESSÃO
Patrícia Boleto

IMPRESSÃO E ACABAMENTO
AAAAAAAAA

Julho, 2023

ISBN
978-989-40-1286-3

DEPÓSITO LEGAL
000000/23

ALMEDINA | GRUPOALMEDINA

NOTA PRÉVIA

Muitas têm sido as reformas levadas a cabo na organizaçãoadministrativa, em Portugal, na última década, sendo umas dirigidas ao Poder Local e outras visando a própria Administração direta periférica do Estado, de entre as quais sobressai, designadamente, em 2013, a reforma territorial das freguesias; em 2018, a intensificação da descentralização administrativa; e, nos nossos dias, a reforma das Comissões de Coordenação e Desenvolvimento Regional ou, quiçá, o início do processo de regionalização.

O tema da descentralização administrativa — *rectius*, de transferência de competências do Governo para os órgãos das Autarquias Locais — é tratado neste compendêdio, tanto do ponto de vista teórico como prático, procurando dar a conhecer quais são, agora, os interesses públicos prosseguidos localmente e quais são, perdoem-me a ironia, as verdadeiras novas "competências" das Câmaras e dos respetivos Presidentes.

O livro reúne artigos publicados desde 2018 em revistas da especialidade, visando explicar como a "descentralização administrativa de 2018/2019" é pensada para reforçar e muscular o Poder Local e procurando igualmente compreender o grau de autonomia local alcançado desde 2022, conhecida que é a Lei de Orçamento Geral do Estado para 2023, estando em vigor todo o regime setorial de competências transferido e divulgados (como vão sendo) os testemunhos locais relativos aos esforços financeiros e às necessidades de reajustamento de recursos humanos e serviços. Em particular, são estudados os diplomas setoriais de descentralização administrativa atinentes às áreas Sociais, da Educação e da Saúde.

O nosso propósito começa por ser sempre o mesmo, revelando as preocupaçãoes de matriz pedagógica, procura ir ao encontro de necessidades de ordem didática, o que pressupõe elaborar materiais de suporte à lecionação das Aulas no Mestrado em Direito Administrativo.

Desta vez, contudo, procurando alcançar um outro desiderato, igualmente válido, reunimos neste livro os estudos esparsos sobre o tema da descentralização que podem ir ao encontro das necessidades da Comunidade em volta da Academia, das necessidades dos agentes e trabalhadores dos serviços públicos locais e da dos decisores políticos locais. Neste sentido, simplificando a consulta dos estudos dispersos, desejamos oferecer uma ferramenta útil e explicativa de temas envoltos em discussão mais política do que jurídica.

Não deixamos ainda assim de fazer o que habitualmente fazemos no nosso trabalho que é o de fazer muitas perguntas sobre os problemas e equacionar soluções. E assim é em torno do tema do aparente desiderato descentralizador das reformas em curso, que por vezes parece interrompido por ímpetos centralizadores, o que nos faz lembrar o tal fenómeno que foi ocorrendo ao longo dos anos do séc. XIX, dito "movimento pendular" (segundo António Cândido Oliveira), sendo certo que a legislação ia "oscilando alternadamente entre centralização e descentralização". O movimento de hoje é anunciado como de descentralização. Falta saber, contudo, se assim é. Para que assim fosse seria necessário que os autarcas pudessem decidir como exercer as competências, pudessem realizar políticas públicas locais nos novos vinte domínios em que agora atuam e que tivessem certeza e autonomia financeiras. Uma coisa é certa: há muitas mudanças em curso e algo se passa na Administração Autónoma e na Administração Pública regional e local do Estado. Os Municípios não estão a ver as suas autonomias efetivamente reforçadas e as Regiões parecem estar a formar-se à força, a partir do centro.

Estaremos a ajuizar bem a reforma em curso? Convido todos a juntar-se nesta reflexão.

Gualtar, abril de 2023
Isabel Celeste Fonseca

PLANO DOS ESTUDOS

ESTUDO I

A(s) reforma(s) do Estado e as estratégias de (des)centralização administrativa: *o rei vai (mesmo) nu* (?) (inédito)

A(S) REFORMA(S) DO ESTADO E AS ESTRATÉGIAS DE (DES)CENTRALIZAÇÃO ADMINISTRATIVA: *O REI VAI (MESMO) NU* (?)

Sumário[1]: § **1.** Introdução. § **2.** *A (boa) intenção das reformas:* reajustar e descentralizar com vista à eficiência. § **3.** As múltiplas reformas em curso: âmbito de incidência e propósitos. § **4.** Conclusão provisória

---

§ 1. Introdução

Tem pouco tempo a notícia de que o Governo tem o propósito de criar "um regime de arrendamento compulsivo das casas que estejam devolutas", anunciando uma repartição um tanto ou quanto confusa entre repartição de competências das autarquias e do Estado. E, para além do tema da (in)constitucionalidade dessa medida[2], a afirmação de que o novo quadro normativo viria centralizar as competências que, nestas questões de proximidade habitacional e decisões locais em matéria urbanística, seriam das autarquias veio ao de cima no tema. Também há poucos dias, lemos um comunicado do Governo dando conta de que, em Conselho de Ministros, se aprovou um processo de transferência

[1] O texto é inédito. Inicialmente, foi pensado para integrar os *Estudos Comemorativos dos 20 anos da Licenciatura em Direito da Escola de Direito da Universidade do Minho*, mas, dada a complexidade do tema e o escasso tempo disponível para a respetiva finalização, bem como a necessidade de terminar e entregar o texto para integrar uma obra datada, que deveria ser publicada antes de dezembro de 2014, ficou a aguardar melhores reflexões e dias. Veio, mais recentemente, a ser desenvolvido com a intenção de o mesmo vir a integrar os *Estudos em Homenagem ao Professor Doutor Fernando Alves Correia*. O tema não ficou consolidado e a reflexão também não. Continuamos por isso o texto.

[2] Sobre o tema, por exemplo, vd. https://visao.sapo.pt/imobiliario/2023-02-23-o-arrendamento-compulsivo-de-casas-devolutas-e-constitucional-o-parecer-de-dois-constitucionalistas.

de competências para as Comissões de Coordenação e Desenvolvimento Regional (CCDR)[3]. E, de imediato, nos lembrámos de um texto que deixámos inacabado por razões de impossibilidade de, em tempo tão curto, acompanhar e compreender as sucessivas reformas implementadas na Administração Pública em Portugal. E, por conseguinte, fomo-nos deparando, no quadro das nossas tarefas académicas dedicadas ao ensino da organização administrativa, com uma constante mudança nessa organização, que, para usar as expressões do legislador, traduzia "reforma do aparelho administrativo", "reajustamento da máquina administrativa", "extinção de organismos e serviços", "exoneração dos Governadores Civis", "reorganização territorial das freguesias", "eficiência administrativa, descentralização e intangibilidade das atribuições do Estado e das Autarquias", "subsidiariedade e proximidade dos serviços às populações", "eleição dos Presidentes das Comissões de Coordenação e Desenvolvimento Regional", ao mesmo tempo que também procurávamos caracterizar, em cada ano letivo, o estado da arte do Estado, do *quantum* das suas funções e a sua dimensão. Tarefa inglória, em suma, sempre inacabada. E assim é no que concerne ao estudo dos órgãos regionais do Estado, dada a anunciada transformação das CCDR em Institutos Públicos[4].

[3] Refere-se na página do Governo que este, em Conselho de Ministros, aprovou no dia 17 de novembro, "a resolução que determina o início do processo de transferência e partilha de atribuições dos serviços periféricos da administração direta e indireta do Estado para as Comissões de Coordenação e Desenvolvimento Regional (CCDR)". Em causa estão as áreas da economia, da cultura, da educação, da formação profissional, da saúde, da conservação da natureza e das florestas, das infraestruturas, do ordenamento do território e da agricultura. Sobre o tema, vd. https://www.portugal.gov.pt/pt/gc23/governo/comunicado-de-conselho-de-ministros?i=520. A Ministra da Coesão Territorial já havia afirmado que a transferência de competências para as CCDR vai estar concluída em março de 2024, tendo também frisado que o objetivo é "reforçar o papel" das CCDR, permitindo ter "um Estado melhor coordenado e mais próximo das regiões". Esta reorganização dos serviços do Estado nas regiões poderá traduzir-se, acrescentou a Ministra, num "melhor serviço público às empresas, aos cidadãos e às instituições". Finalmente, importa dizer que o Conselho de Ministros, adverte, contudo, na mesma nota, que "este processo de transferência e partilha de atribuições não prejudica a descentralização de competências para as comunidades intermunicipais e áreas metropolitanas".

[4] Pode ler-se no site do Governo (https://www.portugal.gov.pt/pt/gc23/area-de-governo/coesao-territorial) que são anunciadas grandes mudanças para as CCDR: " A nova lei orgânica prevê que as CCDR passem a ser "Institutos Públicos de Regime Especial, com autonomia jurídica, administrativa, financeira e património próprio", [mantendo] a superintendência e tutela administrativa no Ministério da Coesão Territorial". E também se diz aí que "como Institutos Públicos, passarão a ter mais dois vice-Presidentes do que atualmente, de forma a poderem gerir de forma adequada as novas atribuições (hoje em dia, para além do Presidente eleito por um colégio eleitoral, existem dois vice-Presidentes)". Anuncia-se igualmente uma reorganização territorial dos serviços, uma

Interrogamo-nos até se este não será um primeiro passo para instituir as regiões administrativas, seguindo-se um método que já foi recomendado, e que parece ser mais eficaz se ficar a cargo da Assembleia da República, por iniciativa do Governo, pressupondo-se um mapa regional adequado e sendo dispensado o referendo, uma vez que, como escreveu JOÃO CAUPERS, "os acontecimentos do nosso passado próximo demonstraram à evidência que não é possível instituir regiões através do método democrático"[5].

Se é certo, aliás, que a reforma do Estado ganhou um novo fôlego por força de um cenário mais complexo[6], que foi fazendo impactar um conjunto de fenómenos diversos, todos em simultâneo, ainda que alguns mais recentes, também não é menos despropositado acentuar que a intensidade da discussão esteve marcada pela realidade económica e financeira, vivida em 2011, em Portugal, estando associada à necessidade de, por compromissos assumidos no Memorando de Políticas Económicas e Financeiras celebrado entre o Estado português, a União Europeia, o Fundo Monetário Internacional e o Banco Central Europeu, se levar por diante, entre nós, um conjunto de medidas de que deveria resultar um significativo emagrecimento das Administrações Públicas, das suas estruturas materiais e humanas, e uma significativa

vez que "os serviços regionais de Agricultura e Pescas e os serviços de Cultura passam a integrar as CCDR, que também recebem atribuições das áreas da Educação, Formação Profissional, Economia, Conservação da Natureza, Saúde e Ordenamento do Território". Mais se diz: que "a reforma não tem em vista a deslocalização ou extinção de qualquer serviço, já que os trabalhadores continuarão no local onde exercem as suas funções, mas agora coordenados pelas respetivas CCDR". Quanto aos objetivos, escreve-se que o "objetivo da reforma é que os serviços regionais passam a trabalhar em conjunto e de forma articulada, de forma mais racional e eficaz, promovendo um melhor serviço público e melhor desenvolvimento regional". Em todo o caso, pode concluir-se que "apesar de uma maior autonomia, (...) as CCDR vão continuar a cumprir as orientações políticas do Governo". Finalmente, na notícia anunciada no site, pode ler-se que "a Ministra [se mostrou] confiante de que esta reforma, iniciada em novembro com a Resolução de Conselho de Ministros que a autorizou, possa ficar concluída em 2024". A nova lei orgânica das CCDR vai ser aprovada brevemente em Conselho de Ministros, devendo seguir-se a reestruturação de todos os serviços abrangidos e, por fim, a integração gradual dos serviços e respetivas atribuições.

[5] JOÃO CAUPERS, "Divisão administrativa e órgãos regionais", *Direito Regional e Local*, 08, outubro--dezembro, 2009, pp. 3-9.

[6] De facto, de entre esses fenómenos apraz indicar alguns recentes, como sejam, a globalização e a liberalização da economia, a *descentralização* política e a desterritorialização das fontes de direito administrativo, as novas formas de regulação e a pulverização de centros de decisão (mais conhecida na dimensão da governança) e a entrada em cena de novos sujeitos reguladores, a fuga para o direito privado das entidades públicas e as privatizações (em sentido material e organizatório) e o consequente esbatimento das fronteiras entre o direito público e o direito privado.

redução da despesa pública, devendo, é certo, manter-se a qualidade dos serviços prestados[7].

De resto, em sintonia com a tal preocupação do reajustamento das funções do Estado – o que pressupõe a prévia consideração das que deveriam exercer em monopólio e as que, assim não sendo, deveriam transferir para outros entes (mormente para os operadores privados) –, manteve-se na ordem do dia a discussão em torno do redimensionamento dos aparelhos administrativos, o do Estado-Administração e o das Administrações Autónomas, por esse "aparelho" ser enorme, pesado, caro, ineficiente, por revelar duplicações e ser, em última instância e mais grave, "Estado gordo"[8], incomportável, do ponto de vista económico e financeiro.

E, de facto, a malha orgânica que se foi conhecendo até à década de noventa do século XX confirmava a existência de múltiplos entes públicos, alguns com personalidade jurídica, outros sem ela, alguns com natureza pública e outros com natureza privada, alguns designados como pessoas coletivas e outros como organismos, agências, comissões ou unidades ou simples missões ou estruturas ou unidades orgânicas, de que apenas se dava conta da sua existência em tempos de discussão da proposta do Orçamento Geral do Estado. Vale a pena lembrar, a nível local: 4259 freguesias (isto numa estatística apurada antes da concretização do respetivo processo de reorganização territorial, iniciado em 2011) e 308 municípios. Depois, no quadro da Administração Estadual Direta central, detetávamos um naipe variado, onde se foram integrando muitas Direções-Gerais e Secretarias-Gerais, as diversas Inspeções-Gerais, as significativas Direções e Delegações Regionais, bem como outro tipo de estruturas internas com funções de estudo, e tantas outras espalhadas perifericamente, tanto dentro do país continental, como fora dele[9]. E fomos verificando ainda a existência de múltiplos institutos públicos e empresas públicas (do Estado, das regiões, das autarquias), sempre em constante reajustamento e reestruturação. A estas ainda se somavam as fundações públicas

[7] Sobre o tema, *vd.* Fernando Alves Correia, "Os Memorandos de entendimento entre Portugal, o Fundo Monetário Internacional, a Comissão Europeia e o Banco Central Europeu e a reforma do Poder Local", in *As reformas do Sector Público, Perspectivas Ibéricas no Contexto Pós-Crise*, José Carlos Vieira de Andrade/Suzana Tavares da Silva (coord.), Instituto Jurídico, Faculdade Direito, Universidade de Coimbra, 2017, pp. 13-36.

[8] A este propósito, e com absoluta necessidade, *vd.* João Caupers, *O Estado Gordo*, Lisboa: Âncora Editora, 2011.

[9] Sobre o tema, *vd.* João Caupers, *A Administração Periférica do Estado, Estudo de Ciência da Administração*, Aequitas, editorial Notícias, 1994, p. 87.

(do Estado, das regiões e das autarquias) e as associações públicas, bem como as entidades administrativas independentes e as entidades do terceiro setor, privadas, com fins altruístas, como sejam, as Instituições Particulares de Solidariedade Social, as Misericórdias, e outras entidades de semelhante estirpe. Foram publicadas significativas leis-quadro para muitas destas entidades[10].

Neste cenário, como facilmente se percebe, a palavra de ordem tem sido, desde há muitos anos, e mais intensamente nos últimos, a de reduzir a dimensão do aparelho administrativo de acordo com a capacidade financeira do país, o que tem levado a extinguir, cortar, encolher, agrupar ou outra palavra que seja sinónimo de fazer desaparecer serviços e estruturas, sobretudo periféricas e espalhadas pelo território nacional. E a verdade é que todos os que foram propondo soluções de reforma esperavam que a Administração Pública emagrecesse à força, sem que ao mesmo tempo existisse previamente anunciado um programa racional de dieta, pelo que foi comum assistir-se a propostas cujo desfecho correspondeu a "cortes a direito" numa aparente camada adiposa do corpo – o que se foi constatando como um enorme erro[11]. Voltamos, portanto, ao tema do estado da arte do Estado, do *quantum* das suas funções e da sua dimensão. A dimensão pedagógica da reflexão está sempre subjacente e parece que esta reflexão nunca está acabada, tal como a reforma[12].

§ 2. *A (boa) intenção das reformas*: reajustar Administração local e regional do Esatdo e descentralizar com vista à eficiência

Há dez anos resultou para o Governo português o cumprimento de diversas obrigações incluídas no Memorando de Políticas Económicas e Financeiras oportunamente celebrado entre o Estado Português, a União Europeia, o Fundo Monetário Internacional e o Banco Central Europeu. É um facto. A obrigação de melhorar o funcionamento da administração do Estado-Administração, eliminando as duplicações, aumentando a eficiência

[10] Sobre o tema, considere-se, designadamente, a Lei-Quadro do Estatuto de Utilidade Pública, Lei n.º 36/2021, de 14 junho, e a Lei-Quadro das Fundações, aprovada pela Lei n.º 24/2012, de 9 de julho, cuja atualização mais recente foi introduzida pela Lei n.º 67/2021, de 25 de agosto.

[11] A este propósito, e com absoluta necessidade, *vd.* João Caupers, *O Estado Gordo*, Lisboa: Âncora Editora, 2011.

[12] Para uma síntese do que temos vindo a dizer sobre o assunto, *vd.* os nossos *Curso de Direito Administrativo. Teoria Geral da Organização Administrativa*, Coimbra: Gestlegal, 2020, e *Direito das Autonomias (Locais), Estudos reunidos*, Coimbra: Gestlegal, 2020.

e reduzindo e extinguindo serviços que não representassem utilização eficaz de fundos públicos. Seguindo o desígnio, a imposição pressupôs reduzir o setor da Administração Pública do Estado (direta e indireta, naquela que incluía órgãos e serviços sob a direção do Governo, tanto da central como da periférica), o que também obrigou a acentuar as privatizações e ao chamamento da sociedade civil.

No mesmo sentido e com o mesmo resultado, decorreu do Memorando a obrigação de reduzir o peso da máquina administrativa e o peso atinente à respetiva despesa pública, com o pessoal, limitando as admissões na Administração Pública, bem como as promoções, e congelando salários. A redução dos cargos dirigentes e dos serviços foi estabelecida, aliás, para pelo menos 15%, tendo sido iniciada por essa ocasião uma segunda fase do PRACE (Programa de Reestruturação da Administração Central do Estado).

Do mesmo modo, nessa altura, foi imposta a obrigação de se proceder à reorganização dos setores da Administração Regional e Local e de se reconfigurar a prestação dos respetivos serviços. Aqui sugeriu-se, designadamente, ao nível da estrutura da Administração Local, a redução significativa de entes públicos locais, devendo a mesma ser reajustada, nessa calendarização, até ao início do ciclo eleitoral local seguinte.

De um modo ou de outro, o Estado assumiu a obrigação de reforçar a prestação do serviço público, aumentar a eficiência e reduzir custos e despesas, tendo seguido uma estratégia no sentido de encolher, minimizar e reduzir o número de entes públicos e de serviços – prometendo assegurar a manutenção do mesmo nível de qualidade.

Neste contexto, o XIX Governo Constitucional aprovou, em Conselho de Ministros, em julho de 2011, as linhas gerais do PREMAC (Plano de Redução e Melhoria da Administração Central do Estado[13]), procurando implementar um programa de melhoria da organização da Administração Estadual, traduzido no ajustamento do peso do Estado aos limites financeiros do país e na implementação de modelos mais eficientes para o funcionamento da Administração Direta do Estado. Dois meses depois, no relatório de execução do PREMAC apresentado, em 15 de setembro de 2011, pela Secretaria de Estado da Administração Pública, o Governo afirmou terem alcançado

[13] Na realidade, o Governo propõe-se alcançar certos objetivos: racionalização e redução das estruturas da Administração Central do Estado com o aumento da sua eficiência de atuação; promoção de uma melhor utilização dos recursos humanos do Estado, redução de pelo menos 15% no total das estruturas orgânicas dependentes de cada Ministério mais redução de pelo menos 15% do número de cargos dirigentes, tanto de nível superior, como de nível intermédio.

os objetivos definidos, tendo reduzido na ordem dos 40% as estruturas da Administração do Estado – sendo que na Administração Direta Central de 102 estruturas passou a 84 e na Administração Indireta deixaram de existir 74 Institutos Públicos e passaram a contar-se 55, existindo uma redução de 23%. Com o mesmo desiderato e sob o mesmo signo, quanto aos dirigentes, houve redução de 27% do número de Cargos Dirigentes (contando-se menos 275 dirigentes superiores e menos 1436 dirigentes intermédios). Posteriormente, e em contas refeitas, o Governo, fazendo um ponto da situação de aplicação do PREMAC, sublinhou em documento de 31 de agosto de 2012, que foram extintas, integradas ou fundidas 168 unidades, estruturas, organismos ou entes (não sendo, contudo, muito rigoroso, quanto à terminologia jurídica científica invocada)[14]. A reforma da Administração Direta do Estado continuava, contudo, incompleta. E, em comunicação, o Vice-Primeiro-Ministro apresentou um novo *Guião para a Reforma do Estado*, dando a conhecer a necessidade de intensificar e reforçar o processo reformista da Administração Direta e Indireta do Estado, apontando para a necessidade da elaboração de um PREMAC 2.

No que respeita à reforma do poder local, enunciados os objetivos a concretizar no *Documento Verde da Reforma da Administração Local* e na Resolução do Conselho de Ministros n.º 40/2011, de 22 de setembro, o Governo levou por diante um conjunto de iniciativas legislativas. Entre outros instrumentos legais, adotou o regime do setor empresarial local, adaptou para a realidade local o regime relativo aos Estatutos dos Dirigentes da Administração Estadual e publicou o Regime Jurídico da Reorganização Administrativa Territorial Autárquica (Lei n.º 22/2012, de 30 de maio), onde se consagrou a obrigatoriedade da reorganização administrativa do território das freguesias, propondo a sua agregação, dentro dos limites territoriais do respetivo município, segundo dois critérios (o do número de habitantes e o da densidade populacional de cada município), resultando daqui a extinção das freguesias com um número inferior a 150 habitantes. A lei estabeleceu ainda um procedimento próprio, com prazos definidos, contemplando-se nesse

[14] Alguns exemplos de extinção por integração nas CCDR das Administrações das Regiões Hidrográficas; fusão de três direções gerais de serviços prisionais e reinserção social; integração do Instituto da Água, I.P., da Agência Portuguesa do Ambiente e de dois órgãos consultivos para as alterações climáticas na Agência Portuguesa para o Ambiente, Água e Ação Climática; integração da Inspeção Geral da Administração Local na Inspeção Geral de Finanças; fusão da Inspeção Geral da Edução com a Inspeção Geral da Ciência, Tecnologia e Ensino Superior; extinção dos Controladores Financeiros.

iter procedimental de reestruturação local a intervenção de uma Unidade Técnica (para a Reorganização Administrativa do Território Local), a quem incumbiu de entregar à Assembleia da República (ou às Assembleias Legislativas Regionais) as pronúncias emitidas pelas assembleias municipais acompanhadas dos respetivos pareceres de conformidade, ou as propostas concretas de reorganização administrativa do território das freguesias. Volvidos quase dez após a reforma territorial das freguesias, e depois de, em 2013, terem sido reduzidas 1168 freguesias (de 4260 para as atuais 3092), em 2021 foi publicado um novo regime para reverter o processo realizado anteriormente e permitir agora a desagregação de freguesias agregadas (e extintas)[15].

§ 3. As múltiplas reformas em curso: âmbito de incidência e propósitos

Desde então até hoje muitas têm sido as reformas levadas a cabo para incidir tanto no Poder Local como ainda na própria Administração Direta periférica do Estado, de que sobressai, por exemplo, a exoneração dos Governadores Civis, a reforma territorial das freguesias, em 2013, e, mais recentemente, as *reformas* atinentes às Comissões de Coordenação e Desenvolvimento Regional, por exemplo.

Voltando para trás no tempo, lembrar que, quanto à administração local do Estado-Administração, existiram os distritos, sendo que, até junho de 2011, a Administração do Estado incluía na sua administração periférica comum os Governadores Civis e as Assembleias Distritais. Ambos operavam no âmbito da circunscrição distrital, resultante da divisão do território nacional em 18 distritos administrativos. O Governador Civil representava o Governo na circunscrição distrital, tendo, nos termos do Decreto-Lei n.º 252/92, de 19 de novembro, com alterações posteriores, as seguintes funções: de representação do Governo (art. 4.º-A), de promover a aproximação entre o cidadão e a Administração (art. 4.º-B) e as funções de segurança pública (art. 4.º-D) e proteção civil (art. 4.º-E). No final de 2011, assistimos à exoneração dos Governadores Civis (e à não nomeação de novos titulares) e a um processo de redistribuição de competências, que abrangeu os Secretários dos Governos

[15] Lei n.º 39/2021, de 24 de junho, que define o regime jurídico de criação, modificação e extinção de freguesias e revoga a Lei n.º 11-A/2013, de 28 de janeiro, que procede à reorganização administrativa do território das freguesias.

Civis e outras estruturas desconcentradas e centrais do Ministério da Administração Interna, a Administração Local e as CCDR (*vd.* art. 2.º do Decreto-Lei n.º 228/2012, de 25 de outubro).

Estas últimas, as CCDR, passaram a ser as interlocutoras privilegiadas para a nova dinâmica que se pretendia imprimir às políticas de ambiente, de ordenamento do território, de desenvolvimento regional e de administração local, articulando ações concretas com os serviços locais dos organismos centralizados, promovendo a atuação coordenada dos serviços desconcentrados de âmbito regional e o apoio técnico às autarquias locais e às suas associações. Se é certo que as CCDR são serviços periféricos da Administração Direta do Estado, dotados de autonomia administrativa e financeira, sobre si incidem as orientações estratégicas dos membros do Governo responsáveis pelas áreas do ambiente, do ordenamento do território e das autarquias locais. E, assim, veio caber-lhes executar as políticas de ambiente, de ordenamento do território e cidades e de desenvolvimento regional, ao nível das suas respetivas áreas geográficas, bem como também apoiar tecnicamente as autarquias locais, em articulação com a Direção-Geral das Autarquias Locais.

Quanto ao Poder Local, Portugal nunca teve uma lei geral de criação, extinção e modificação de autarquias locais, apesar de a Constituição da República Portuguesa lhe fazer expressamente menção na alínea *n)* do art. 164.º, onde se afirma que é da exclusiva competência da Assembleia da República a criação, extinção e modificação de autarquias locais e o respetivo regime. Pelo contrário, a realidade foi sendo conformada por leis parcelares de criação de autarquias locais, estando em vigor atualmente apenas uma lei-quadro de criação de municípios (Lei n.º 142/85, de 18 de novembro). Até 2013, existia a lei de criação de freguesias (Lei n.º 8/93, de 5 de março), que foi revogada nesse ano para dar lugar a duas leis de reorganização, temporalmente datada, de municípios e freguesias. A Lei n.º 22/2012, de 30 de maio, estabeleceu o regime jurídico da reorganização administrativa territorial autárquica, e a Lei n.º 11-A/2013, de 28 de janeiro, fixou, em concreto, o novo mapa das freguesias. Estas leis ordenaram a extinção facultativa de municípios e obrigatória de freguesias, dentro de curto prazo, a aplicar nas eleições de 2013, como sucedeu.

Pensando nas freguesias do continente, pois os municípios permaneceram intocados no seu número e existência, importa coligir aqui algumas das críticas que foram apontadas ao respetivo pacote reformista: as leis foram padecendo de várias fragilidades e o resultado do processo correspondeu a uniões forçadas de freguesias com a extinção de tantas, obrigando, anos mais tarde, a repensar o assunto. E, sem demora, logo depois, no fim do ano de 2020, o Governo veio propor a aprovação de uma lei-quadro relativa a freguesias, procurando reverter aquele processo e aquele resultado.

Com forte pendor descentralizador tem sido a legislação adotada sob o signo da descentralização e da delegação de competências dos órgãos do Estado para os órgãos dos municípios, das comunidades intermunicipais e das freguesias. Com a Lei-quadro de transferência de competências para as autarquias locais e entidades intermunicipais e o seu cronograma de implementação, instalou-se também o debate em torno do Poder Local e das suas novas competências – ou, porventura meras tarefas[16] – que lhe estão a ser atribuídas e se este (aparente) reforço conduzirá a uma regionalização, pela perceção da necessidade real de uma entidade supramunicipal e com escala de intervenção mais eficaz, ou ao desaparecimento em definitivo desse desígnio constitucional por serem suficientes e adequadas, numa Europa das Regiões, as autarquias locais e a entidade associativa "comunidade intermunicipal", criada pelo legislador em 2013 (no quadro da Lei n.º 75/2013, de 12 de setembro).

É neste contexto que nos interrogamos sobre a verdadeira natureza descentralizadora de algumas reformas em curso, se traduzem descentralização, deslocalização e/ou descentralização mitigada por curtas decisões centralizadoras e se a reforma das CCDR em curso terá igualmente um propósito descentralizador.

Se é certo que as palavras "reforma", "redução do aparelho do Estado", "esvaziamento de competências do Estado" são comummente empregues, também o é que a adoção de certos diplomas faz suscitar dúvidas quanto aos propósitos a alcançar. Veja-se, ainda, por exemplo, embora aqui apenas enunciado a título muito superficial, o regime sobre o setor empresarial público (que integra o setor empresarial do Estado, das Regiões e das Autarquias) e o regime sobre as entidades administrativas independentes com funções de regulação da atividade económica dos setores privado, público e cooperativo, contendo em anexo a lei-quadro das entidades reguladoras (Lei n.º 67/2013, de 28 de agosto). No que respeita ao primeiro, lembramos que o mesmo diploma é aplicável ao setor empresarial do Estado, ao setor empresarial regional (das regiões autónomas, regulado por legislação especial, é certo) e ao setor empresarial municipal (dos municípios e das associações de municípios), que é regulado também por legislação especial, mas devendo

[16] Sobre o tema, *vd.* o nosso *A descentralização em curso: reforço (ou esforço) das autonomias locais*, Braga: Nedip, AEDUM, 2021.

entender-se que o Decreto-Lei n.º 133/2013, de 3 de outubro, abrange todo o setor empresarial público, como se revelasse objetivos centralizadores.

No que concerne às entidades independentes (entidades reguladoras), importa lembrar o artigo 9.º, que tem como epígrafe «Ministério responsável», e que dispõe o seguinte: «Sem prejuízo da sua independência, cada entidade reguladora está adstrita a um ministério, abreviadamente designado como ministério responsável, em cuja lei orgânica deve ser referida» (n.º 1), o que nos alerta para um paradoxo existencial da entidade independente: «A entidade reguladora considera-se adstrita ao ministério cujo membro do Governo seja responsável pela principal área de atividade económica sobre a qual incide a atuação da entidade reguladora». Queremos, em suma, dizer que as modificações introduzidas no panorama da Administração Pública nos últimos anos, tanto promovem novas autonomias como novas dependências, apresentando simultaneamente tonalidades descentralizadoras em certos casos e em outros centralizadoras, como se o legislador brincasse aos dados, ora criando entes mais autónomos, ora prevendo surpreendentemente outros setores mais "adstritos" ao Governo e aos seus Ministros. Nem sempre as reformas servem, em suma, objetivos claros.

É certo que tendo em conta o que foi ocorrendo ao longo dos anos, conclui-se que se tem verificado um "movimento pendular"[17], sendo que no ano ido de 1896 já se constatava que a legislação ia "oscilando alternadamente entre centralização e descentralização"[18]. Volta o tema ao mesmo ponto de reflexão, pois, hoje estamos perante um tempo em que a intenção e as vontades de descentralização parecem, aqui e ali, interrompidas.

3.1. As mudanças nas CCDR

Precisamente revelando o tal movimento descentralizador-centralizador, mas agora numa outra dimensão, verifique-se o processo reformista que impacta na administração periférica do Estado. Com o propósito de continuar a fase de reforma da Administração Direta desconcentrada do Estado, e, por isso, com o objetivo de tornar eficientes e racionais os recursos públicos, foi publicado o Decreto-Lei n.º 228/2012, de 25 de outubro. Levando por diante os objetivos de racionalização das estruturas do Estado e a melhor utilização

[17] Expressões de ANTÓNIO CÂNDIDO DE OLIVEIRA, *Descentralização: a organização...* cit., p. 20.

[18] JOSÉ TAVARES, *A freguesia ou parochia como divisão administrativa*, Coimbra, 1896, p. XI.

dos recursos humanos, este diploma vem reforçar o papel das Comissões de Coordenação e Desenvolvimento Regional (= CCDR), definindo-as como interlocutoras privilegiadas para a nova dinâmica que o Governo pretende imprimir às políticas de ambiente, de ordenamento do território, de desenvolvimento regional e de administração local, articulando ações concretas com os serviços locais dos organismos centralizados, promovendo a atuação coordenada dos serviços desconcentrados de âmbito regional e o apoio técnico às autarquias locais e às suas associações, num quadro potenciador de maior eficiência na gestão dos recursos públicos.

Assim, em 2012, numa maior aproximação à vida local, às CCDR foram atribuídas as missões de executar as políticas de ambiente, de ordenamento do território e cidades e de desenvolvimento regional, ao nível das respetivas áreas geográficas de atuação, e apoiar tecnicamente as autarquias locais e as suas associações, em articulação com a Direção-Geral das Autarquias Locais.

Mas, sobretudo, com maior impacto, é à reforma de 2020 que queremos chegar – a que é relativa à designação do Presidente e de um dos Vice-Presidentes da CCDR[19]. É neste contexto de posicionamento também perante um reforço (pelo menos aparente) do Poder Local que importa perceber se a forma de designação do Presidente da CCDR, por eleição indireta por um colégio autárquico, altera a natureza deste organismo estadual e se o aproxima de algum modo da Autarquia Local, mormente de uma Região Administrativa, que é, em abono da verdade, constitucionalmente prevista e de cuja concretização tantos (e não são poucos) não desistem[20].

[19] Decreto-Lei n.º 27/2020, de 17 de junho, com a alteração introduzida pela Lei n.º 37/2020, de 17 de agosto.

[20] *Vd.* o Relatório da Comissão Independente para a Descentralização, apresentado em julho de 2019. A Comissão defende um processo gradual, programado, faseado e com metas de transferência de atribuições e competências para as regiões administrativas, sujeito a permanentes monitorização e avaliação. A Comissão considera que as regiões administrativas deverão concentrar-se, numa primeira fase, que é de arranque e transição, em políticas de âmbito transversal, reforçando a capacidade de intervenção nos domínios de ação das atuais CCDR (desenvolvimento regional, ordenamento do território e cidades, ambiente e cooperação regional transfronteiriça) em termos de decisão e de coordenação. Essa intervenção deverá ser acompanhada por uma maior intervenção dos poderes regionais na conceção dos programas regionais e dos programas temáticos, com particular incidência na região que beneficiam de Fundos Europeus Estruturais e de Investimento, e uma intensificação da cooperação inter-regional a nível nacional, sobretudo com as regiões administrativas vizinhas, tendo também em consideração o desempenho das atribuições referidas no texto, no ponto seguinte. Esta fase de arranque e transição poderá envolver atribuições e competências nos domínios da cultura, da agricultura, da educação e da saúde, desde que, numa avaliação *ex-ante*, se comprove que as alterações institucionais que terão de ocorrer a nível nacional (serviços centrais)

3.2. As CCDR no tempo

É legítima a interrogação quanto a saber se a recente alteração ao regime de designação do Presidente da CCDR e de um Vice-Presidente, por eleição indireta por um colégio autárquico, altera a natureza destas estruturas locais do Estado e se, de algum modo, as aproxima identitariamente do Poder Local. Refletimos, de seguida, sobre o que são as CCDR e para que servem, verificamos o desenho que, em 1979, pelo Decreto-Lei n.º 494/79, de 21 de dezembro, lhes foi configurado e os contornos que até hoje as mesmas foram adquirindo. As reformas têm sido sucessivas e a mais recente e anunciada permite-nos dizer que uma mudança séria (ou muito séria) se avizinha e adivinha.

A história desta estrutura administrativa remonta à Comissão Consultiva Regional, estando registada a sua existência, âmbito de circunscrição e finalidades no Decreto-Lei n.º 48 905, de 11 de março de 1969. Claramente, o legislador assinalava de forma expressa "[a] preocupação do Governo pelos problemas institucionais do planeamento regional", tendo através do diploma institucionalizado "uma orgânica adequada ao início de realização da política regional". Assim, partindo da divisão territorial definida no III Plano de Fomento, o território nacional foi dividido em seis regiões de planeamento, sendo em cada uma delas criada uma Comissão Consultiva Regional, com as seguintes atribuições: *a)* coordenar a expressão dos elementos representativos da região quanto às necessidades e aspirações respeitantes ao seu desenvolvimento económico e social; *b)* colaborar na preparação dos respetivos planos de desenvolvimento e no acompanhamento da sua execução; *c)* promover a coordenação, para os mesmos efeitos, dos meios de ação regional.

e a nível regional (serviços desconcentrados) não contribuem para diminuir a capacidade efetiva de as regiões administrativas desempenharem com eficácia e eficiência a sua intervenção nas políticas transversais acima referidas. No quinto ano de funcionamento, e levando em conta quer os resultados de uma avaliação de desempenho e de impacto relativa aos quatro anos anteriores (primeiro mandato dos órgãos eleitos) quer as capacidades existentes em cada região, estas poderão vir a acolher novas atribuições e competências provenientes da administração desconcentrada ou de serviços centrais da Administração, por iniciativa da Região e como resultado de um processo de negociação com as respetivas tutelas. A Comissão propõe que se assuma como metas que ao fim dos dois mandatos iniciais a despesa das regiões administrativas em percentagem do PIB se aproxime da média dos países unitários da União Europeia nessas mesmas datas, isto é, valores que se estimam em cerca de 8,5% do PIB ao fim de 4 anos e em cerca de 12% do PIB ao fim de oito anos. A Comissão defende que o mapa das regiões administrativas deve coincidir com as atuais regiões de planeamento, por razões de conhecimento acumulado, continuidade e custos menos elevados.

Neste sentido, centrada nas questões do planeamento, logo nessa altura à Comissão Consultiva Regional foi atribuída a possibilidade de articulação com um largo espectro de interlocutores para melhor desempenho das suas funções. A sua organização interna era simples: compunha-se de um Presidente e cinco ou seis vogais, com limitação de mandatos e a constituição obrigatória de grupos de trabalho para lavoura, indústrias e infraestruturas e outros facultativos e "que [se mostrassem] convenientes para o estudo dos diversos problemas relativos ao desenvolvimento económico e social da região ou de certas zonas da sua área". No que se refere, em particular, ao Presidente, este era nomeado pelo Presidente do Conselho, ouvido o Conselho de Ministros para os Assuntos Económicos, sendo considerado para o efeito o cumprimento cumulativo de quatro requisitos: *(i)* ser cidadão português no pleno gozo dos direitos civis e políticos; *(ii)* ser residente na área da região; *(iii)* gozar de reconhecido prestígio na região; e *(iv)* possuir conhecimento qualificado dos problemas económicos e sociais da região.

Posteriormente, a Junta de Salvação Nacional, liderada pelo General António Spínola, aprovou e fez publicar, a 15 de maio de 1974, o programa do Governo Provisório e a sua Orgânica, a qual veio determinar que os assuntos do ordenamento do território passassem a integrar a esfera de competências do Ministério da Administração Interna, sendo certo que este viria a exercer a superintendência das comissões regionais de planeamento, conforme o disposto no artigo 1.º do Decreto-Lei n.º 524/74, de 8 de outubro. É, contudo, em 1979 que estas estruturas ganham mais força e autonomia, tendo o Governo aproveitado a reconversão das Comissões de Planeamento Regional para as transformar em Comissões de Coordenação Regional, correspondendo a "órgãos externos ao Ministério da Administração Interna". No diploma refere-se que as cinco Comissões de Coordenação Regional ficam sob a tutela do Ministro da Administração Interna, possuem excecional autonomia administrativa e financeira e assumem competências de coordenação no apoio técnico às autarquias locais – preocupação muito vincada no Governo de então pela necessária capacitação dos técnicos – e de planeamento para o desenvolvimento da região. São criados como órgãos das Comissões de Coordenação Regional, o Presidente, o Vice-Presidente, o Conselho Administrativo, o Conselho Consultivo Regional e o Conselho Coordenador Regional, órgãos que, de algum modo, deram lugar, e respetivamente, aos atuais Fiscal Único, Conselho Regional e Conselho de Coordenação Intersectorial.

Nesta sequência, e tendo em conta o Decreto-Lei n.º 338/81, de 10 de dezembro, as Comissões de Coordenação Regional são qualificadas como "órgãos periféricos da administração central", com o objetivo de assegurar, "a nível técnico, as relações entre esta e os órgãos do poder local", tendo aquele diploma promovido um reajustamento da composição e das funções dos Conselhos Coordenador e Consultivo. O primeiro corresponde a um órgão técnico e o segundo vê reforçada a participação dos autarcas e das suas competências em matéria de pareceres a prestar quer quanto à própria Comissão, quer quanto ao planeamento de ações e investimentos na região.

Em 1986, as Comissões de Coordenação Regional passam a estar inseridas nos serviços desconcentrados do novo Ministério do Plano e da Administração do Território, correspondendo a serviços regionais. O diploma reforça o seu perfil de estrutura de coordenação a nível regional – "espaço privilegiado de síntese na formulação das diferentes políticas" –, afirmando-se que estas estruturas serão um desenvolvimento institucional fundamental na "concretização de futuros passos no domínio da descentralização".

Nesta sequência, em 1989, com o Decreto-Lei n.º 260/89, de 17 de agosto, é profundamente alterado o quadro jurídico da sua organização, procurando-se alcançar um reforço dos seus meios e a adequação da sua estrutura à especificidade da área geográfica de atuação de cada Comissão, o que determinou a adoção de um modelo organizativo diferenciado para cada uma das cinco Comissões de Coordenação Regional existentes. Este diploma, que identifica as Comissões como "organismos" (artigo 1.º), alargou as suas atribuições nas áreas do ordenamento do território e do ambiente e alterou a designação do Conselho Consultivo Regional para Conselho da Região e do Conselho Coordenador Regional para Conselho Coordenador, mantendo estes órgãos as funções já anteriormente definidas pelo Decreto-Lei n.º 494/79, de 21 de dezembro, e pelo Decreto-Lei n.º 338/81, de 10 de dezembro.

Com a publicação do Decreto-Lei n.º 224/2001, de 9 de agosto, as Comissões de Coordenação Regional são definidas como "serviços desconcentrados do Ministério do Planeamento, dotados de autonomia administrativa e financeira, incumbidos de, na respetiva área de atuação, executarem as políticas de planeamento e desenvolvimento regional" (artigo 1.º), sendo neste diploma consagrada, pela primeira vez, como atribuição própria da Comissão de Coordenação Regional a execução dos programas comunitários. Neste quadro normativo, o Presidente da Comissão corresponde a um "gestor da intervenção operacional", sendo expressamente definida a sua categoria profissional como "equiparado, para todos os efeitos legais, a director-geral".

Neste contexto, impõe-se mencionar a reforma que institui a Comissão de Coordenação e Desenvolvimento Regional operada pelo XV Governo Constitucional. Este reconfigura as Comissões de Coordenação Regional, fazendo-as corresponder a serviços desconcentrados do Ministério das Cidades, Ordenamento do Território e Ambiente. Assim, pelo Decreto-Lei n.º 104/2003, de 23 de maio, surgem as Comissões de Coordenação e Desenvolvimento Regional (=CCDR), dotadas de autonomia administrativa e financeira e sendo alargadas consideravelmente as suas atribuições – mantendo-se, designadamente, a cooperação técnica com a administração local autárquica e a intervenção no ordenamento do território e no ambiente – sendo igualmente alargada a lista de competências próprias do Presidente da CCDR. O Presidente da Comissão mantém a equiparação a Diretor-Geral, sendo nomeado por três anos, existindo, neste quadro, a particularidade de a sua nomeação ser precedida da indicação de até três personalidades de reconhecido mérito e competência, em reunião do Conselho Regional, mas que não são vinculativas para a nomeação final.

Nos termos do Decreto-Lei n.º 207/2006, de 27 de outubro, as CCDR são integradas nas estruturas local do Ministério do Ambiente, do Ordenamento do Território e do Desenvolvimento Regional, sendo classificadas como serviços periféricos da Administração Direta do Estado. Este diploma reconhece-lhes expressamente no n.º 1 do artigo 16.º a missão de "executar as políticas de ambiente, de ordenamento do território e cidades e de desenvolvimento regional ao nível das respectivas áreas geográficas de actuação e promover a actuação coordenada dos serviços desconcentrados de âmbito regional, bem como apoiar as autarquias locais e as suas associações" (n.º 1).

Posteriormente, as CCDR viram todo este novo regime ser aprofundado em diploma próprio – Decreto-Lei n.º 134/2007, de 27 de Abril –, no qual se esclarece, logo no preâmbulo, que "[a]s CCDR são serviços periféricos da administração directa do Estado, no âmbito do MAOTDR, com funções de administração desconcentrada, dotados de autonomia administrativa e financeira", cabendo-lhes "promover a actuação coordenada dos serviços desconcentrados de âmbito regional". O presidente da Comissão passa a corresponder a um cargo de direção superior de 1.º Grau e o Conselho Regional mantém as características de órgão representativo da região, perdendo a competência para a indicação, não vinculativa, de três candidatos à nomeação da Presidência da respetiva Comissão.

Nos termos do Decreto-Lei n.º 228/2012, de 25 de outubro, as CCDR "são serviços periféricos da administração directa do Estado, dotados de autonomia administrativa e financeira" (artigo 1.º), estando integrados na Presidência de Conselho de Ministros, com a missão de "assegurar a coordenação e a articulação das diversas políticas sectoriais de âmbito regional, bem como executar as políticas de ambiente, de ordenamento do território e cidades, e apoiar tecnicamente as autarquias locais e as suas associações, ao nível das respetivas áreas geográficas de atuação" (artigo 2.º).

Importa sublinhar que na redação inicial do diploma de 2012, e mesmo nas posteriores de 2014 e 2015, não há grande diferença a registar em relação ao quadro definido anteriormente. No que se refere, em especial, ao Presidente da Comissão, as suas competências estão enumeradas de forma mais ampla e residual, mas mantém a sua categoria profissional de dirigente superior de grau 1, sendo nomeado, com ou sem vínculo prévio à Administração Pública, em comissão de serviço pelo período de três anos, pelo Primeiro-Ministro e pelo Ministro competente.

E eis que chegamos à alteração mais relevante. Esta surge com a publicação do Decreto-Lei n.º 27/2020, de 17 de junho, e pela Lei n.º 37/2020, de 17 de agosto, diplomas que vêm estabelecer, como se mencionou na introdução, a eleição indireta do Presidente da CCDR e de um Vice-Presidente. O primeiro é eleito por um colégio eleitoral composto pelos *(i)* Presidentes das Câmaras Municipais; *(ii)* Presidentes das Assembleias Municipais; *(iii)* Vereadores eleitos, ainda que sem pelouro atribuído; e *(iv)* Deputados municipais, incluindo os Presidentes das Juntas de Freguesia, da área geográfica de atuação da respetiva CCDR. Por seu turno, o Vice-Presidente é sufragado por um colégio composto apenas pelos Presidentes das Câmaras Municipais dos Concelhos que integram a mesma área geográfica de atuação da CCDR em causa.

Como se compreende, até ao Verão de 2020, os Presidentes das CCDR eram nomeados pelo Governo, tendo como base uma lista de três nomes elaborada por uma Comissão Independente de Recrutamento. Após o Decreto-Lei n.º 27/2020, a designação quer do Presidente da CDDR quer de um seu Vice-Presidente passa a ser feita por eleição por um colégio eleitoral "autárquico" da respetiva área territorial de atividade. Uma vez eleitos, Presidente e Vice-Presidente tomam posse perante o Primeiro-Ministro para um mandato de quatro anos pelo máximo de três mandatos consecutivos, cessando o mandato no seu termo, por renúncia, por extinção da Comissão, sendo ainda possível por deliberação do Governo, devidamente fundamentada e após audiência prévia do respetivo Conselho Regional. Neste caso, a deliberação é tomada sempre que: *(i)* ocorra incumprimento ao disposto no n.º 3 do artigo 1.º do Decreto-Lei n.º 228/2012; *(ii)* ocorra infração grave ou reiterada às normas que regem as CCDR; *(iii)* ocorra grave violação dos princípios de gestão fixados nos diplomas legais e regulamentares aplicáveis, tudo conforme melhor resulta do preceituado no artigo 3.º do Decreto-Lei n.º 27/2020, alterado pela Lei n.º 37/2020. Significa tudo isto que, consumada a eleição, o colégio eleitoral não tem qualquer outra possibilidade ou momento de fiscalizar e/ou responsabilizar os seus eleitos. Eles, Presidente e Vice-Presidente, permanecem, como anteriormente, sujeitos ao poder de direção e de disciplina do Governo, sendo certo que, do mesmo modo e em sintonia, as autarquias locais que os elegeram, representadas no colégio eleitoral, não passam a ter, como não tinham antes, qualquer competência na definição ou condução das políticas regionais a adotar pelas CCDR, uma vez que o disposto no artigo 7.º do Decreto-Lei n.º 228/2012 não sofreu qualquer alteração, mantendo, por isso, uma função meramente consultiva.

Mas outras alterações ao regime das CCDR são aguardadas a todo o momento, sendo algumas delas contextualizáveis pelo movimento descentralizador em curso.

3.3. A descentralização em curso

É um facto que, ao longo das últimas quatro décadas, as Autarquias Locais têm assumido um papel particularmente importante no desenvolvimento das comunidades locais e na consolidação democrática do país[21]. E é um facto também que, por força de tantos fenómenos impactantes, o Estado-Administração está em transformação, estando precisamente a ser reajustado o conjunto dos fins públicos que tem a seu cargo prosseguir e o aparelho administrativo de que necessita para esse efeito.

Parece-nos assim que o tema da descentralização administrativa – *rectius*, de transferência de competências do Governo para os órgãos das Autarquias Locais –, mais do que ser tratado no quadro da redefinição dos interesses públicos nacionais *versus* interesses públicos locais, deve ser compreendido no contexto do emagrecimento e da reestruturação de todo o aparelho administrativo, pelo que a ciência do direito administrativo e a ciência da administração não devem andar de costas voltadas, nesta altura, e devem ambas estar atentas a esta movimentação de competências.

[21] Sobre o tema, vd. António Cândido De Oliveira, *Direito das Autarquias Locais,* 2.ª ed., 2013.

Na verdade, mesmo que não se queira apurar o verdadeiro desígnio desta "descentralização administrativa de 2018/2019", importa, sobretudo, pensar como devem os entes locais reforçar-se e muscular os seus serviços para exercer as competências e as tarefas que são dos órgãos e serviços públicos do Estado, uma vez que, em síntese, estas duas mudanças devem ser lidas, estudadas e preparadas em conjunto: reforma do aparelho local do Estado e Poder Local autárquico.

E, assim, nesta ordem de ideias, para que "esta descentralização" produza efeito positivo, apraz avaliar e contabilizar o aparelho periférico do Estado e, em particular, as unidades orgânicas espalhadas pelo território nacional, dependentes hierarquicamente do Governo ou sujeitas à sua superintendência e tutela. E isto para evitar que haja duplicações de estruturas, conflitos (positivos ou negativos) de competências e especialmente despesismo e desperdícios, pois aquelas estruturas que têm estado destinadas à prossecução de interesses públicos nacionais, ainda que espalhadas pelo território nacional, terão de ceder lugar aos serviços locais municipais – o que nos faz já antecipar uma emergente alteração da natureza das Comissões de Coordenação e Desenvolvimento Regional, e questionar (adivinhando) se as mesmas não estão envolvidas num processo de descentralização imprópria, que, mais cedo ou mais tarde, as levará a transformar-se em Institutos Públicos (I.P.).

Em segundo lugar, importa refletir sobre os limites do *quantum* de competências a transferir, no sentido de que as Autarquias não podem estar num continuado esforço, e avaliar o *quantum* deste movimento de poderes dos órgãos do Estado para os órgãos locais corresponde a verdadeira descentralização e a reforço da autonomia autárquica. Repare-se: com a Lei n.º 75/2013, de 12 de setembro, os desafios das Autonomias Locais, especialmente os de natureza económica, social e cultural, aumentaram significativamente, contendo esta Lei ainda a promessa de as fazer alargar, sendo certo que, com a publicação do Decreto-Lei n.º 30/2015, de 12 de fevereiro, e os diversos contratos interadministrativos celebrados, em projetos-piloto, entre o Estado e os Municípios, em particular nos domínios sociais, da educação e da saúde, deu-se o início de uma crescente relação entre o Estado e os Municípios, no quadro de um reforçado movimento de esvaziamento do primeiro para o segundo, seguindo o princípio da subsidiariedade e a lógica da equação de que quem está mais perto melhor resolve os problemas dos cidadãos – ao mesmo tempo que as estruturas administrativas periféricas do Estado se iam encolhendo. Verifique-se o que se passou no domínio da educação, por exemplo, com a criação da Direção-Geral dos Estabelecimentos Escolares[22], ou na saúde, com as Administrações Regionais de Saúde a serem transformadas em Institutos Públicos[23].

É neste contexto que nos vamos recentemente interrogando sobre a natureza, os propósitos e o alcance da Lei n.º 50/2018, de 16 de agosto (lei-quadro de transferência de competências dos órgãos do Estado para os órgãos das autarquias locais e órgãos das entidades intermunicipais), e do pacote de diplomas legais, de âmbito setorial, relativos às diversas áreas de transferência de poderes, que se lhe seguiu e que já ultrapassam a vintena. E, agora, neste texto, continuamos a acompanhar a transferência definitiva de todas as competências para o poder local, com a exceção da mais recente transferência de competências nas áreas sociais (Decreto-Lei n.º 55/2020, de 12 de agosto), que definitivamente só passarão a ser da titularidade das autarquias em abril de 2023.

§ 4. Conclusão provisória

Sempre voltamos ao tema da reforma da Administração Pública e da descentralização administrativa e daqui não conseguimos sair[24]. Sob o signo

[22] Considere-se, por exemplo, que, nos termos do n.º 1 do artigo 2.º do Decreto-Lei n.º 266-F/2012, de 31 de dezembro, a "DGEstE [Direção-Geral dos Estabelecimentos Escolares] é um serviço central de administração direta do Estado dotada de autonomia administrativa", sendo certo que, nos termos do n.º 2, a "DGEstE dispõe de cinco unidades orgânicas desconcentradas, de âmbito regional, com a designação de Direção de Serviços Região Norte, Direção de Serviços, Região Centro, Direção de Serviços Região Lisboa e Vale do Tejo, Direção de Serviços Região Alentejo e Direção de Serviços Região Algarve, sediadas, respetivamente, no Porto, Coimbra, Lisboa, Évora e Faro". Na verdade, a DGEstE tem por missão garantir a concretização regional das medidas de administração e o exercício das competências periféricas relativas às atribuições do Ministério da Educação, sem prejuízo das competências dos restantes serviços centrais, assegurando a orientação, a coordenação e o acompanhamento das escolas, promovendo o desenvolvimento da respetiva autonomia, cabendo-lhe ainda a articulação com as autarquias locais, organizações públicas e privadas nos domínios de intervenção no sistema educativo, visando o aprofundamento das interações locais e o apoio ao desenvolvimento das boas práticas na atuação dos agentes locais e regionais da educação, bem como assegurar o serviço jurídico-contencioso decorrente da prossecução da sua missão.

[23] Considere-se, por exemplo, que, nos termos do n.º 1 do artigo 1.º do Decreto-Lei n.º 22/2012, de 30 de janeiro, as "Administrações Regionais de Saúde, I. P., abreviadamente designadas por ARS, I. P., são institutos públicos integrados na administração indireta do Estado, dotados de autonomia administrativa, financeira e património próprio".

[24] As reformas continuam imparáveis. Houve alteração ao Regime Jurídico das Autarquias Locais, conforme a mais recente atualização pela Lei n.º 24-A/2022, de 23 de dezembro, e dada

da equação "reforço *vs.* esforço", temos refletido sobre se as Autonomias Locais estão hoje mais poderosas e se têm vencido os desafios que lhe têm sido amiúde colocados, por força, mais recentemente, de um novo processo de transferência de competências dos órgãos do Estado, a que se vem chamando de descentralização.

É um facto que ao longo das últimas quatro décadas as autarquias têm assumido um papel particularmente importante no desenvolvimento das comunidades locais e na consolidação democrática do país. E é um facto também que, em sintonia com a transformação pela qual tem passado o aparelho administrativo do Estado-Administração, destacando-se o da modernização da Administração Pública em geral (e o impacto que nela têm fenómenos diversos, incluindo a europeização, a liberalização económica, a privatização, a empresarialização), a governação local tem vindo a sofrer inúmeras transformações nos últimos anos[25]. Aliás, tendo como razão diversos fatores convergentes, a Administração Pública do Estado passou por uma reforma que lhe ditou o emagrecimento de estruturas e redução de tarefas. As Administrações Regionais de Saúde são Institutos Públicos, hoje; as Escolas e os Agrupamentos de Escolas têm mais autonomia administrativa do que nunca. E os Presidentes das CCDR são eleitos indiretamente pelos munícipes. A questão que colocámos no início desta reflexão foi a de saber se ainda estaremos, nestes casos, a falar da administração do Estado.

Pena é que sejam tão escassos os estudos da ciência da administração sobre este tema e a partilha de reflexões sobre a reorganização administrativa periférica do Estado, mormente sobre a sua coexistência com os governos locais

a continuidade de reajustamento ao regime do "pacote de descentralização". Vd. *portalautarquico.dgal.gov.pt/pt-PT/transferencia-de-competencias.* Aqui realça-se a publicação de diplomas relativos aos domínios da "ação social" (Decreto-Lei n.º 55/2020, de 12 de agosto, alterado pelos Decretos-Leis n.ºs 23/2022, de 14 de fevereiro, e 87-B/2022, de 29 de dezembro). Também na orgânica das CCDR houve alterações a registar, tendo em conta a Lei n.º 37/2020, de 17 de agosto, e o Regulamento para a eleição indireta do Presidente e de um Vice-Presidente das CCDR (publicação nos termos do n.º 2 do artigo 2.º da Portaria n.º 533/2020, de 28 de agosto). Importa ainda realçar a Lei-Quadro das Entidades Reguladoras (Lei n.º 67/2013, de 28 de agosto, cuja versão mais atual é aquela que contém as atualizações introduzidas pela Lei n.º 75-B/2020, de 31 de dezembro). Soma-se o Regime Jurídico da Atividade Empresarial Local e das Participações Locais (Lei n.º 50/2012, de 31 de agosto, sendo que a versão mais atual é aquela que reflete as atualizações introduzidas pela Lei n.º 24-D/2022, de 30 de dezembro). Finalmente, um apontamento para o Estatuto dos Eleitos Locais (Lei n.º 29/87, de 30 de junho, cuja versão mais atual é aquela que acolhe as atualizações introduzidas pela Lei n.º 24-D/2022, de 30 de dezembro).

[25] Sobre o tema, vd. ANTÓNIO CÂNDIDO DE OLIVEIRA, "Perspectivas do Direito das autonomias Locais", in *Liber Amicorum Benedita Mac Crorie*, Vol. I, pp. 225-243.

e a distribuição de tarefas públicas entre o aparelho local do Estado e o verdadeiro poder local autónomo. Adivinhe-se, a título exemplificativo, o papel que as CCDR vão desempenhar a breve trecho. Na verdade, repensar a existência do aparelho administrativo periférico do Estado, em particular, as unidades orgânicas espalhadas pelo território nacional, dependentes hierarquicamente do Governo ou sujeitas à sua superintendência e tutela, destinadas à prossecução de fins públicos nacionais, impunha-se hoje com especial cuidado. E assim é pela necessidade de pensar a sua coexistência com os governos locais e as novas tarefas que estes passam a assumir[26].

É finalmente um facto que, com a Lei n.º 75/2013, os desafios das Autonomias Locais, especialmente os de natureza económica, social, cultural e de sustentabilidade ambiental, aumentaram, e logo depois foram extraordinariamente ampliados, dada a promessa que aquela lei continha de as fazer aumentar, por razões de reforço da autonomia, da subsidiariedade e da descentralização administrativas e com fundamento nos princípios da proximidade, coesão nacional e solidariedade regional.

[26] Segundo Ana Abrunhosa, Ministra da Coesão Territorial, por exemplo, quase todas as atribuições das Direções Regionais da Cultura (DRC) passam para as CCDR, enquanto parte das atribuições das Administrações Regionais de Saúde também passam para as Comissões, e outra parte para a Direção Executiva do Serviço Nacional de Saúde. A resolução determina que as DRC perdem 16 atribuições identificadas pelo Governo, passando a exercer de forma partilhada com as CCDR apenas uma: "Pronunciar-se, nos termos da lei, sobre planos, projetos, trabalhos e intervenções de iniciativa pública ou privada a realizar nas zonas de proteção dos imóveis classificados ou em vias de classificação com parecer prévio da CCDR, que será objeto de parecer obrigatório e vinculativo da DGPC [Direção Geral do Património Cultural]". Ao nível da Educação, as Direções de Serviços da Direção-Geral dos Estabelecimentos Escolares passam para as CCDR, por exemplo, a participação "no planeamento da rede escolar da circunscrição regional, promovendo, sem prejuízo das competências dos restantes serviços do Ministério da Educação, ações de planeamento e execução do ordenamento das redes da educação pré-escolar, dos ensinos básico e secundário, incluindo as suas modalidades especiais, bem como as de educação e formação de jovens e adultos". No setor da Saúde, as CCDR passam, entre outras, a "assegurar o planeamento regional dos recursos humanos, financeiros e materiais, incluindo a execução e acompanhamento dos necessários projetos de investimento das instituições e serviços prestadores de cuidados de saúde, em articulação com a Direção Executiva do Serviço Nacional de Saúde", competência que pertencia até agora às Administrações Regionais de Saúde. A transferência de atribuições para as CCDR, de acordo com a titular da pasta da Coesão Territorial, implica a passagem de recursos humanos, financeiros e patrimoniais, mas o Governo não dispõe ainda de dados sobre esta matéria, remetendo essa informação para quando estiverem alterados os diplomas legais relativos aos serviços afetados. "As pessoas continuarão a exercer as suas funções sob a coordenação da [respetiva] CCDR. Haverá obviamente impacto nas estruturas dirigentes, mas esse também é o objetivo: introduzir maior racionalidade e maior poupança e termos melhores serviços públicos", afirmou.

E, na verdade, o crescente aumento de competências (e de responsabilidades dos municípios) tem exigido já muitos esforços por parte de alguns deles. E daí as soluções que foram sendo encontradas: *i)* lembramos a necessidade de reforço da cooperação supramunicipal. Frequentemente, as *parcerias regionais* entre municípios da região e a integração dos governos locais em governos supramunicipais têm-se intensificado, e, portanto, o desenvolvimento de uma realidade de governação supramunicipal é cada vez mais anunciado como necessário. Ironicamente, estas dinâmicas de coordenação horizontal traduzem a perda de centralidade do município. Aliás, a crescente relevância das redes de governação local para a implementação de fundos da União Europeia é outro fator determinante da perda de centralidade dos municípios no desenvolvimento local; *ii)* outro aspeto a considerar é o de que, devido ao crescente desequilíbrio entre o conjunto de competências que foram sendo transferidas para os governos locais e a falta de recursos financeiros para lhes fazer frente, os municípios recorrem a parcerias com o setor privado e associativo para proceder à satisfação das necessidades dos cidadãos; *iii)* apresentamos um outro aspeto da vida recente dos municípios – por força do Decreto-Lei n.º 30/2015, de 12 de fevereiro, e dos diversos contratos interadministrativos celebrados em projetos-piloto com alguns municípios, em particular nos domínios sociais, da educação e da saúde, também se evidencia a crescente relação Estado-Administração/municípios, uma vez que estes foram necessitando de constante reforço da capacitação institucional e financeira para fazer face às novas exigências da governação nestes novos domínios; *iv)* e um último aspeto – o conjunto dos 308 municípios é caracterizado por muita diversidade, variando significativamente a dimensão populacional dos municípios, a sua natureza territorial (rural, urbana, metropolitana), bem como varia a dimensão do respetivo setor económico dominante. Portanto, uns são mais frágeis do ponto de vista demográfico, e outros mais fortes, uns concentram mais empreendedores económicos e outros menos, uns situam-se mais perto do centro do poder e outros mais longe. Uma unidade administrativa intermédia regional tem sido apresentada, em suma, como necessária neste cenário, mesmo que tenha a natureza de Instituto Público.

Enfim, houve um período de discussão pública em torno da reforma da Administração Pública Portuguesa em que questionámos se, na realidade, estaríamos a assistir a uma verdadeira reforma da Administração Pública ou se seria uma falácia ou aparência de mudança. Na altura, perguntámos se não faria sentido lembrar nesse contexto a expressão mais conhecida de "O Leopardo" (filme do Visconti) – se queremos que as coisas fiquem como estão temos de as mudar. E perguntámos se o primeiro escalão do Poder Local, as Freguesias, constitucionalmente consagrado na Constituição da República Portuguesa (desde 1976), estaria, na verdade, a ser devidamente acautelado pelo legislador ordinário. E neste *fórum* interrogámo-nos se, sobretudo, as freguesias participaram efetivamente no processo rápido, feito à pressa, de reorganização territorial, como se impunha, e se da extinção de freguesias viria a resultar alguma vantagem significativa do ponto de vista operacional e financeiro. Em bom rigor, os objetivos de eficiência e ganhos de escala dependem sempre da existência de verdadeiras atribuições e do reforço dos respetivos meios financeiros. E do ponto de vista financeiro, como o impacto da reforma das freguesias no Orçamento Geral do Estado é tão insignificante, também se concluiu que, afinal, nenhuma poupança significativa haveria que justificasse anular laços históricos e de proximidade criados ao longo de séculos. E lembrámos na altura que as freguesias constituem estruturas democráticas mais leves, que cuidam de problemas menos complexos das respetivas populações, concretizando os princípios da descentralização e da subsidiariedade, com um muito baixo custo no conjunto do Orçamento do Estado.

Hoje, neste contexto, a dúvida que aqui permanece é, por um lado, como compaginar a intenção reformista do Estado com a reforma do setor da administração autónoma; se estará o Estado a reajustar-se à custa da transferência de tarefas para o Poder Local e se estará a Região Administrativa, ou a falta da mesma, a ser sucedaneamente superada pela dimensão de um associativismo municipal – que, diga-se, em abono da verdade, tarda em encontrar o regime certo – ou pelo reforço em curso das CCDR[27]. Também é legítimo equacionar sobre o processo e como será feita a mudança destas estruturas regionais, tanto mais quando conhecemos as fragilidades do processo

[27] A reorganização administrativa dos serviços periféricos da Administração Central, transferindo atribuições às Comissões de Coordenação e Desenvolvimento Regional, vai estar concluída em março de 2024, anunciou a Ministra da Coesão Territorial, Ana Abrunhosa, no final da reunião do Conselho de Concertação Territorial que decorreu em Algés, Oeiras, no dia 15 de novembro de 2022, e que foi presidida pelo Primeiro-Ministro António Costa. «Trata-se de um primeiro passo político muito importante para dar cumprimento ao que está no Programa do Governo de, a par do processo de descentralização, aumentar as competências das CCDR através da reorganização dos serviços do Estado nas regiões, passando a ter mais competências e, desejavelmente, mais autonomia», disse. Estas Comissões são serviços desconcentrados da Administração Central, com responsabilidade no desenvolvimento das respetivas regiões, gerindo também fundos europeus regionais. Vd. *https://www.portugal.gov.pt/pt/gc23/comunicacao/noticia?*, acessível em 20.11.2022.

de descentralização em curso[28]. Finalmente, a incerteza, que é também a "pergunta de um milhão de dólares", fica aqui, e que é a de saber se serão as CCDR o embrião das Regiões Administrativas[29]. A Constituição da República Portuguesa, na sua versão originária, previu a criação das Regiões, como uma terceira autarquia local, a par dos Municípios e das Freguesias, tendo o povo português, em referendo levado a cabo em 1998, rejeitado a sua instalação. Desde então, e por várias vezes, o tema foi adiado. Terá voltado, vai a passar à nossa frente e ninguém quer dizer que o vê.

[28] O Governo prevê que «a passagem destes serviços seja feita pelo período de um ano, já que têm início em março de 2023», devendo estar terminada em março de 2024. As cinco CCDR vão passar a ter atribuições nas áreas da economia, da saúde, da educação, das infraestruturas, da formação profissional, da agricultura e das pescas, da cultura, da conservação da natureza e das florestas e do ordenamento do território. Também se lê neste comunicado que, no que respeita à "Reorganização do Estado", a transferência de atribuições «representa uma reorganização muito grande do Estado, diferentes áreas e setores passam a ter uma coordenação única, nas CCDR», sublinhou. Vd. *https://www.portugal.gov.pt/pt/gc23/comunicacao/noticia?*, acessível em 20.11.2022.

[29] A Ministra da Coesão Territorial referiu que as CCDR passam a ter «um conjunto muito grande de competências para exercer a mais importante missão que é a coordenação regional», evitando-se redundâncias. Com esta proposta, que foi discutida no Conselho de Concertação Territorial e será muito brevemente levada a Conselho de Ministros, o Governo espera «harmonizar os territórios para os diferentes setores do Estado», com passagem de recursos humanos, financeiros e patrimoniais. Vd. *https://www.portugal.gov.pt/pt/gc23/comunicacao/noticia?*, acessível em 20.11.2022.

ESTUDO II

– "As Freguesias no contexto da reforma Administração Pública: Se queremos que as coisas fiquem como estão temos que as mudar", in: *A reforma do Estado e a Freguesia*, coord. António Cândido de Oliveira, Fernanda Paula Oliveira, Isabel Celeste M. Fonseca, Joaquim Freitas da Rocha, Nedal, Braga, 2013, pp. 45-53.

AS FREGUESIAS NO CONTEXTO DA REFORMA ADMINISTRAÇÃO PÚBLICA: SE QUEREMOS QUE AS COISAS FIQUEM COMO ESTÃO TEMOS QUE AS MUDAR.

Sumário[30]**:** **§1.** Introdução. **§2.** Explicação geral: as freguesias e as circunstâncias financeiras **§3.** Explicação específica: as freguesias e as circunstâncias reformistas **§4.** Poucas conclusões e muitas dúvidas

---

> "Não é o município uma associação natural. Depois da família, que o Estado não criou, mas encontrou estabelecida, temos uma associação quase tão natural como ela, e que a lei não poderia suprimir sem violentar a natureza das coisas, é a freguesia ou a paróquia (...)"
>
> António Rodrigues Sampaio (1806-1882). Excerto do relatório que acompanhou o parecer sobre o Código Administrativo de 1878.

§ 1. Introdução

Está na ordem do dia o debate em torno do redimensionamento dos sectores da Administração Pública, do reajustamento do papel do Estado e das suas estruturas materiais e humanas. É, ademais, justo acentuar que esta

[30] Texto escrito em 2012 pela autora, por ocasião da Conferência Internacional subordinada ao tema "A reforma do Estado e da Freguesia", que decorreu em Aveiro, no dia 27 de outubro de 2012, sob a organização da ANAFRE e do NEDAL. O texto veio a ser integrado na obra *A reforma do Estado e a Freguesia*, coord. António Cândido de Oliveira, Fernanda Paula Oliveira, Isabel Celeste M. Fonseca, Joaquim Freitas da Rocha, Nedal, Braga, 2013, pp. 45-53.

temática está, na realidade, situada num cenário mais complexo[31], onde se sente o impacto de um conjunto de fenómenos diversos, a par dos quais importa sublinhar, no quadro nacional, a realidade económica e financeira e a necessidade de, por compromissos assumidos no Memorando de Políticas Económicas e Financeiras celebrado entre o Estado português, a União Europeia, o Fundo Monetário Internacional e o Banco Central Europeu, de se levar por diante um conjunto de medidas de que deve resultar um significativo emagrecimento das administrações públicas e uma significativa redução das despesas públicas, devendo manter-se a qualidade dos serviços prestados.

De resto, em sintonia com a atual preocupação do reajustamento das funções do Estado – o que pressupõe a prévia consideração das que deve o Estado exercer em monopólio – e a transferência de tarefas públicas para operadores privados, impõe-se o redimensionamento dos aparelhos administrativos, o do Estado-Administração e o da Administração Autónoma, por esse Aparelho ser enorme, pesado, caro, ineficiente, por revelar duplicações e ser incomportável do ponto de vista económico e financeiro.

Repare-se que, de facto, a malha orgânica que se conhece confirma a existência de múltiplos entes públicos, alguns com personalidade jurídica, outros sem ela, alguns com natureza pública outras privadas, alguns designados como pessoas coletivas e outros como organismos, agências, comissões ou unidades ou simples estruturas orgânicas. Vale a pena elencar: 4259 freguesias, 308 municípios, a nível local. Depois, no quadro da Administração Estadual Direta central, encontramos mil e uma unidades orgânicas, onde se integram Secretarias-Gerais, diversas Inspeções-gerais, muitas Direções-Gerais, significativas Direções Regionais e órgãos consultivos, bem como outro tipo de estruturas internas. E verificamos ainda a existência de múltiplos institutos públicos e empresas públicas (do Estado, das regiões, das autarquias). Enfim, importa acrescentar ainda as fundações públicas, do Estado, das regiões e das autarquias, e as associações públicas, bem como ainda as entidades administrativas independentes e as entidades privadas que são subvencionadas pelo Estado, pelas regiões e pelas autarquias, como sejam, as IPSS's, escolas e federações desportivas.

[31] De facto, de entre esses fenómenos apraz indicar alguns recentes, como sejam, a globalização e a liberalização da economia, a *descentralização* política e a desterritorialização das fontes de direito administrativo, as novas formas de regulação e a pulverização de centros de decisão e a entrada em cena de novos sujeitos reguladores, a fuga para o direito privado das entidades públicas e as privatizações (em sentido material e organizatório) e o consequente esbatimento das fronteiras entre o direito público e o privado.

Claro está que, neste contexto, a palavra de ordem seja reduzir a dimensão do aparelho administrativo de acordo com a capacidade financeira do país. Enfim, por causa de tantos fatores e por razão de tantas forças convergentes, espera-se agora que a Administração excessiva emagreça à força. Em abono da verdade, sem seguir um programa racional de dieta e com a disposição política de a pôr a pão e água, corre-se o risco de a fazermos desaparecer e de a matar[32]. Embora se saiba que não há um método científico que deva ser seguido para se proceder ao seu reajustamento – e aqui a decisão política é que conta – este tema de reestruturação da Administração Pública impõe sério cuidado.

§ 2. As freguesias e as circunstâncias financeiras

Do Memorando de Políticas Económicas e Financeiras oportunamente celebrado entre o Estado Português, a União Europeia, o Fundo Monetário Internacional e o Banco Central Europeu resultou para o Governo o cumprimento de diversas obrigações. É um facto.

A obrigação de melhorar o Funcionamento da Administração do Estado-Administração, eliminando as duplicações, aumentando a eficiência e reduzindo e extinguindo serviços que não representem utilização eficaz de fundos públicos. Em bom rigor, a imposição pressupõe reduzir o setor da Administração Pública do Estado (direta e indireta, na direta, a central e a periférica), o que também pressupõe acentuar as privatizações, obrigando-se a mesma entidade a manter a qualidade de serviço.

Também aqui decorre do Memorando a obrigação de reduzir o peso com o pessoal, limitando as admissões na Administração Pública, congelando salários e limitando as promoções. A redução dos cargos dirigentes e dos serviços foi apontada para pelo menos 15%., devendo iniciar-se uma segunda fase do PRACE (programa de reestruturação da AP central).

A obrigação de reorganizar os setores da Administração Regional e Local e reconfigurar a prestação dos respetivos serviços. Aqui sugere-se, designadamente, a nível de estrutura da Administração Local, a redução significativa de entes públicos locais, devendo a mesma estar reajustada até ao início do próximo ciclo eleitoral local.

[32] Não posso deixar, pois, de lembrar as palavras sugestivas de JOÃO CAUPERS, *O Estado Gordo*, Âncora Editora, Lisboa, 2011.

De um modo ou de outro, ao Estado foi imposta a obrigação de reforçar a prestação do serviço público, aumentar a eficiência e reduzir custos e despesas. Logo, a lógica a seguir parece ser, tem que ser, no sentido de encolher, minimizar e reduzir o número de entes públicos e de serviços – assegurando a manutenção do mesmo nível de qualidade.

§ 3. As freguesias e as circunstâncias reformistas

Neste contexto, o Governo em Conselho de Ministros aprova, em julho de 2011, as linhas gerais do PREMAC, Plano de Redução e Melhoria da Administração Central do Estado[33], procurando implementar um programa de melhoria da organização da Administração Estadual, ajustando o peso do Estado aos limites financeiros do país, ou, por outras palavras, visando a redução permanente de despesa e a implementação de modelos mais eficientes para o funcionamento da Administração Direta do Estado.

Dois meses depois, em 15.09.2011, no relatório de execução do PREMAC apresentado pela Secretaria de Estado da AP, o governo afirma que foi além dos objetivos definidos, tendo reduzido na ordem do 40% as estruturas da Administração-do Estado – na Administração Direta Central do Estado de 102 estruturas passou a 84) e na Administração indireta do Estado deixaram de existir 74 Institutos Públicos e passaram a contar-se 55, existindo uma redução de 23%) e, quanto aos dirigentes, de 27% do número de cargos dirigentes (contando-se menos 275 dirigentes superiores e menos 1436 dirigentes intermédios.

E, posteriormente, em contas feitas, sublinha o Governo em documento de 31 de agosto, onde faz o ponto da situação da aplicação do Plano, que foram extintas, integradas ou fundidas 168 unidades, estruturas organismos ou entes (não sendo, contudo, muito rigoroso, quanto à terminologia jurídica científica invocada)[34].

[33] Na realidade, o Governo propõe-se alcançar certos objetivos: racionalização e redução das estruturas da Administração Central do Estado com o aumento da sua eficiência de atuação; promoção de uma melhor utilização dos recursos humanos do Estado, redução de pelo menos 15% no total das estruturas orgânicas dependentes de cada Ministério mais redução de pelo menos 15% do número de cargos dirigentes, tanto de nível superior, como de nível intermédio.

[34] Alguns exemplos de extinção por integração nas CCDR dizem respeito às Administrações das Regiões Hidrográficas. Como exemplo de fusão, podemos dar nota de 3 direções gerais de serviços prisionais e reinserção social; também por integração, o exemplo da integração do Instituto

§ 4. Poucas conclusões e muitas dúvidas

Após a enunciação dos objetivos a concretizar no Documento Verde da Reforma da Administração Local e na Resolução do Conselho de Ministros n.º 40/2011, de 8 de novembro, o Governo tem levado por diante um conjunto de iniciativas de natureza legiferante. De entre diversos instrumentos legais, adotou o regime do setor empresarial local, adaptou para a realidade local o regime relativo ao estatutos dos dirigentes e publicou o Regime Jurídico da Reorganização Territorial Autárquica (Lei n.º 22/2012, de 30 de maio), onde se consagra a obrigatoriedade da reorganização administrativa do território das freguesias, propondo a sua agregação, dentro dos limites territoriais do respetivo município, segundo dois critérios (o do número de habitantes e o da densidade populacional de cada município), pelo que se prevê a extinção das freguesias com um número inferior a 150 habitantes.

A lei define ainda um procedimento próprio, com prazos definidos, contemplando-se nesse *iter* procedimental de reestruturação local, a intervenção de uma Unidade Técnica (para a Reorganização Administrativa forçada e forçosa do Território local, pois afinal é a ela que cabe no procedimento entregar à Assembleia da República (ou às Assembleias Legislativas Regionais i) as pronúncias emitidas pelas assembleias municipais acompanhadas dos respetivos pareceres de conformidade; ii) ou as propostas concretas de reorganização administrativa do território das freguesias.

E deparamo-nos também, agora, com o projeto de Lei n.º 437/2012, relativo ao regime jurídico das autarquias locais, da transferência de competências, de transferência de competências do Estado para as autarquias e dos municípios e entidades intermunicipais para as freguesias, e do associativismo autárquico.

Interrogamo-nos, pois, sobre esta reforma em curso da Administração Pública Portuguesa e questionamo-nos, em primeiro lugar, se está a ser implementada, na realidade, uma verdadeira reforma da Administração Pública ou se será uma falácia ou aparência de mudança. Fará sentido lembrar aqui a expressão mais conhecida d' O Leopardo (filme do Visconti): se queremos que as coisas fiquem como estão temos que as mudar.

da Água IP, da Agência portuguesa do Ambiente e de dois Órgãos Consultivos para as alterações climáticas na Agência Portuguesa para o Ambiente, Água e ação Climática; integração da Inspeção Geral da Administração local na Inspeção Geral de Finanças; fusão da Inspeção geral da Educação com a Inspeção Geral da Ciência, Tecnologia e Ensino superior e, finalmente, a extinção dos controladores Financeiros.

Do mesmo modo, também nos questionamos se estará o primeiro escalão do poder local, constitucionalmente consagrado na Constituição da República Portuguesa (desde 1976), a ser devidamente acautelado pelo legislador ordinário. Em concreto, neste domínio específico, pergunto-me, sobretudo, se as Freguesias têm tido, na verdade, uma palavra a dizer, neste processo de reorganização feito à pressa. Também nos questionamos se o assunto da extinção *vs.* manutenção das freguesias é assunto que apenas diga respeito ao mundo rural. E se, enquanto ente mais próximo dos cidadãos, é discussão que faça mais sentido no território demograficamente envelhecido. Em Lisboa, em pleno centro urbano, em passagem pela rua, li há pouco tempo, uma mensagem pintada numa parede: "não extingam as freguesias. Elas são do povo".

Enfim, interrogamo-nos, por fim, se da extinção das freguesias resultará alguma vantagem significativa, do ponto de vista económico-financeiro, que tenha verdadeiro impacto na despesa pública e se estas virão a ganhar a tal escala pretendida. Aliás, do ponto de vista financeiro, fazendo as devidas contas, está provado que será muito reduzida a poupança a alcançar, não justificando a anulação de laços históricos e de proximidade, que as freguesias representam, criados ao longo de séculos. Interrogamo-nos, em suma, se a história e a identidade das gentes pesam assim tão pouco, com quadro ponderativo em questão. Afinal, também as freguesias pesam pouco no orçamento do Estado. Elas constituem estruturas democráticas mais leves, que cuidam de problemas menos complexos das respetivas populações, concretizando o princípio da descentralização e da subsidiariedade, com um muito baixo custo no conjunto do orçamento geral do Estado: cerca de 0,1% das despesas totais.

ESTUDO III

– "A descentralização em curso: reforço (ou esforço) das autonomias locais", *in Revista das Assembleias Municipais*, n.º 9, janeiro-março de 2019, pp. 27- 41.

A DESCENTRALIZAÇÃO EM CURSO: REFORÇO (OU ESFORÇO) DAS AUTONOMIAS LOCAIS

Sumário[35]**:** **§1.** Introdução. **§ 2.** A descentralização e a lei-quadro: âmbito, regime e propósitos. **§ 3.** A descentralização e os regimes setoriais. **§ 4.** Algumas notas finais.

---

§1. Introdução

Apresentamos alguns tópicos de partida para pensar as Autonomias Locais e os desafios que lhe são apresentados na atualidade por força do novo quadro de descentralização, sob o signo da equação reforço ou esforço.

É um facto que ao longo das últimas quatro décadas, as autarquias têm assumido um papel particularmente importante no desenvolvimento das comunidades locais e na consolidação democrática do país. E é um facto também que, em sintonia com a transformação pela qual tem passado o Aparelho Administrativo do Estado-Administração, destacando-se o da modernização da administração pública em geral (e o impacto que nela têm fenómenos diversos, incluindo a europeização, liberalização económica, privatização, empresarialização, a governação local tem vindo a sofrer inúmeras transformações nos últimos anos. Aliás, tendo como razão diversos factores convergentes, a Administração Pública do Estado passou por uma reforma que lhe ditou emagrecimento de estruturas e redução de tarefas.

[35] O texto serviu de base à apresentação oral da autora na sessão de estudo sobre A descentralização em curso: reforço ou esforço das Autonomias Locais, na Escola de Direito da Universidade do Minho, em dezembro de 2018. Foi publicado na *Revista das Assembleias Municipais*, n.º 9, janeiro-março de 2019, pp. 27- 41.

É certo que o diagnóstico sério sobre as administrações públicas no seu conjunto, que se impunha fazer sempre e antes de cada reforma anunciada, não se foi dando a conhecer. Na verdade, repensar a existência do aparelho administrativo periférico do Estado, em particular, as unidades orgânicas espalhadas pelo território nacional, dependente hierarquicamente do Governo ou sujeitas à sua superintendência e tutela, destinadas à prossecução de fins públicos nacionais, impunha-se, hoje, com especial cuidado. E assim é pela necessidade de pensar a sua co-existência com os governos locais e as novas tarefas que estes passam a assumir. Configure-se a título exemplificativo a existência/permanência das CCDR.

É finalmente um facto que, com a Lei n.º 75/2013, de 12 de setembro (de ora em diante, Lei 75/2013), os desafios das Autonomias Locais, especialmente os de natureza económica, social, cultural e de sustentabilidade ambiental aumentaram, contendo ainda a Lei a promessa de as fazer alargar. E, na verdade, o crescente aumento de competências (e de responsabilidades dos Municípios) tem exigido já muitos esforços por parte de alguns deles. E daí as soluções que foram sendo encontradas: i) lembro a necessidade de reforço de cooperação supramunicipal. Frequentemente as *parcerias regionais* entre Municípios da região e a integração dos governos locais em governos supramunicipais têm-se intensificado, e, portanto, o desenvolvimento de uma realidade de governação supramunicipal é cada vez mais anunciada como necessária. Ironicamente, estas dinâmicas de coordenação horizontal traduzem a perda de centralidade do Município. Aliás, a crescente relevância das redes de governação local para a implementação de fundos da União Europeia é outro fator determinante da perda de centralidade dos municípios no desenvolvimento local; ii) um outro aspeto a considerar: devido ao crescente desequilíbrio entre o conjunto de competências que foram sendo transferidas para os governos locais e a falta de recursos financeiros para lhes fazer frente, os municípios recorrem a parcerias com o setor privado e associativo para providenciar a satisfação das necessidades dos munícipes; iii) e apresentamos um outro aspeto da vida recente dos municípios que se prende com o Decreto-lei n.º 30/2015, de 12 de fevereiro, que veio estebaceler o regime de delegação de competências nos municípios e entidades intermunicipais no domínio de funções sociais, em desenvolvimento do regime jurídico da transferência de competências do Estado para as autarquias locais e para as entidades intermunicipais, e os diversos contratos interadministrativos celebrados, no contexto de projetos piloto, em particular nos domínios da educação, da saúde, segurança social e cultura. Estes contratos evidenciam uma crescente relação

Estado-Administração/municípios, uma vez que estes foram necessitando de constante reforço de meios finaceiros e institucionais para fazer face às novas exigências da governação local nestes novos domínios; iv) um último aspeto que importa ter sempre presente nesta reflexão: o conjunto dos 308 municípios é caracterizado por muita diversidade, variando significativamente a dimensão populacional dos municípios, a sua natureza territorial (rural, urbana, metropolitana), bem como varia a dimensão do respetivo setor económico dominante. Portanto, são uns mais frágeis do ponto de vista demográfico, e outros mais fortes, uns que concentram mais empreendedores económicos e outros menos, uns mais perto do centro do poder e outros mais distantes.

Pois bem, foi neste contexto que a Escola de Direito da Universidade do Minho debateu o tema da descentralização administrativa em curso, procurando aquilatar os pontos fortes e fracos da transferência mais recente de competências do Estado para as Autarquias Locais e apurar se este movimento traduz um reforço do Poder Local ou se estará a exigir um esforço do mesmo. E este debate revelou-se oportuno e produtivo, dada a complexidade emergente do quadro de transferência de competências, tanto mais quanto, depois da publicação da Lei n.º 50/2018, de 16 de agosto (de ora em diante, Lei 50/2018), que é a lei-quadro de transferência de competências do Estado para as autarquias locais e entidades intermunicipais, foi sendo publicado o pacote de diplomas legais de âmbito setorial relativos às diversas áreas de transferência de poderes.

§ 2. A descentralização e a lei-quadro: âmbito, regime e propósitos.

Do ponto de vista do regime-quadro, a Lei 50/2018 procede à transferência universal de novas competências para os órgãos do Poder Local e define objetivos a alcançar; estabelece um conjunto de princípios a que a transferência de competências deve obedecer; acolhe garantias (promessa-compromisso) de concretização efetiva de competências delegadas; e elenca áreas contempladas pelas delegações de competências, pressupondo a posterior publicação de uma disciplina jurídica setorial para a operacionalização da delegação de competências em cada domínio específico.

No que concerne aos propósitos, a Lei 50/2018 define como grande desiderato a alcançar a concretização gradual dos princípios da autonomia local, da descentralização e da subsidiariedade, todos com consagração constitucional.

Estando em harmonia com o quadro multinível, acolhido a este respeito na Carta Europeia de Autonomia Local, a Lei 50/2018 vai ao encontro do regime de base sobre instrumentos de descentralização previstos na Lei 75/2013 e concretiza diversas normas e prinícipios da Constituição da República Portuguesa.

Cumprir propósitos de eficiência administrativa, maximizada pela proximidade do executante da competência, traduzida na oferta de melhores serviços públicos aos cidadãos, e de eficácia da gestão pública, traduzida no balanceamento de custos/benefícios e na racionalização da despesa pública empregue na oferta daqueles serviços, prometendo a oferta de melhor serviço a mais baixo custo, são pois objectivos identificados na Lei 50/2018. Promover a coesão territorial e a garantia da universalidade e da igualdade de oportunidade no acesso ao serviço público são igualmente desígnios do diploma.

Do ponto de vista da disciplina-garantia, destacamos na Lei 50/2018 o regime da transferência para as Autarquias Locais dos necessários e adequados recursos financeiros, humanos e patrimoniais para viabilização da execução das competências, sendo certo que na Lei 50/2018 estabelece-se a este propósito, como ponto de referência, os actualmente aplicados nos serviços e competências descentralizadas, bem como também evidenciamos a garantia de estabilidade do financiamento no exercício das novas atribuições cometidas às Autarquias Locais.

Sublinhamos ainda o necessário assentimento na acolhimento das novas competências por parte das Autarquias Locais, como pressuposto para que ocorra a efectiva transferência de competências – que não tem que ser imediata, mas pode ser gradual; que não tem que ser total, mas pode ser setorial – e a existência de prazos para que os Municípios possam comunicar a respetiva intenção de não aceitação das competências, designadamente das que sejam para exercer pelo Município em 2019, devendo o mesmo manifestar essa vontade de não aceitação da transferência de competências durante um período de 60 dias a partir de janeiro de 2019. Referimos ainda a existência de uma data definitiva para transferência de competências, que é agendada para 2021. Importa, finalmente, destacar a nomeação de uma Comissão Independente de acompanhamento do processo de transferência de competências, revelando uma intenção de garantia de uma garantia de monitorização do processo e do respetivo resultado. Esta entidade veio a ser criada pela Lei n.º 58/2018, de 21 de agosto.

Do ponto de vista do elenco de áreas contempladas pelas delegações de competências, a Lei 50/2018 é muito ambiciosa, conhecendo-se já a diversa disciplina jurídica setorial recentemente publicada. Por exemplo, no que respeita à descentralização no domínio da Educação – domínio onde a OCDE afirma em estudo hoje publicado que se pode ir mais longe –, os Municípios passarão a ter competências de participação no planeamento, na gestão e na realização de investimentos relativos aos estabelecimentos públicos de educação e de ensino integrados na rede pública do 2.º e 3.º ciclos de ensino básico, e do ensino secundário, incluindo o profissional, nomeadamente na sua construção, equipamento e manutenção. No que concerne à rede pública pré-escolar e de ensino básico e secundário, incluindo o profissional, a competência transferida envolve os poderes para: i) assegurar refeições escolares e gestão de refeitórios; ii) apoiar no domínio da acção social escolar; iii) participar na gestão de recursos; e, iv) recrutar, selecionar e gerir pessoal não docente inserido nas carreiras de assistente operacional e de assistente técnico. Neste domínio, a delegação envolve ainda o poder para assegurar as actividades de enriquecimento escolar, em articulação com as escolas; participar na organização da segurança escolar; garantir o alojamento aos alunos que frequentam o ensino básico e secundário como alternativa ao transporte.

No que respeita à Saúde, os Municípios ganham competências de participação no planeamento, na gestão e na realização de investimentos relativos a novas unidades de prestação de cuidados de saúde primários, nomeadamente na sua construção, equipamento e manutenção. Assim, passará competir-lhes, agora: i) gerir, manter e conservar outros equipamentos afetos aos cuidados de saúde primários; ii) gerir trabalhadores, pessoal inserido nas carreiras de assistente operacional das unidades funcionais dos Agrupamentos de Centros de Saúde que integram a rede do serviço nacional de saúde; c) gerir serviços de apoio logístico desses Centros; iii) participar em programas de promoção de saúde pública, comunitária e vida saudável e de envelhecimento.

A Lei 50/2018 contempla também a transferência de competências em matéria de ação social, proteção civil, cultura, património, habitação, áreas portuário-marítimas (e áreas urbanas de desenvolvimento turístico e económico não afetas à atividade portuária), praias marítimas, fluviais e lacustres, informação cadastral, gestão florestal e áreas protegidas, transportes e vias de comunicação, estruturas de atendimento ao cidadão, policiamento de proximidade e segurança dos alimentos e segurança contra incêndios, estacionamento público e área dos jogos de fortuna e azar.

§ 3. A descentralização e os regimes setoriais.

No que concerne à concretização dos regimes específicos de delegação de competências em cada domínio específico, queremos deixar aqui breves tópicos da discilpna jurídica que consta de cada um dos diplomas actualmente conhecidos (e que foram sucessiva e recentemente publicados, desde 27 de novembro de 2018).

Começamos pelo Decreto-Lei n.º 97/2018, de 27 de novembro, que concretiza a transferência de competências para os órgãos municipais no domínio da gestão das praias marítimas, fluviais e lacustres integradas no domínio público hídrico do Estado. A transferência de competências de gestão para os Municípios neste domínio das praias marítimas, fluviais e lacustres integradas no domínio público hídrico do Estado inclui, designadamente: a) a limpeza e recolha de resíduos urbanos dos espaços balneares; b) a gestão, a manutenção, a conservação e a reparação de infraestruturas e equipamentos aí existentes, incluindo equipamentos de saneamento básico, abastecimento de água (o que pressupõe disponibilidade gratuita de água da rede pública), energia e comunicações de emergência, incluindo ainda equipamento de apoio à circulação pedonal e rodoviária, e estacionamentos, acessos e meios de atravessamento das águas. A transferência de competências neste domínio abrange ainda a exploração económica dos espaços em questão e a sua fiscalização, passando o Município a poder concessionar, licenciar e autorizar infraestruturas e equipamentos, apoios de praia e similares, bem como equipamentos de apoio à circulação, como seja a gestão de estacionamento e acessos; criar, liquidar e cobrar taxas e tarifas devidas pelo exercício de competências; e instaurar, instruir e decidir procedimentos contraordenacionais (aplicando coimas). A transferência pressupõe ainda a atividade de assistência a banhistas e a realização de obras de reparação e manutenção de retenção de marginais, escadas e muralhas (com a exceção de ações de estabilização e contenção de fenómenos de erosão costeira) de forma a garantir a segurança dos utentes.

Neste contexto, interrogamo-nos sobre os riscos associados à concretização da transferência de competências neste domínio e em particular evidenciamos alguma dificuldade na delimitação entre as jurisdições dos serviços do Município e os da Autoridade Marítima Nacional, tanto ao nível da vigilância e do policiamento dos espaços, de modo a salvaguardar a utilização de espaços em condições de segurança e ordem pública, como em particular no campo da fiscalização e poderes de sancionamento pela Polícia Marítima e pela Polícia Municipal.

A seguir enunciamos o Decreto-Lei n.º 98/2018, de 27 de novembro, que dispõe sobre as competências transferidas no domínio da autorização de exploração das modalidades afins de jogos de fortuna ou azar e outras formas de jogo. Depois continuamos com o Decreto-Lei n.º 99/2018, de 28 de novembro, que concretiza a transferência de competências no domínio da promoção turística interna sub-regional, em articulação com as entidades regionais de turismo.

Em especial e de forma mais detalhada, trazemos ao debate, agora, o Decreto-Lei n.º 100/2018, de 28 de novembro, que concretiza a transferência de competências para os órgãos municipais no domínio das vias de comunicação, sendo certo que, neste setor, os desafios das Autarquias Locais são significativos, uma vez que, caso haja acordo entre a Infraestruturas de Portugal e o Município, é possível transferir também a titularidade dos troços (e dos equipamentos e infraestruturas neles integrados), através de mutação dominial, passando a respetiva titularidade a ser do Município em cujo território se situam.

Na verdade, menciona-se no preâmbulo do diploma que a justificação para a delegação de competências neste domínio se prende com o facto de os Municípios terem revelado bom desempenho na administração de estradas sob sua gestão, tendo em conta a proximidade de quem exerce a competência e o *quid* sobre que esta impacta. E, por isso, vem agora o diploma replicar o mesmo modelo em relação às vias rodoviárias integradas em perímetro urbano que ainda não estejam no domínio público municipal. Assim, os Municípios passam a ter atribuições de gestão tanto dos troços de estradas e equipamentos neles integrados localizados nos perímetros urbanos como também de poderes de gestão dos troços das estradas desclassificados pelo Plano Rodoviário Nacional e troços substituídos por variantes não entregues através de mutação dominial por acordo entre a Infraestruturas de Portugal e o Município (incluindo os respetivos equipamentos). O regime prevê a transferência de poderes de gestão e concebe que possa existir a mutação dominial de rodovias, exigindo-se que haja acordo (contrato administrativo) entre a Infraestruturas de Portugal e o Município, podendo assim, caso a caso, existir alteração da titularidade dos troços e dos equipamentos e infraestruturas neles integrados através de mutação dominial, passando a titularidade a ser do Município em cujo território se situam. Caso não ocorra a mutação dominial, as competências de gestão transferida para o Município não incluem a manutenção, a conservação e a reparação da zona da estrada.

Enfim, deste quadro normativo de transferência de competências para os órgãos municipais no domínio das vias de comunicação, muitas são as incertezas. Sem prejuízo de se configurarem inconstitucionalidades no diploma e soluções que entram em rota de colisão com os princípios da continuidade e unidade territorial do Estado, há outras questões que importa evidenciar. A par de incertezas quanto aos domínios e equipamentos abrangidos pela transferência, dada a quantidade de conceitos indeterminados usados para definição de troços de estradas em perímetros urbanos e dada a dificuldade que se adivinha na celebração de acordos (contratos) de mutação dominial entre a Infraestruturas de Portugal e o Município, evidencia-se a incerteza quanto aos troços de estradas desclassificados do Plano Rodoviário Nacional, sendo certo que, neste caso, não havendo acordo, designadamente por não existir eventual acerto quanto ao valor de transferência financeira, passa apenas a gestão do troço e do equipamento e infraestruturas neles instalados, incluindo sub-solo, para o Município.

Vejamos agora o Decreto-Lei n.º 101/2018, de 29 de novembro, que concretiza a transferência de competências para os órgãos municipais e entidades intermunicipais no domínio da justiça. A transferência abrange inovadoramente o domínio da justiça, permitindo ao poder locar gerir as Redes de Julgados de Paz, desenvolver programas e adotar medidas de reinserção social de jovens e adultos, a prevenção e o combate à violência contra mulheres e a violência doméstica e a adopção de programas de promoção da igualdade de género.

No que respeita à reinserção social de jovens e adultos, os órgãos locais podem agora participar em ações e projetos que promovam a reinserção através da constituição e organização de bolsas de entidades beneficiárias interessadas em colaborar no âmbito da execução de sanções penais ou medidas tutelares educativas que impliquem a prestação de serviços à comunidade; bem como na constituição e organização de bolsas de imóveis destinados ao alojamento temporários de ex-reclusos para apoio no período inicial de adaptação à liberdade.

A título indicativo, impõe-se lembrar ainda o Decreto-Lei n.º 102/2018, de 29 de novembro, que regula a transferência de competências para os órgãos das comunidades intermunicipais no domínio dos projetos financiados por fundos europeus e dos programas de captação de investimento, o que permitirá aos mesmos, designadamente, definir, implementar e monitorizar programas de captação de investimento produtivo empresarial de dimensão sub-regional, incluindo a participação nos processos de apoio; apresentar candidaturas no âmbito dos programas de financiamento europeu com vista à implementação de projectos a nível sub-regional, designadamente de natureza económica, social e cultural; e gerir e implementar projectos financiados com fundos europeus.

Impõe-se considerar igualmente o Decreto-Lei n.º 103/2018, de 29 de novembro, que vem prever a transferência de competências para os domínios do apoio à intervenção permanente das associações de bombeiros voluntários e para os órgãos das Entidades Intermunicipais no domínio da rede de quartéis de bombeiros voluntários e dos programas de apoio às corporações de bombeiros voluntários, e o Decreto-Lei n.º 104/2018, de 29 de novembro, que concretiza a transferência de competências para os órgãos municipais no domínio da estruturas de atendimento aos cidadãos, o que permitirá proceder à instalação e gestão de Lojas de Cidadão e de Espaços Cidadão; a instituição e a gestão dos gabinetes de apoio aos Emigrantes, bem como a instituição de gestão de centros e locais de apoio e Integração de Migrantes.

De igual modo, importa evidenciar o Decreto-Lei n.º 105/2018, de 29 de novembro, que disciplina a transferência de competências para os órgãos municipais no domínio da habitação, permitindo ao Município a gestão de programas de apoio ao arrendamento urbano e à reabilitação urbana; a gestão de bens imóveis destinados à habitação social que integram o parque habitacional da Administração Direta e Indireta do Estado, cuja propriedade pode ser transferida para os Municípios, dependendo essa transferência de propriedade da celebração de acordo expresso. Neste quadro, a transferência de competências de gestão pode incluir a conservação e a reabilitação de imóveis; o arrendamento ou exploração de fracções; a atribuição de fogos de habitação social e a defesa da propriedade e da posse.

Vejamos agora o Decreto-Lei n.º 106/2018, de 29 de novembro, que desenvolve e pormenoriza os termos da transferência de competências para os órgãos municipais de gestão do património imobiliário público sem utilização localizado no território dos respetivos Municípios, sendo certo que a mesma transferência de competências de gestão depende da transferência da responsabilidade por todos os encargos necessários para a recuperação do edificado, bem como por todas as despesas com a conservação e a manutenção de imóveis.

Finalmente, impõe-se salientar o Decreto-Lei n.º 107/2018, de 29 de novembro, que abrange o domínio do estacionamento público, sendo certo que, tal como se afirma no respetivo preâmbulo, este diploma visa reforçar e aprofundar a autonomia local, através da legitimação da intervenção dos Municípios nos seus territórios, em prol do interesse dos cidadãos. Neste domínio, passam as Autarquias a ter competência para regular, fiscalizar, instruir e decidir procedimentos contraordenacionais rodoviários em matéria de estacionamento nas vias e espaços públicos sob jurisdição municipal, para além dos destinados a parques ou zonas de estacionamento. Assim, sem que seja necessária a prévia autorização da Administração Central do Estado, os órgãos locais passam a ter competência para proceder: a) tanto à regulação e fiscalização do estacionamento nas vias e espaços públicos dentro das localidades, para além dos destinados a parques ou zonas de estacionamento, como dos espaços fora das localidades, neste caso desde que estejam sob jurisdição municipal; b) à instrução e decisão de procedimentos contraordenacionais rodoviários, incluindo a aplicação de coimas e custas, por infrações leves relativas a estacionamento proibido, indevido ou abusivo nos parques e zonas de estacionamento, vias e nos demais espaços públicos, quer dentro das localidades quer fora das localidades, desde que estes estejam sob jurisdição municipal. Em particular neste domínio, poderá questionar-se de imediato se virá a ocorrer dificuldades de Coordenação entre a Jurisdição Municipal e a da Autoridade Nacional de Segurança Rodoviária, bem como também se questiona imediatamente se poderá revelar-se difícil a utilização de equipamentos e modelos referenciados, bem como a comunicação entre serviços municipais e o Instituto de Registo e Notariado, I.P.

§4. Algumas notas finais

Neste contexto, muitos são os receios e as incertezas em torno da aplicação deste quadro normativo, a começar pela aplicação da Lei n.º 50/2018 e a continuar pela aplicação de cada um dos diplomas setoriais e respetiva articulação. E aqui sobram incertezas quanto à natureza da aceitação da transferência de competências antes de 2021, incluindo possibilidades de reversibilidade e prazos de assentimento no acolhimento das competências. Outras duas incertezas dizem respeito à natureza jurídica e regime dos acordos a celebrar entre Autarquias e Estado. Tratando-se de contratos interadministrativos com objecto passível de acto administrativo, a dúvida instala-se no que respeita ao direito a aplicar, se é em maior montante o do Código do Procedimento Adiministrativo, uma vez que falamos de delegação de competências, ou o do Códigos dos Contratos Públicos, no que respeita aos acordos.

Quanto à questão do *quantum* de abrangência de competências a transferir em cada domínio, e em particular a delimitação e repartição de jurisdições, a incerteza abrange o *quantum* de jurisdição dos serviços do Município e o das administrações Directas e indirectas do Estado, designadamente entre a aérea de intervenção do Município e a Administração Pública Escolar; entre o Município e a Autoridade Marítima Nacional no que concerne à segurança e policiamento dos espaços balneares; entre polícia municipal e polícia marítima, no mesmo quadro. E, por exemplo, entre a polícia municipal e as forças de segurança, em matéria de contraordanões rodoviárias.

Depois, mais interrogações ficam quanto a formas de concretização dos pormenores de compensação das Autarquias Locais pelos esforços, e em especial no que concerne ao adequado pacote financeiro de suporte à execução pelos Municípios de novas competências, cuja negociação caso a caso se deseja que não se traduza em processos com reserva mental; bem como relativamente ao necessário reequilíbrio de recursos humanos capacitados.

Enfim, desafiámos Autarcas e Académicos a partilhar as suas reflexões sobre o tema e escutámos sobretudo incertezas e dúvidas sobre a concretização deste quadro normativo. De resto, muitos desabafos foram sendo ouvidos até ao momento, havendo quem fale de inconstitucionalidades várias, falta de arcaboiço autárquico para exercer as competências, criação de espaços de ninguém, receio de que haja Autarcas com mais olhos do que barriga; e outro tipo de expressões como, por um lado, "o autarca passará a caseiro do governo, que assim cuidará do seu património local, procedendo à recuperação do edificado, bem como suportando todas as despesas com a conservação e a manutenção de imóveis". Bem como, por outro lado, "o autarca como o *tarefeiro* do Governo, que cuida e trata das suas infraestruturas, tanto ao nível da educação como da saúde, reparando vidros e tetos, como gerindo o respetivo corpo de trabalhores afetos aos respetivos serviços de educação e saúde. Também escutámos que os Municípios, ao aceitarem a gestão rodoviária desclassificada no PRN e a integrada no perímetro urbano, mormente quando exista transferência de dominialidade, passam a remendar estradas e a tapar buracos. Enfim, também se percebeu que, do ponto de vista de receitas necessárias à realização de novas tarefas, a par das incertas contrapartidas, a Autarquia Local deve fixar taxas e tarifas, bem como também cobra coimas e multas. Aliás, o autarca passa a angariador de taxas e impostos para o Estado, designadamente, quando explora e concessiona praias marítimas, fluviais e respetivos equipamentos; ou, quando, como sublocador, arrenda o parque imobiliário do Estado, fazendo reverter 10% desse valor do preço de arrendamento de bens imóveis para o proprietário; ou quando da atividade de fiscalização dos serviços municipais, estes aplicam coimas rodoviárias por contraordenações graves em matéria de estacionamento, devendo reverter

35% a favor do Estado e 10% a favor da Autoridade Nacional de Segurança Rodoviária (o que nos leva a sugerir aos Municípios que deleguem esta tarefa em particular a empresas locais ou concessionem a atividade de fiscalização do Código da Estrada e dos Regulamentos e Posturas Municipais de trânsito, pois aqui a respetiva aplicação de coimas reverte 100% para o Município).

Pena é que neste quadro não tenha existido adequado estudo prévio; pena é que se combinem neste momento temas difíceis como sejam o de descentralização, municipalização e adiamento de regionalização, sendo certo que se lamenta que este processo seja entendido numa dimensão estritamente política, como vontade de o Estado se libertar de assuntos desgastantes, desresponsabilizando-se, passando os autarcas a ter tarefas em vez de poderes, e a assumir responsabilidades, sendo meros representantes ("corregedores") e executores da vontade decidida em Lisboa, sendo certo que por essas decisões podem, por isso mesmo, ser os executantes responsabilizados pelo não cumprimento das decisões, designadamente no momento em que os munícipes vão às urnas.

ESTUDO IV

– "A descentralização nos domínios das vias de comunicação e estacionamento público: *less is more*", *in Questões Atuais de Direito Local*, n.º 25, janeiro-março de 2020, pp. 7-22.

A DESCENTRALIZAÇÃO ADMINISTRATIVA NOS DOMÍNIOS DAS VIAS DE COMUNICAÇÃO E ESTACIONAMENTO PÚBLICO: *LESS IS MORE*

Sumário[36]**:** **§1.** Introdução. **§ 1.** A descentralização no domínio das vias de comunicação. **§ 2.** A descentralização no domínio do estacionamento público. **§ 3.** Algumas notas finais*: less is more.*

§1. Introdução

É um facto que, ao longo das últimas quatro décadas, as Autarquias Locais têm assumido um papel particularmente importante no desenvolvimento das comunidades locais e na consolidação democrática do país. E é um facto também que, por força de tantos fenómenos impactantes, o Estado-Administração está em transformação, estando precisamente a ser reajustado o conjunto dos fins públicos que tem a seu cargo prosseguir e o aparelho administrativo de que necessita para esse efeito.

Dito isto, importa, agora, sublinhar que o tema da descentralização administrativa – *rectius,* de transferência de competências do Governo para os órgãos das Autarquias Locais –, mais do que ser tratado no quadro da redefinição dos interesses públicos nacionais *versus* interesses públicos locais, deve ser compreendido, em nosso entender, no contexto do emagrecimento e reestruturação de todo o aparelho administrativo do Estado, pelo que a ciência do direito administrativo e a ciência da administração não devem andar

[36] O texto serviu de apoio à intervenção da autora no Colóquio sobre "A descentralização e o poder local: as novas competências em debate". A Sessão de Estudo foi organizada pela AEDREL em parceria com a Câmara Municipal de Vila Nova de Gaia e decorreu em 17.10.2019.

de costas voltadas, nesta altura, e devem ambas estar atentas a esta movimentação de competências dos órgãos do Estado para outros órgãos situados "fora do Estado".

Aliás, ainda que esteja por apurar o verdadeiro desígnio desta "descentralização administrativa de 2018/2019", importa, sobretudo, pensar como devem os entes locais reforçar-se e muscular os seus serviços para exercer as competências e as "tarefas" que são dos órgãos e serviços públicos do Estado, uma vez que, em síntese, estas duas mudanças devem ser lidas, estudadas e compreendidas em conjunto.

E, assim, nesta ordem de ideias, para que "esta descentralização" produza efeito positivo, apraz avaliar e contabilizar o aparelho periférico do Estado, e, em particular, as unidades orgânicas espalhadas pelo território nacional, dependentes hierarquicamente do Governo ou sujeitas à sua superintendência e tutela. E isto para evitar que haja duplicações de estruturas, conflitos (positivos ou negativos) de competências e especialmente despesismo e desperdícios, pois aquelas estruturas que têm estado destinadas à prossecução de interesses públicos nacionais, ainda que espalhadas pelo território nacional, terão de ceder lugar aos serviços locais municipais – o que nos faz já antecipar (quase por intuição) uma emergente alteração da natureza das Comissões de Coordenação e Desenvolvimento Regional, quiçá, I.P, também, já em curso.

Em segundo lugar, importa refletir sobre os limites do *quantum* de competências a transferir, no sentido de que as Autarquias não podem estar num continuado esforço, e avaliar o *quantum* deste movimento de poderes dos órgãos do Estado para os órgãos locais corresponde a verdadeira descentralização e a reforço da autonomia autárquica. Repare-se: com a Lei n.º 75/2013, de 12 de setembro, os desafios das Autonomias Locais, especialmente os de natureza económica, social e cultural, aumentaram significativamente, contendo esta Lei ainda a promessa de as fazer alargar, sendo certo que, com a publicação do Decreto-Lei n.º 30/2015, de 12 de fevereiro, e os diversos contratos interadministrativos celebrados, em projetos piloto, entre o Estado e os Municípios, em particular nos domínios da educação, da saúde, da segurança social e da cultura, deu-se o início de uma crescente relação entre o Estado e os Municípios, no quadro de um reforçado movimento de esvaziamento do primeiro para o segundo, seguindo o princípio da subsidiariedade e a lógica da equação de que quem está mais perto resolve melhor os problemas dos cidadãos – ao mesmo tempo que as estruturas administrativas periféricas do Estado se iam encolhendo.

Verifique-se o que se passou no domínio da educação, por exemplo, com a criação da Direção-Geral dos Estabelecimentos Escolares[37], ou na saúde, com as Administrações Regionais de Saúde a serem transformadas em Institutos Públicos[38].

É neste contexto que nos vamos recentemente interrogando sobre a natureza, os propósitos e o alcance da Lei n.º 50/2018, de 16 de agosto (= Lei 50/2018), que é a lei-quadro de transferência de competências dos órgãos do Estado para os órgãos das autarquias locais e órgãos das entidades intermunicipais, e do pacote de diplomas legais, de âmbito setorial, relativos às diversas áreas de transferência de poderes, que lhe seguiu. E, agora, neste texto, em particular sobre os diplomas que procederam à descentralização nos domínios das vias de comunicação e do estacionamento público.

Do ponto de vista do elenco de áreas contempladas pelas delegações de competências, a Lei 50/2018 é muito ambiciosa, sendo certo que, para além dos domínios da Educação e da Saúde, a lei contempla também a transferência de competências em matéria de ação social, da proteção civil, da cultura, do património, da habitação, das áreas portuário-marítimas (e das áreas urbanas de desenvolvimento turístico e económico não afetas à atividade portuária), de praias marítimas, fluviais e lacustres, de informação cadastral, de gestão florestal e áreas protegidas, de transportes e vias de comunicação, de estruturas de atendimento ao cidadão, de policiamento de proximidade

[37] Considere-se, por exemplo, que, nos termos do n.º 1 do art. 2.º do Decreto-Lei n.º 266-F/2012, de 31 de dezembro, a "DGEstE, é um serviço central de administração direta do Estado dotada de autonomia administrativa.", sendo certo que nos termos do n.º 2 a "DGEstE dispõe de cinco unidades orgânicas desconcentradas, de âmbito regional, com a designação de Direção de Serviços Região Norte, Direção de Serviços, Região Centro, Direção de Serviços Região Lisboa e Vale do Tejo, Direção de Serviços Região Alentejo e Direção de Serviços Região Algarve, sediadas respetivamente, no Porto, Coimbra, Lisboa, Évora e Faro". Na verdade, a DGEstE tem por missão garantir a concretização regional das medidas de administração e o exercício das competências periféricas relativas às atribuições do Ministério da Educação (ME), sem prejuízo das competências dos restantes serviços centrais, assegurando a orientação, a coordenação e o acompanhamento das escolas, promovendo o desenvolvimento da respetiva autonomia, cabendo-lhe ainda a articulação com as autarquias locais, organizações públicas e privadas nos domínios de intervenção no sistema educativo, visando o aprofundamento das interações locais e o apoio ao desenvolvimento das boas práticas na atuação dos agentes locais e regionais da educação, bem como assegurar o serviço jurídico-contencioso decorrente da prossecução da sua missão.

[38] Considere-se, por exemplo, que, nos termos do art. 1.º do Decreto-Lei n.º 22/2012, de 30 de janeiro, as "Administrações Regionais de Saúde, I. P., abreviadamente designadas por ARS, I. P., são institutos públicos integrados na administração indirecta do Estado, dotados de autonomia administrativa, financeira e património próprio".

e de segurança dos alimentos e segurança contra incêndios, de estacionamento público e de área dos jogos de fortuna e de azar. Esta é a razão pela qual urge pensar sobre os limites do poder local, atendendo ao próprio princípio da subsidiariedade, tal como acolhido na Carta Europeia de Autonomia Local, mas também à luz do novo princípio da intangibilidade de atribuições das pessoas coletivas públicas.

§2. A descentralização no domínio das vias de comunicação.

Pensemos, em especial no tema da transferência de competências para os órgãos municipais, no domínio das vias de comunicação, e tendo em conta o preceituado no Decreto-Lei n.º 100/2018, de 28 de novembro. Ora, este diploma concretiza a transferência de competências para os órgãos municipais no domínio das vias de comunicação, sendo certo que aqui os desafios das Autarquias Locais são significativos, uma vez que, caso haja acordo entre a Infraestruturas de Portugal e o Município, é possível transferir também a titularidade dos troços (e dos equipamentos e infraestruturas neles integrados), através de mutação dominial, passando a titularidade das vias a ser do Município em cujo território se situam – passando as obrigações do poder local a ser mais pesadas, com toda a certeza, do que aquilo que estes entes conseguem suportar, uma vez que o mau estado de conservação das vias rodoviárias em questão é um facto notório.

Na verdade, refere-se no preâmbulo do Decreto-Lei n.º 100/2018, de 28 de novembro, que, tendo os Municípios revelado bom desempenho na administração de estradas sob sua gestão, dada a sua relação de proximidade, vem agora o legislador replicar o mesmo modelo gestão em relação às vias rodoviárias integradas em perímetro urbano que ainda não estão no domínio público municipal.

2.1.

Antes de explicar o que se altera na administração rodoviária , importa lembrar o papel da IP, Infraestruturas de Portugal, S.A[39], enquanto entidade

[39] A IP resultou da fusão por incorporação da EP, Estradas de Portugal S.A, na Rede Ferroviária Nacional, E.P.E. (ou REFER), e a sua transformação em sociedade anónima, passando a denominar-se Infraestruturas de Portugal, S.A. A empresa dispõe de património próprio, regulado nos termos estabelecidos no diploma que a criou. E é sob a sua existência enquanto S.A que é criado um novo

a quem é confiada, desde 2015, a gestão das infraestruturas rodoviárias e ferroviárias[40], sendo certo que esses poderes são significativos[41], e explicar a rede rodoviária nacional[42], sendo certo também que os itinerários que compõem a rede rodoviária nacional constam do Plano Rodoviário, sendo os bens que

modelo organizacional de gestão em que uma só empresa, com jurisdição em todo o território nacional continental, tendo por objeto a conceção, projeto, construção, financiamento, conservação, exploração, requalificação, alargamento e modernização das redes rodoviária e ferroviária nacionais, incluindo-se nesta última o comando e o controlo da circulação.

[40] A gestão das infraestruturas ferroviárias e rodoviárias é operacionalizada através da delegação de poderes ou através de um contrato de concessão. O modelo de gestão destas infraestruturas de transporte terrestre, centrado numa empresa pública, assenta em dois regimes jurídicos especiais do domínio público, definidos a partir de critérios funcionais; um para a ferrovia e outro para a rodovia.

[41] A administração das infraestruturas sob gestão da IP inclui "zelar pela manutenção permanente das condições de infraestruturação e conservação e pela segurança da circulação ferroviária e rodoviária". Estas tarefas constituem a atividade principal da empresa, sendo operacionalizada com recurso a um conjunto de poderes, prerrogativas e obrigações conferidos ao Estado. A IP pode adquirir os terrenos de que necessita através do processo de expropriação e pode utilizar tanto o licenciamento como a concessão para se relacionar com terceiros no que se refere à exploração, utilização, ocupação ou ao exercício de quaisquer atividades nos terrenos, edificações e outras infraestruturas do domínio público ferroviário e rodoviário, integrados ou afetos às respetivas redes nacionais. Quanto à concessão, no caso da IP, importa sublinhar que a empresa é concessionária do Estado e, ela própria celebra contratos de subconcessão; celebra contratos de concessão de construção e exploração e de concessão de uso privativo. Consequentemente, tem especial importância a distinção da concessão de uso privativo de bens do domínio público, que constitui uma mera licença de uso ou aproveitamento e só impropriamente se designa por concessão, da concessão de exploração do domínio público que opera a transferência de poderes de gestão dos bens do domínio público para o concessionário. A IP celebra contratos de subconcessão relativos a determinados troços de estrada e, bem assim, à exploração da capacidade da rede de telecomunicações na parte que não se mostra necessária para a operação das redes de infraestruturas de transporte sob sua administração. Acresce que, a utilização por particulares de bens do domínio público é, em regra, objeto de contratos de concessão de uso privativo na ferrovia, e de licenciamento na rodovia. Os poderes de autotutela concretizam-se através de intimações, embargo administrativo e demolição de construções e edificações efetuadas em domínio público sob gestão da IP em zonas *non aedificandi* e em zonas de proteção estabelecidas por lei, bem como na possibilidade de determinação da remoção de outras situações suscetíveis de violar estas zonas, e reposição do estado do terreno ou imóvel existente antes desta situação. A IP pode determinar o encerramento compulsivo de instalações onde sejam exercidas atividades proibidas, perigosas ou não autorizadas, o que se estende aos casos resultantes de incumprimento contratual. Tem ainda o poder de determinar e proceder à imediata remoção de ocupações indevidas de bens de domínio público sob sua gestão, ou afetos à sua atividade, recorrendo, se necessário, à colaboração das autoridades policiais.

[42] Sobre o tema, vd. LUÍS MIGUEL PEREIRA FARINHA, "A gestão das infraestruturas dos transportes terrestres (The management of land transport infrastructures)", e@pública, *revista electrónica de direito público,* Vol. 5, n.º 1, janeiro de 2018, pp. 122 a 155.

compõem esta universalidade[43], descritos no Estatuto das Estradas da Rede Rodoviária Nacional, publicado em anexo à Lei n.º 34/2015, de 27 de abril.

Assim, a rede rodoviária nacional é constituída por um conjunto de estradas a que correspondem as ligações ou os itinerários estabelecidos no Plano Rodoviário Nacional[44], sendo certo que este Plano Rodoviário ainda se refere, além das estradas incluídas na rede rodoviária nacional – ou seja estradas correspondentes a itinerários principais, itinerários complementares e estradas nacionais – à rede nacional de autoestradas[45], assim como às estradas regionais[46]. A rede rodoviária nacional cresceu ligeiramente em 2016, após dois anos

[43] Sobre esta matéria vide J. MIRANDA et al., *Comentário ao Regime Jurídico do Património Imobiliário Público*, Coimbra, Almedina, 2017, pp. 120 a 122.

[44] Este Plano foi instituído pelo Decreto-Lei n.º 222/98, de 17 de julho, e alterado pela Declaração de Rectificações nº 19-D/98 de 31 de outubro, pela Lei n.º 98/99 de 26 de julho e pelo Decreto-Lei n.º 182/2003 de 16 de agosto. O primeiro Plano Rodoviário Nacional surgiu em 1945, visando suprir a deficiência da rede de estradas existentes, fixando novas características técnicas e hierarquizando a rede rodoviária. Neste plano, a rede nacional com cerca de 20 600 km foi hierarquizada em 3 níveis (1ª, 2ª e 3 ª classe) e definiram-se as larguras mínimas da plataforma para cada uma das classes. Quarenta anos depois, em 1985, foi publicado um novo Plano Rodoviário Nacional para dar resposta quer à grande expansão e desenvolvimento tecnológico do automóvel quer às novas metodologias de desenvolvimento, com base em previsões de tráfego, que se haviam generalizado nos anos sessenta. Surgiu assim uma Rede Rodoviária Nacional com cerca de 10 000 km, mantendo-se uma hierarquização em três níveis. A última revisão ocorreu em 1998 (vulgarmente conhecido por PRN2000) para dar resposta ao desenvolvimento socio-económico verificado após a adesão de Portugal à União Europeia. Este Plano prevê um total de cerca de 16 500 km dos quais cerca de 5000 foram incluídos numa nova categoria, as Estradas Regionais. Esta nova categoria de estradas, de interesse supra-municipal e complementar à Rede Rodoviária Nacional, tinha subjacente que apenas se manteriam provisoriamente na responsabilidade da administração central, admitindo-se que transitariam para as futuras regiões, cujo processo, como é sabido, face ao resultado do referendo, não teve desenvolvimento. Neste Plano incluiu-se uma rede nacional de auto-estradas com cerca de 3 000 km, correspondendo a cerca de metade da extensão da rede de Itinerários Principais (IP) e Complementares (IC). As estradas sob gestão da IP estão *prima facie* sujeitas a um acervo normativo que resulta da conjugação das normas do Plano Rodoviário, do diploma que operou a fusão da IP com a REFER, e dos estatutos da empresa, anexos a esse diploma, do contrato de concessão celebrado entre o Estado e a IP, da Lei n.º 34/2015, de 27 de abril, e do Estatuto que aprovou.

[45] A rede de autoestradas não é mais do que um conjunto de "elementos da rede rodoviária nacional especificamente projetados e construídos para o tráfego motorizado, que não servem as propriedades limítrofes", não constituindo, portanto, um conjunto de ligações que acresçam às demais. As autoestradas na quase totalidade dos casos correspondem a estradas classificadas como itinerários principais e itinerários complementares, sendo que as estradas nacionais podem assumir provisoriamente a função e o estatuto dos dois tipos de itinerários atrás referidos, nos casos em que tal resulte de despacho do ministro que tutele o setor rodoviário.

[46] Este plano define a rede rodoviária nacional do continente, que desempenha funções de interesse nacional ou internacional. O plano rodoviário estabelece regras que condicionam a gestão

consecutivos sem alterações. No final desse ano, contava com 14 313 Km de extensão. Na rede sob gestão direta da Infraestruturas de Portugal há 291 viadutos, 26 túneis, 961 pontes, 620 passagens superiores, 673 passagens inferiores, 2041 passagens hidráulicas, 150 passagens de peões, 441 passagens agrícolas e 8 com outras funções.

As estradas da rede rodoviária nacional estão hoje sujeitas ao regime do Estatuto das Estradas da rede Rodoviária Nacional, que estabelece as regras que visam a proteção da estrada e sua zona envolvente, fixa as condições de segurança e circulação dos seus utilizadores e as de exercício das atividades relacionadas com a sua gestão, exploração e conservação e contém o regime jurídico dos bens que integram o domínio público rodoviário do Estado e o regime sancionatório aplicável aos comportamentos ou atividades de terceiros que sejam lesivos desses bens ou direitos com eles conexos, bem como às situações de incumprimento (Lei n.º 34/2015, de 27 de abril).

O plano rodoviário nacional tem, ainda, como se referiu, disposições relativas a estradas que não estão integradas na rede nacional, designadamente as estradas regionais e as estradas municipais. As estradas regionais, que asseguram "as comunicações rodoviárias do continente, com interesse supramunicipal e complementar à rede rodoviária nacional", são uma categoria autónoma de estradas que não fazem parte da rede rodoviária nacional, não obstante poderem estar sob gestão da IP e de estarem identificadas numa lista anexa ao plano rodoviário[47].

Importa sublinhar que os diplomas próprios, que deveriam conter normas especialmente concebidas para estas estradas, que atendessem designadamente ao serviço que prestam, às caraterísticas geométricas dinâmicas e ambientais, por exemplo, nunca foram publicados, pelo que, ainda são aplicáveis diplomas com várias décadas de vigência, pouco adaptados à situação presente. Enfim, a disposição relativa ao âmbito de aplicação do Estatuto

e a utilização das estradas; v.g. estabelece as ligações que cada tipo de estrada assegura, restrições à circulação, níveis de serviço, condicionamentos quanto ao estabelecimento de acessos. A diferenciação das estradas da rede rodoviária nacional é feita com base nos níveis de serviço que estas devem assegurar, os quais determinam as respetivas caraterísticas geométricas e regimes de funcionamento, sendo certo que o nível de serviço das estradas, "que deve ser mantido em todas as componentes de cada ligação", é a "medida de qualidade que pretende caraterizar as condições de circulação, tal como são percebidas pelos utentes".

[47] As estradas não incluídas no plano rodoviário nacional, portanto, as que deixam de estar classificadas como nacionais, devem ser entregues aos municípios em cujo território se encontram, na sequência de obras de requalificação ou mediante acordo equitativo, como resulta do plano rodoviário e do contrato de concessão estabelecido entre o Estado e a IP.

resulta que as estradas regionais, as estradas nacionais desclassificadas, isto é a estrada que nos termos da legislação em vigor já não integra a rede nacional, e as ligações à rede rodoviária nacional, em exploração, não fazem parte da rede rodoviária nacional.

2.2.

Com o Decreto-Lei n.º 100/2018, de 28 de novembro, os Municípios passam a ter atribuições de gestão tanto dos (i.) troços de estradas e equipamentos neles integrados localizados nos perímetros urbanos, como de poderes de gestão dos (ii.) troços das estradas desclassificados pelo Plano Rodoviário Nacional e (iii.) troços substituídos por variantes não entregues através de mutação dominial por acordo entre a Infraestruturas de Portugal S.A., e o Município, bem como os respetivos equipamentos[48].

Assim, e procurando avaliar do alcance desta transferência, ela abrange aquilo que se designa de "zona da estrada", incluindo o respetivo subsolo, tal como definida pela al. uu) do art. 3.º do Estatuto das Estradas da Rede

[48] A propósito das variantes, vejamos alguns aspetos do regime aplicável. A decisão de construção de uma variante, isto é de "um lanço de estrada exterior a aglomerados urbanos, que permite desviar o tráfego do interior de uma zona urbana", está vinculada no regime vigente ao que resultar da conjugação de vários critérios, que atendem, designadamente, à classificação da via, à importância do tráfego de atravessamento, aos impactes ambientais, ao nível de sinistralidade, à percentagem de pesados e à velocidade média de circulação, os quais serão densificados pelo Instituto da Mobilidade através de regulamento específico. O respetivo regime fixa com exigência a sua configuração, atendendo ao rigor técnico que a decisão de construir uma variante deve incorporar na sua fundamentação. Consequentemente, verifica-se uma redução da margem de discricionariedade, e uma maior abrangência dos aspetos a atender; conjugando-se os critérios ambientais com os outros especialmente aplicáveis à infraestrutura rodoviária, num claro objetivo de estabelecer prioridades de atuação e de garantir a eficiência e a sustentabilidade das decisões nos aspetos económico, ambiental, de engenharia de tráfego e de segurança rodoviária. Da mesma forma, os preceitos vigentes estabelecem também com maior clareza as posições das partes – administração rodoviária e município – definindo-se o momento em que operam os efeitos jurídicos que a lei estabelece. É que, após a abertura ao tráfego da variante, o troço antigo que mantenha interesse para a função rodoviária deve ser entregue ao município. A construção de um novo troço de estrada que seja variante opera a desclassificação do troço de estrada que se destina a substituir, sendo que a sua entrega ao município em cujo território se encontre é feita por meio de auto de mutação dominial. No caso de o município não indicar que o troço substituído tem interesse para a função rodoviária a seu cargo, o terreno em que está incorporado deve ser desafetado do domínio público do Estado, tendo a IP o dever de promover a respetiva desafetação. Neste sentido, vd. LUIS MIGUEL PEREIRA FARINHA, "A gestão das infraestruturas... cit., pp. 145 ss.

Rodoviária Nacional, mas a transferências já não abrange: i.) troços de estrada explorados em regime de concessão ou subconcessão, enquanto estas existirem, a menos que a exploração seja feita pela própria IP; ii.) troços de estrada e estradas que integram um itinerário principal ou um itinerário complementar; iii.) o canal técnico rodoviário, tal como definido na al. j) do Estatuto da Rede Rodoviária Nacional, ou seja a infraestrutura de alojamento, que não seja propriedade privada, instalada no subsolo da zona de estrada, em obras de arte ou túneis, constituída por rede de tubagens, condutas, câmara de visita, dispositivos e respetivos acessórios, destinada à instalação de cabos de comunicações eletrónicas, equipamentos ou quaisquer recursos de redes de comunicações, bem como dispositivos de derivação, juntas ou outros equipamentos necessários à transmissão de comunicações eletrónicas naquelas redes.

Assim, o regime prevê a transferência de poderes de gestão e concebe que possa existir mutação dominial de rodovias, como já se indicou, exigindo-se que haja acordo (contrato administrativo) entre a Infraestruturas de Portugal e o Município, podendo assim, caso a caso, existir alteração da titularidade dos troços e dos equipamentos e infraestruturas neles integrados através de mutação dominial, passando a titularidade a ser do Município em cujo território se situam[49].

Ainda a propósito do respetivo alcance da transferência de competência no domínio das vias de comunicação, impõe-se desenvolver a ideia de que é possível existir mutação dominial, por acordo, entre IP e Município, alcançando

[49] Sobre as mutações dominiais importa dizer o seguinte: o Estatuto regula especialmente algumas situações típicas que, desde há muito, se deparam aos organismos encarregados da gestão da rede de estradas, designadamente no que se refere a variantes, a troços de estrada desclassificados e a restabelecimentos. Estes três casos têm em comum a existência de troços de estrada que, em consequência de obras ou por força de norma legal, deixam de ter interesse para a rede rodoviária nacional, mas mantêm ou podem manter interesse para as redes municipais do local em que se situam. O Estatuto estabelece que a mutação se realiza por meio de acordo a celebrar entre a Administração rodoviária e o Município, sendo necessário obter previamente uma autorização da respetiva Assembleia Municipal. O mesmo acordo está ainda dependente de aprovação pelo Instituto da Mobilidade e dos Transportes, I. P., e sujeito a homologação do membro do Governo responsável pela área das infraestruturas rodoviárias. Uma vez praticados todos estes atos, achando-se o procedimento administrativo decidido no sentido da mutação dominial de determinado troço de estrada do Estado para um Município, a respetiva mudança da titularidade opera, ficando a entidade destinatária dos bens investida nos poderes e deveres inerentes a essa titularidade. Pode dizer-se que a intervenção das entidades referidas no procedimento espelha a importância que o legislador lhe confere e a necessidade de se estabelecer com rigor o momento em que uma determinada entidade adquire a titularidade de um troço de estradas. Neste sentido, vd. LUIS MIGUEL PEREIRA FARINHA, "A gestão das infraestruturas... cit., p. 144.

o Município a respetiva titularidade: i.) em relação a troços de estrada localizados em perímetro urbano que seja sede do concelho; ii.) em relação a troços de estrada localizados em perímetro urbano fora da sede do concelho, desde que se verifiquem cumulativamente vários requisitos, nos termos do art. 5.º, n.º 2, als. a) a d) do diploma, sendo certo que o conceito de "Perímetro urbano" corresponde à área identificada na Carta de Uso e Ocupação de solo; iii.) em relação a troços de estrada desclassificados pelo Plano Rodoviário Nacional; iv.) e em relação aos troços substituídos por variantes ainda não entregues ao Município.

Caso não ocorra a mutação dominial, as competências de gestão transferida para o Município não incluem a manutenção, a conservação e a reparação da zona da estrada[50]. Importa precisar que a expressão conservação corresponde ao conjunto de atividades que permitem assegurar as adequadas condições funcionais de utilização e de segurança estrutural de via e seus equipamentos, obras de arte, obras hidráulicas, obras de contenção e túneis[51].

Enfim, deste quadro normativo de transferência de competências para os órgãos municipais no domínio das vias de comunicação, muitas são as incertezas. Sem prejuízo de se configurarem inconstitucionalidades no diploma e soluções que entram em rota de colisão com os princípios da continuidade, universalidade e unidade territorial do Estado, há outras questões que importa evidenciar[52]. Assim, a par de incertezas quanto aos domínios e equipamentos

[50] Quanto à expressão zona de estrada" ela abrange o terreno ocupado pela estrada e seus elementos funcionais, abrangendo a faixa de rodagem, as bermas, as obras de arte, as obras hidráulicas, as obras de contenção, os túneis, as valetas, os separadores, as banquetas, os laudes, os passeios e as vias coletoras.

[51] "Por obra de arte entende-se a estrutura destinada à transposição de linhas de água, vales ou vias destinadas ao tráfego rodoviário, pedonal, ou fauna de onde decorre a sua classificação como pontes, viadutos, passagens superiores ou inferiores, passagens agrícolas, passagens para a fauna ou pedonais. Por obras e contenção entende-se a estrutura de suporte para retenção de solos ou rochas, em aterro ou escavação, por forma a garantir a sua estabilidade.

[52] O Domínio público rodoviário do Estado corresponde à universalidade de direito de que o Estado é titular, formada pelo conjunto de bens afetos ao uso público viário, pelos bens que material ou funcionalmente com ele se encontrem ligados ou conexos, bem como por outros bens ou direitos que, por lei, como tal sejam qualificados. A Constituição da República Portuguesa e, bem assim o inventário dos bens do Estado, estabelecem que as estradas e as linhas férreas nacionais pertencem ao domínio público, daqui resultando para as entidades públicas encarregadas de garantir a gestão e utilização destes bens públicos afetos ao transporte terrestre um regime legal com especialidades inerentes ao reconhecimento do interesse público dessas infraestruturas e ao serviço público que prestam. Concretizando, a inalienabilidade, a imprescritibilidade, a impenhorabilidade e a impossibilidade de onerabilidade são efetivamente importantes para quem tem a obrigação de

abrangidos pela transferência, dada a quantidade de conceitos indeterminados usados para definição de troços de estradas em perímetros urbanos e dada a dificuldade que se adivinha na celebração de acordos (contratos) de mutação dominial entre a IP e o Município, evidencia-se a incerteza quanto aos troços de estradas desclassificados do Plano Rodoviário Nacional, sendo certo que, neste caso, não havendo acordo, designadamente por não existir eventual acerto quanto ao valor de transferência financeira, passa apenas a gestão do troço e do equipamento e das infraestruturas neles instalados, incluindo subsolo, para o Município.

§3. A descentralização no domínio do estacionamento público.

Finalmente, impõe-se salientar o Decreto-Lei n.º 107/2018, de 29 de novembro, que disciplina a transferência de competências no domínio do estacionamento público, sendo certo que, tal como se afirma no preâmbulo do diploma, a transferência visa reforçar e aprofundar a autonomia local, através da legitimação da intervenção dos Municípios nos seus territórios, em prol do interesse dos cidadãos. Neste domínio, passam as Autarquias a ter competência para regular, fiscalizar, instruir e decidir procedimentos contraordenacionais rodoviários em matéria de estacionamento nas vias e espaços públicos sob jurisdição municipal, para além dos destinados a parques ou zonas de estacionamento.

Como se apontou, o diploma vem alterar regras do Código da Estrada, designadamente os artigos 169.º e 185.º, vindo assim permitir à Câmara Municipal exercer competência para o processamento e aplicação de coimas nas contraordenações rodoviárias por infrações leves relativas a estacionamento proibido, indevido ou abusivo nos parques ou zonas de estacionamento, nas vias e nos demais espaços públicos quer dentro das localidades, quer fora

proteger um vasto rol de bens do domínio público do Estado situados em todo o território do continente, alguns em locais remotos, dos mais díspares comportamentos abusivos dos particulares. Para os particulares e também para a administração a garantia de que o bem integrado no domínio público é afeto, é utilizado, é fruído pela generalidade das pessoas para determinado fim mediante condições de acesso e de uso não discriminatórias ou arbitrárias, permite a criação de regras e condições organizacionais padronizadas que simplificam o relacionamento das partes. Numa outra perspetiva, o regime, ao estabelecer que os imóveis do domínio público estão fora do comércio jurídico privado, introduz algumas exigências que, nem sempre combinam de forma ideal com a celeridade de resposta e de disponibilização de bens, próprias de certas oportunidades de negócio, em resultado dos tempos de instrução e decisão inerentes ao cumprimento dos atos e formalidades próprios dos procedimentos da Administração.

delas (desde que incluídas na jurisdição municipal), bem como para assinar e autenticar a certidão de dívida.

O diploma também vem alterar o Decreto-Lei n.º 146/2014, de 9 de outubro, no seu art. 17.º, no que respeita ao processamento e aplicação de coimas por concessionárias, impondo o envio do auto de contraordenação à Camara Municipal, por Sistema de Contraordenações de Trânsito (Scot), ou por via electrónica com assinatura eletrónica qualificada.

Vejamos, assim, os órgãos locais passam a ter competência para, sem necessidade de prévia autorização da Administração Central do Estado, proceder (i.) à regulação e fiscalização do estacionamento nas vias e espaços públicos quer dentro das localidades, para além dos destinados a parques ou zonas de estacionamento, quer nos espaços fora das localidades, neste caso desde que estejam sob jurisdição municipal; (ii) à instrução e decisão de procedimentos contraordenacionais rodoviários, incluindo a aplicação de coimas e custas, por infrações leves relativas a estacionamento proibido, indevido ou abusivo nos parques e zonas de estacionamento, vias e nos demais espaços públicos, quer dentro das localidades quer e fora das localidades, desde que estes estejam sob jurisdição municipal[53].

[53] Artigo 169.º (do Código da Estrada, aprovado pelo Decreto-Lei n.º 114/94, de 3 de maio, com as alterações subsequentes): Competência para o processamento e aplicação das sanções:
"1 – Sem prejuízo do disposto no n.º 7, o processamento das contraordenações rodoviárias compete à ANSR.
2 – Sem prejuízo do disposto no n.º 7, a competência para aplicação das coimas e sanções acessórias pertence ao presidente da ANSR.
3 – O presidente da ANSR pode delegar a competência a que se refere o número anterior nos dirigentes e pessoal da carreira técnica superior da Autoridade Nacional de Segurança Rodoviária.
4 – O presidente da ANSR tem competência exclusiva, sem poder de delegação, para decidir sobre a verificação dos respetivos pressupostos e ordenar a cassação do título de condução.
5 – No exercício das suas funções, a ANSR é coadjuvada pelas autoridades policiais e outras autoridades ou serviços públicos cuja colaboração solicite.
6 – O pessoal da ANSR afeto a funções de fiscalização das disposições legais sobre o trânsito é equiparado a autoridade pública, para efeitos de:
a) Levantamento e notificação de autos de contraordenação instaurados com recurso a meios telemáticos de fiscalização automática;
b) Instrução e decisão de processos de contraordenação rodoviária.
7 – A competência para o processamento e aplicação de coimas nas contraordenações rodoviárias por infrações leves relativas a estacionamento proibido, indevido ou abusivo nos parques ou zonas de estacionamento, nas vias e nos demais espaços públicos quer dentro das localidades, quer fora das localidades, neste caso desde que estejam sob jurisdição municipal, é da respetiva câmara municipal".

No que concerne ao respetivo alcance, o Decreto-Lei n.º 107/2018 vem permitir que as competências de fiscalização do estacionamento delegadas nas câmaras possam ser exercidas por empresas locais. E o mesmo diploma vem prever que a competência para determinar a instrução do processo e aplicar coimas e custas passa a ser do presidente da câmara com possibilidade de delegação em outro membro da Câmara Municipal ou em Presidente de Conselho de administração ou de gestão de empresa local, podendo existir subdelegação.

E ainda a propósito do alcance do diploma, importa sublinhar que as competências delegadas de fiscalização de estacionamento podem ser exercidas por concessionárias dos estacionamentos sujeitos ao pagamento de taxa em vias sob a jurisdição municipal relativamente ao respetivo estacionamento em zona concessionada, nos termos do Decreto-Lei n.º 146/2014, de 9 de outubro.

Do ponto de vista dos problemas ou questões difíceis que importará vir a resolver, talvez seja importante lembrar as dificuldade de *coordenação de espaços* entre a Jurisdição Municipal e a da Autoridade Nacional de Segurança Rodoviária, bem como a dificuldade na utilização de sistemas, de equipamentos e modelos referenciados, em particular do Sistema de Contraordenações de Trânsito (Scot), para levantamento dos autos de contraordenação, bem como a utilização do modelo electrónico, impondo a plena e-procedimentalização, dos equipamentos de controlo e fiscalização aprovados pela Autoridade Nacional de Segurança Rodoviária, bem como a comunicação entre serviços municipais e o Instituto de Registo e Notariado, I.P., para acesso à identificação do titular dos veículos (e acesso ao domicílio do titular do veículo).

Uma questão final prende-se com a "divisão" do produto das coimas: o produto da coima por contraordenação rodoviária em matéria de estacionamento proibido, indevido ou abusivo, por infrações leves relativas a estacionamento em parques ou zonas de estacionamento, vias e nos demais espaços dentro das localidades ou fora das localidades sob jurisdição municipal, reverte 100% a favor do Município se for decorrente de atividade de fiscalização dos serviços municipais, de empresa local ou de concessionária, já só será revertida em 70% para o Município se for aplicada pelas forças de segurança, sendo certo que 30% é para a respetiva entidade. E no caso das infrações graves em matéria de estacionamento, quando resulte de atividade de fiscalização dos serviços municipais, o produto reverte 55% a favor do Município, 35% em favor do Estado e 10% em favor da Autoridade Nacional da Segurança Rodoviária.

§4. Algumas notas finais: *less is more*

O que se pode deixar em aberto neste texto é a lista de receios e de incertezas em torno da aplicação deste quadro normativo, sendo certo que, já para não referir aquela que é a angústia maior sobre o tema e que se prende com a ameaça de aplicação universal destas competências a todos os Municípios, a partir de 2021, importa destacar: i) a questão da reversibilidade da aceitação e dos prazos de assentimento; ii) a questão do *quantum* de abrangência de competências a transferir em cada domínio, e em particular a delimitação e repartição de jurisdição entre o Poder Local e o Poder Estadual; iii) a *vexata quaestio* de concretização dos pormenores de compensação das autarquias pelos esforços, e em especial no que concerne ao adequado pacote financeiro de suporte; iv) a questão da gestão rodoviária desclassificada no Plano Rodoviário Nacional e a integrada no perímetro urbano, mormente quando exista transferência de dominialidade, o que implicará grande esforço (financeiro e de recursos humanos) por parte das Autarquias Locais.

Enfim, do que foi exposto agora, e de um modo global sobre a descentralização, resulta que vai sendo deixada alguma incerteza, mormente do ponto de vista das receitas necessárias à realização de novas tarefas, a par das incertas contrapartidas, podendo a este propósito as Autarquias Locais fixar taxas e tarifas, bem como também cobrar coimas e multas. Aliás, o autarca passa a angariador de receitas (taxas, preços e impostos e coimas) para o Estado, designadamente, quando explora e concessiona praias marítimas, fluviais e respetivos equipamentos; ou, quando, como sublocador, arrenda o parque imobiliário do Estado, fazendo reverter 10% desse valor do preço de arrendamento de bens imóveis para o proprietário; ou quando da atividade de fiscalização dos serviços municipais, estes aplicam coimas rodoviárias por contraordenações graves em matéria de estacionamento, devendo reverter 35% a favor do Estado e 10% a favor da Autoridade Nacional de Segurança Rodoviária. Em particular neste domínio dos estacionamento público, poderá questionar-se a dificuldade de Coordenação entre a Jurisdição Municipal e a da Autoridade Nacional de Segurança Rodoviária, bem como também se pode revelar difícil a utilização da plataforma institucional, de equipamentos e modelos referenciados, bem como a comunicação entre os serviços municipais e os do Instituto de Registo e Notariado, I.P.

ESTUDO V

– "A descentralização administrativa nos domínios da Educação: *less is more*" (texto escrito em coautoria com Ana Rita Prata) *Questões Atuais de Direito Local*, n.º 32, outubro-dezembro de 2021, pp. 7-21.

A DESCENTRALIZAÇÃO ADMINISTRATIVA NOS DOMÍNIOS DA EDUCAÇÃO: *LESS IS MORE*

Sumário[54]**:** **§1.** Introdução. **§2.** A descentralização no domínio da Educação. **§3.** Algumas notas finais*: Uma breve análise SWOT*

---

§1. Introdução

A reflexão que se segue situa-se no domínio temático da descentralização administrativa[55] em curso e em particular no da transferência de competências educativas nos órgãos dos municípios e nas entidades intermunicipais e procura evidenciar o papel crescente que o poder local tem assumido na participação e financiamento de projetos educativos[56], questionando-se o se

[54] O texto foi escrito em coautoria com Ana Rita Prata.

[55] Iniciamos esta reflexão, na verdade, aquando da publicação da Lei n.º 50/2018, de 16 de agosto, dando a conhecer algumas ideias (em "A descentralização em curso: reforço (ou esforço) das autonomias locais", *in Revista das Assembleias Municipais*, n.º 9, janeiro-março de 2019, pp. 27 e ss.) e, após a publicação do quadro normativo setorial, voltamos ao assunto e seguimos o tópico, em jeito de saga, questionando se as competências transferidas são (ou não) efetivamente acolhidas e cumpridas (em "A descentralização nos domínios das vias de comunicação e estacionamento público: *less is more*", *in Questões Atuais de Direito Local*, n.º 25, janeiro-março de 2020, pp. 7 a 22.). Também, no texto mais recente sobre o tema ("A descentralização administrativa nos domínios da Educação: less is more", coautoria Ana Rita Prata, *Questões Atuais de Direito Local*, n.º 32, 2022) voltámos a expressar o receio de que a municipalização de competências nos domínios da educação fosse apenas aparente, tendo em conta o teor do Decreto-Lei n.º 21/2019, de 30 de janeiro.

[56] Sobre o tema, *vd.* Ana Rita Prata, *Descentralização e Educação em Portugal: os (novos) desafios das Autarquias Locais*, Dissertação de Mestrado apresentada à Escola de Direito da Universidade do Minho, sob orientação da Professora Doutora Isabel Celeste Monteiro da Fonseca, março de 2021, p. 48.

e o quanto da descentralização no domínio da educação, uma vez que esta é uma atribuição que a Carta Fundamental coloca sobretudo a cargo do Estado.

É certo que esta realidade, que pressupõe uma cada vez mais relevante e autónoma atuação nas políticas educativas por parte dos eleitos locais, tanto entre nós como em outros panoramas jurídicos de direito comparado, já se vem manifestando há algum tempo, envolvendo complexos processos de concertação, cooperação e repartição de intervenções ou ações – "conjuntos coerentes de ações no domínio educativo, elaboradas de forma concertada e relativamente autónoma por certas equipas municipais"[57], levando a que, em certos momentos, as progressivas ações se traduzam na criação de uma rede intrincada de relações que despoleta diversas tensões entre o poder local e o poder central, ao que BOUVIER designou de "manta de retalhos"[58].

E, portanto, como se percebe, não é de hoje que o Estado anuncia a necessidade de ser auxiliado, a fim de solucionar problemas educativos, sendo certo que parece ser neste preciso sentido que o poder local vem ganhando protagonismo e lhe vem sendo dada mais oportunidade de intervenção. Também aqui se trata, sobretudo, pensamos nós, de um processo de redimensionamento de poderes entre a administração central e a administração local, realizado através de processos de transferência progressiva de tarefas, num contexto emergente de processos de reajustamento e de uma racionalização do papel do Estado, numa lógica de emagrecimento e reestruturação de todo o aparelho administrativo[59] – mais do que, como vamos procurar demonstrar aqui, concretizar os princípios de subsidiariedade ou de participação democrática da tarefa educativa.

No que à educação diz respeito, em particular, enquanto desígnio constitucionalmente previsto com uma importância política pública assumida como decisiva para o desenvolvimento da sociedade como um todo, a verdade é que além das tensões entre o poder central e o poder local, o percurso mostra uma similitude de ações e procedimentos que resulta ainda num diálogo-conflito entre o Ministério da Educação – com todo o seu peso institucional e administrativo – e cada uma das Unidades Escolares, e entre estas

[57] VAN ZANTEN, "Les politiques éducatives municipales: un exemple de mobilisation locale des acteurs de l'éducation", *in* B. Charlot (Ed.), *L'école et le territoroire*, Paris, Armand Colier, 1994, p. 69.

[58] A. BOUVIER, *La gouvernance des systèmes éducatifs*, Paris: PUF – Politique d'aujord'hui, 2007.

[59] Também aqui o esvaziamento de tarefas e a partilha de encargos e de responsabilidades dá mote à transferência de competências na área educativa. Sobre o tema, para uma perspetiva geral, *vd.* o nosso, "A descentralização em curso: reforço (ou esforço) das autonomias locais", *in Democracia e Poder local: a descentralização em curso*, AEDUM/NEDIP, 2019, pp. 27 e ss.

e o Poder Local. E esta situação relacional resulta dos processos de transferência de competências, designadamente por via da promoção da autonomia das escolas, e da transferência de competências para os municípios pois "a descentralização e a autonomia são abordadas enquanto facetas de um mesmo movimento de passagem de certas competências do nível central para níveis inferiores de responsabilidade"[60] – complexidade que se acentua em ambos os casos devido ao labirinto jurídico existente, decorrente de diplomas legais em vigor desarticulados entre si.

Não obstante a complexidade que se revela ao nível das relações descritas, facto é que, em boa verdade, a relação de proximidade do poder local com as comunidades educativas locais revela mais valias significativas que se traduzem, ou que se podem vir a traduzir mais ainda, se exploradas, na melhoria da qualidade e eficácia do serviço público, "(...) gerando progresso e desenvolvimento bem como a sua sustentação"[61] na concretização daquilo que é o princípio da subsidiariedade, enquanto elemento estruturante da própria organização do Estado.

Também no domínio da educação, tendo subjacente este quadro principiológico, o Estado deve atuar a título meramente subsidiário e as autarquias, por estarem mais próximas dos problemas e dos cidadãos, são chamadas a atuar a título preferencial, assumindo-se assim o poder local "(...) como meio educativo envolvente, agente educativo e conteúdo educativo"[62].

Precisamente, este princípio, aliado ao princípio da descentralização e ao da autonomia das autarquias locais, serviu de base à nova lei-quadro conducente à transferência de competências do poder central para as autarquias locais e entidades intermunicipais – Lei n.º 50/2018, de 16 de agosto, a par com o Decreto-Lei n.º 21/2019, de 30 de janeiro, sendo este o diploma legal concretizador da transferência de competências na área da educação, que tipifica e institui as respetivas competências que estão e vão ser transferidas para os órgãos municipais e para as entidades intermunicipais. Destes dois

[60] Conselho Nacional de Educação, Relatório técnico – Participação autárquica na gestão das ofertas de educação e formação, novembro de 2018, pp. 4.

[61] Luís Filipe Pinho, *A Descentralização de atribuições e competências para as Autarquias Locais em Matéria de Educação*, Dissertação de Mestrado apresentada à Escola de Economia e Gestão da Universidade do Minho, outubro de 2012, p. 40.

[62] Elvira Tristão, "Educação e Municípios: questionamentos acerca da autonomia do poder local e da descentralização", novembro de 2018, *in* Fórum Português de Administração Educacional, disponível em *https://www.fpae.pt/publication/educacao-e-municipios-questionamentos-acerca-da-autonomia-do-poder-local-e-da-descentralizacao/*.

dispositivos legais ressalta um conjunto extenso de articulados que merecem a nossa atenção e reflexão.

Interrogamo-nos, pois, se o processo de descentralização em curso traduz o descartar de responsabilidades do poder central ou uma partilha transferida, assumida, mais ou menos planeada, de efetiva repartição de competências, envolvendo poderes de decisão, com salvaguarda de margens para que cada um destes entes administrativos possa continuar a inovar e a criar, local e nacionalmente, políticas em prol do todo que compõe o sistema educativo.

Procuramos, pois, dar resposta à questão dos alicerces legais que fundamentam a intervenção das autarquias na vertente educativa e os meios necessários para a qualificação daquela intervenção. Sendo que, num primeiro momento vamos dar algum destaque às competências que, com os novos normativos legais mencionados, são transferidas para os órgãos das autarquias locais, e sobretudo para os municípios, já num segundo momento, pretendemos equacionar se essas competências se traduzirão num reforço positivo ou, num esforço acrescido para o poder local.

§2. A descentralização no domínio da Educação

Com enfoque no presente, pensemos, em primeiro lugar, no preceituado no Decreto-Lei n.º 21/2019, de 30 de janeiro, em torno daquilo que são as (novas) competências dos órgãos municipais. Refira-se, de imediato, contudo, que este novo documento legal foi já sujeito a diversas alterações[63], o que faz com que tenhamos cinco alterações ao documento matriz, convergindo, de um modo geral, no protelar dos prazos inicialmente previstos para a transferência de todas as competências estipuladas.

Neste seguimento, começamos por evidenciar algumas notas iniciais a partir do preâmbulo do Decreto-Lei assinalado, em jeito de introdução à análise do mesmo. Em primeiro lugar, nele é registado o reconhecimento por parte do Estado à contribuição das autarquias locais no que respeita à expansão da rede nacional de educação pré-escolar, na construção de centros escolares, na organização dos transportes escolares e na implementação da escola a tempo inteiro.

[63] Retificação n.º 10/2019, de 25/03; Decreto-Lei n.º 84/2019, de 28/06; Lei n.º 2/2020, de 31/03; Decreto-Lei n.º 56/2020, 12/08.

Destacamos também a importância dada à decisão de proximidade, realçando assim a importância do princípio da subsidiariedade, e a preocupação pela prossecução (e respeito) dos princípios basilares modelados na Lei de Bases do Sistema Educativo (LBSE)[64], bem como pela *religiosa* salvaguarda da autonomia pedagógica e curricular dos agrupamentos de escolas e escolas não agrupadas, da observância dos direitos de participação dos docentes no processo educativo, da gestão pública da rede de estabelecimentos públicos de ensino através dos órgãos próprios dos agrupamentos – aquilo que é, *rectius*, a verdadeira autonomia das escolas tão reclamada pelos órgãos escolares.

Percebemos assim a importância e a complexidade do tema, que se denota na concretização da trilogia de atores e poderes que aqui está bem evidente – Poder Central (Estado-Administração e máquina administrativa central), Poder Local e Escolas –, sendo certo que se realça a transversalidade da temática e, ainda o variado número de interesses públicos próprios, positivos e negativos, contemplados, que, em última instância, necessitam de alguma concordância entre si, salvaguardando sempre a autonomia pedagógica e curricular dos agrupamentos de escolas e escolas não agrupadas, recentemente reforçada.

Desta abordagem inicial passamos para uma caracterização sumária das (novas) competências dos municípios, nas quais podemos antever, ainda assim, que o seu elenco não parece traduzir uma grande novidade, uma vez que a maior parte das competências já se encontravam consagradas em diplomas legais anteriores[65]. A grande alteração residirá, por um lado, no seu alargamento,

[64] A Lei n.º 46/86, de 14 de outubro, que consagra a Lei de Bases do Sistema Educativo (LBSE), trata-se de um normativo que vem estabelecer a organização e a estrutura do sistema educativo. Este documento, à data da sua publicação, veio colmatar lacunas no que diz respeito à temática da educação e, representou um marco na democratização da educação em Portugal. Importa referir que, apesar de já ter sofrido algumas alterações denota-se que se consubstancia numa lei de bases com mais de 25 anos a par com a instabilidade que se vive no setor da educação. Sobre o tema, *vd.* Licínio Lima, "Lei de Bases do Sistema Educativo (1986): Ruturas, continuidades, apropriações seletivas", *in Revista Portuguesa De Educação*, n.º 31 (especial), 2018, pp. 75 a 91.

[65] Não recuando muito no tempo, podemos fazer menção ao Decreto-Lei n.º 144/2008, de 28 de julho, que veio definir o quadro de transferência de competências para os municípios em matéria de educação, prefigurando a figura legal do contrato de execução a celebrar entre o Ministério da Educação e as câmaras municipais. Evidencia-se também a Lei n.º 75/2013, de 12 de setembro, que estabelece o regime jurídico das autarquias locais, aprova o estatuto das entidades intermunicipais, estabelece o regime jurídico da transferência de competências do Estado para as autarquias locais e para as entidades intermunicipais e aprova o regime jurídico do associativismo autárquico, onde muitas das competências educativas são já previstas como próprias dos órgãos locais. A seguir regista-se o Decreto-Lei n.º 30/2015, de 12 de fevereiro, que estabelece o regime de delegação

além dos restantes níveis de ensino, ao ensino profissional e, por outro lado, na obrigatoriedade da sua aplicação, com um diploma que estabelece um prazo preciso para a concretização da transferência definitiva e universal de competências, que será o dia 31 de março de 2022, conforme confirma o n.º 2 do artigo 76.º do Decreto-Lei assinalado.

Assim, as autarquias ganham competências ao nível do *planeamento*, da *gestão* e na *realização de investimentos* em ordem ao disposto no n.º 1 do artigo 3.º do diploma. No que concerne ao *planeamento* ficam a cargo das câmaras municipais a elaboração da carta educativa (artigos 5.º a 16.º), do plano de transportes escolares (artigos 17.º a 22.º) e, ainda a definição da rede de ofertas de educação (artigos 23.º a 30.º). A carta educativa[66], segundo o artigo 5.º, configura um "instrumento de planeamento e ordenamento prospetivo de edifícios e equipamentos educativos a localizar no município [...] no quadro do desenvolvimento demográfico e socioeconómico de cada município" e, por isso mesmo, reconduz-se num poderoso artefacto de acesso a recursos financeiros. Por sua vez, existe um conjunto de autores que entende este conceito como sendo, de certa forma, redutor, justificando para o efeito o facto de as ofertas educativas serem definidas centralmente, limitando assim "a capacidade do documento em se constituir como um efetivo instrumento de gestão da política educacional" local[67]. Ainda assim, cumpre-nos direcionar mais algumas considerações acerca deste instrumento de planeamento, nomeadamente no que se refere à sua elaboração. Tal como já referimos compete à câmara municipal a elaboração da carta educativa e esta é "aprovada pela assembleia municipal respetiva, após parecer do conselho municipal de educação[68], e pronúncia do departamento governamental com competência na matéria", n.º 1 do artigo 14.º. Após a sua elaboração "a câmara municipal envia a carta educativa para o departamento governamental com competência na matéria, que, no prazo de 30 dias se pronuncia sobre eventuais

de competências nos municípios e entidades intermunicipais no domínio de funções sociais, onde a educação assume um papel importante. Estes dois últimos diplomas são resultado do "Aproximar – Programa de Descentralização de Políticas Públicas", tendo-se materializado, nos domínios da educação, no "Programa Aproximar Educação", levando à celebração de diversos contratos interadministrativos em projetos-piloto, entre o Estado e os Municípios.

[66] A carta educativa surge com a Lei n.º 159/99, de 14 de setembro (revogado), embora só em 2003 tenham sido criadas as condições necessárias para a efetiva regulamentação do processo de elaboração da mesma, através do Decreto-Lei n.º 7/2003, de 15 de janeiro.

[67] Dora Fonseca de Castro e Luís Rothes, "As Cartas Educativas em Portugal: conceção, implementação e monitorização", *in Revista Educação*, v. 37, n.º 2, maio-agosto, 2014, p. 236.

[68] Regulado nos artigos n.os 55.º a 61.º do presente Decreto-Lei.

desconformidades", n.º 4, sendo que em caso de desconformidades a carta é devolvida à câmara municipal a fim de esta proceder à sua correção, estando o conteúdo da mesma previsto no artigo 13.º e, salientamos ainda que "a carta educativa é obrigatoriamente revista de 10 em 10 anos", em ordem ao disposto no n.º 3 do artigo 15.º.

Já no que diz respeito ao plano de transportes escolares refira-se que é "a nível municipal, o instrumento de planeamento da oferta de serviço de transporte entre o local da residência e o local dos estabelecimentos de ensino da rede pública, frequentados pelos alunos da educação pré-escolar, do ensino básico e do ensino secundário", tal como dispõe o artigo 17.º, competindo igualmente à câmara municipal, segundo o n.º 1 do artigo 21.º, "a elaboração e a aprovação do plano de transporte escolar [...] após discussão e parecer do conselho municipal de educação", estando as condições de vigência e revisão previstas no artigo 22.º. Por outro lado, a elaboração do plano tem por base certos pressupostos previstos no artigo 20.º, a saber: a gratuitidade para os alunos da educação pré-escolar, do ensino básico e do ensino secundário e a gratuitidade para os alunos da educação inclusiva, pelo que assistimos a um alargamento da obrigatoriedade de transportes escolares gratuitos a cargo dos municípios, nomeadamente à educação pré-escolar e à educação inclusiva, o que terá como consequência direta o aumento significativo do número de alunos transportados e ainda um significativo aumento da despesa, não estando previstas, no entanto, formas de financiamento específicas nesta matéria.

Falamos agora do terceiro instrumento de planeamento enunciado sendo de mencionar que, segundo o disposto no artigo 25.º, "a rede de oferta educativa tem por objeto a identificação, por estabelecimento de ensino, da disponibilidade de vagas de matrícula por cursos e grupos-turma, identificando os recursos humanos necessários à sua prossecução" e, estabelece o n.º 2 do artigo 27.º que "os departamentos governamentais com competência na matéria disponibilizam a informação e o apoio técnico necessário", sendo que, o diploma legal não se revela muito claro como toda esta articulação se processará de facto. Podemos referir ainda que o planeamento/definição da rede de oferta educativa é feito tanto plurianualmente (artigos 26.º, 27.º e 28.º) como anualmente (artigos 29.º e 30.º) e depende do parecer prévio vinculativo dos departamentos governamentais com competência na matéria em articulação com os municípios, as entidades intermunicipais e os agrupamentos de escolas e escolas não agrupadas (parecer não vinculativo).

Por outro lado, as câmaras municipais *ganham* ainda competências de *investimento* no edificado escolar (artigos 31.º e 32.º), destacando-se as competências da construção, a requalificação e a modernização dos edifícios escolares, bem como a realização de intervenções de conservação e de pequena reparação[69] em estabelecimentos de educação pré-escolar e de ensino básico e secundário, exceto nos edifícios da Parque Escolar, E. P. E. e, ainda a aquisição de equipamento básico, mobiliário e material didático.

E, nesta temática cumpre proceder uma remissão para o artigo 62.º do diploma em análise, uma vez que reside aqui uma novidade que se traduz na transferência da titularidade dos equipamentos educativos que integram a rede pública do ministério da educação para as câmaras municipais, com as exceções consideradas no mesmo preceito legal. Por sua vez, apesar da titularidade ser transferida para a esfera dos municípios, a verdade é que os imóveis transferidos não podem ser objeto de direitos privados enquanto estiverem afetos a funções educativas e formativas o que denota que, apesar da titularidade lhes pertencer não podem dispor livremente dos equipamentos educativos.

Cumpre-nos ainda referir como vão ser financiadas as operações de investimento em edifícios escolares, sendo o n.º 1 do artigo 50.º que nos dá a resposta, ditando que a mesma é assegurada pelos departamentos governamentais com competência na matéria, recorrendo preferencialmente a verbas provenientes de fundos europeus estruturais e de desenvolvimento e, por seu lado, referindo como são financiadas as despesas com o equipamento, conservação e manutenção em edifícios escolares que se encontra estipulada na articulação entre o artigo 51.º e alínea *b)* do n.º 2 do artigo 68.º, sendo certo que será "fixado nos termos de portaria dos membros do Governo responsáveis pelas áreas das finanças, das autarquias locais e da educação".

Noutra dimensão, as câmaras municipais ganham também competências de *gestão*, destacando-se quatro partes essenciais, a saber: *i)* a ação social escolar (artigos 33.º a 41.º), que, segundo o artigo 30.º da LBSE se traduz "num conjunto diversificados de ações, concretizadas através da aplicação de critérios de discriminação positiva que visem a compensação social e educativa dos alunos economicamente mais carenciados"; *ii)* o recrutamento do pessoal não docente (artigos 42.º a 45.º); *iii)* o funcionamento dos edifícios escolares (artigos 46.º a 48.º); e, por fim, *iv)* a segurança escolar (artigo 49.º).

[69] Nesta matéria, cumpre-nos referir o disposto na alínea *e)* do n.º 2 do artigo 38.º da Lei n.º 50/2018, de 16 de agosto, relativo às novas competências dos órgãos das freguesias. Prescreve o artigo selecionado que os órgãos das freguesias têm competências que são transferidas pelos municípios sendo que uma delas diz respeito à "realização de pequenas reparações nos estabelecimentos de educação pré-escolar e do primeiro ciclo do ensino básico". Desta forma, importa aprofundar a articulação desta norma com o que dispõe o n.º 3 do artigo 32.º do Decreto-Lei em análise.

Importa referir, que a ação social escolar se desdobra em cinco valências essenciais: *i)* os refeitórios escolares, sendo certo que, não obstante a gestão dos mesmos, em todos os níveis de ensino, é tarefa das câmaras municipais, já no que diz respeito aos preços das refeições estes são fixadas por despacho dos membros do Governo competentes; *ii)* os transportes escolares, ficando a cargo das câmaras municipais organizar o processo de acesso aos mesmos, requisitar às entidades concessionárias os passes escolares, contratar e gerir os circuitos especiais, entre outros; *iii)* as residências escolares, sendo transferidas para a titularidade dos municípios a rede oficial de residências para estudantes e os alojamentos nas modalidades de colocação junto de famílias de acolhimento; *iv)* e a escola a tempo inteiro, que se traduz em medidas de apoio à família e a realização de atividades em que a sua planificação é desenvolvida não só pelas câmaras municipais, mas também pelos órgãos de administração e gestão dos agrupamentos escolares e escolas não agrupadas.

Por outro lado, relativamente ao pessoal não docente importa destacar que no que concerne à determinação da dotação máxima de referência, os critérios e a fórmula de cálculo, por agrupamento de escola ou escola não agrupada é definida por portaria, sendo que a mesma se traduz na Portaria n.º 73-A/2021, de 30 de março[70], trazendo consigo um reforço de mais 2 mil funcionários – 1 190 assistentes operacionais e 810 assistentes técnicos, em relação à portaria em vigor até aqui.

No que se refere especialmente ao funcionamento dos edifícios escolares podemos referir algumas notas importantes, como sejam o facto de os serviços externos, como eletricidade e combustível, entre outras ficam, a cargo das câmaras municipais; a cedência de utilização dos edifícios escolares é obrigatoriamente onerosa, havendo, contudo, exceções que se reconduzem à utilização dos espaços pelo agrupamento de escolas em atividades educativas, bem como pela freguesia e pelas associações de pais; as receitas daí provenientes são consignadas a despesas de conservação e manutenção dos equipamentos escolares ou dos espaços exteriores. E, por fim, a segurança escolar que é concretizada pelas câmaras municipais, em articulação com as forças de segurança e com os órgãos das escolas.

Por outro lado, importa ainda aludir que o presente diploma legal reserva um capítulo na íntegra ao Conselho Municipal de Educação (CME), que foi regulado pela primeira vez em 2003 e que consiste, segundo o disposto

[70] A Portaria n.º 73-A/2021, de 30 de março vem alterar, pela segunda vez, a Portaria n.º 272-A/2017, de 13 de setembro relativa à matéria em causa.

no artigo 55.º, numa "instância de consulta, que tem por objetivo a nível municipal, analisar e acompanhar o funcionamento do sistema educativo propondo as ações consideradas adequadas à promoção de maiores padrões de eficiência e eficácia do mesmo". O CME traduz-se ainda num "órgão essencial de institucionalização da intervenção das comunidades educativas a nível do município"[71], devendo evidenciar-se que "o poder local democrático com a autonomia que lhe é atribuída na Constituição da República Portuguesa, tem conferido à Educação e ao Ensino um estatuto de prioridade na sua intervenção [...] devendo-se-lhe o protagonismo na constituição dos CME"[72]. Contudo, não são só os representantes dos municípios que fazem parte integrante da constituição destes conselhos, estando também aí representada a junta de freguesia, o representante do Ministério da Educação, os diretores escolares, entre outros, o que demonstra a opção do legislador por um reforço do pendor do local envolvendo/obrigando a uma interligação entre os municípios, as escolas e o Governo na definição de um perfil próprio e diferenciador na "sua" política de educação para a "sua" comunidade.

Por sua vez, após a alusão ao elenco sumário das competências a transferir e das demais considerações cumpre-nos referir uma última nota que diz respeito ao *financiamento* dessas competências e, diga-se que não poderemos ser muito precisos já que o Decreto-Lei também não o é. Pois, são várias as situações em que, ao longo do diploma legal, é dito que serão fixadas fórmulas de financiamento através de Portaria dos membros do Governo responsáveis pelas áreas das finanças, das autarquias locais e da educação. Porém, até ao momento, tais diplomas ainda não são conhecidos, não obstante ter ficado definido um regime transitório e prevista a comissão técnica de desenvolvimento.

Ora, esta circunstância traz ou pode trazer consigo duas consequências principais: a primeira reconduz-se ao facto de as normas acarretarem dúvidas quanto ao modo como as competências vão ser transferidas, dada a sua incompletude. Em segundo lugar, tal circunstância pode fazer protelar todo o processo de transferência de competência, servindo de pretexto para ambos os interlocutores, ao nível central e local, prorrogarem o seu tempo decisório.

[71] António José Ganhão, "A intervenção das autarquias na Educação", *in* Conselho Nacional de Educação, Lei de Bases do Sistema Educativo, Balanço e Prospetiva, vol. II, julho de 2017.

[72] Seminário "Educação – Autonomia? Transferência de encargos ou descentralização", tomada de posição sobre o Decreto-Lei n.º 21/2019, de 30 de janeiro de 2019, articulado com a Lei 50/2018 proporcionado pela Associação de Municípios da Região de Setúbal (AMRS), realizado a 31 de maio de 2019.

Por outro lado, e tendo em conta o leque de competências exposto, podemos retirar duas notas essenciais, a saber: a primeira traduz-se num quadro de competências já apresentadas noutros quadros legais anteriores e, nesse sentido podemos inferir algum esgotamento e falta de criatividade de se ir mais além. É certo, contudo, que também podemos assinalar algo positivo, que é a reunião das diversas competências que se encontravam dispersas em legislações avulsas estarem agora estruturadas numa só, passando, em breve, definitivamente da esfera da administração central do Estado para a esfera da administração local.

Uma outra nota diz respeito ao tipo e natureza das competências propriamente ditas, podendo ser equacionada a dúvida quanto à distinção a efetuar entre a transferência de competências e a simples transferência de um amplo conjunto de tarefas. De facto, assalta-nos a dúvida quanto à classificação a realizar e na sua generalidade percebemos que encontramos neste rol um maior númeno de competências executórias, associando-se os municípios em meros executantes, comprometendo assim o papel decisório dos mesmos nos domínios da educação.

No entanto, e antes de passarmos para as notas conclusivas, podemos salientar um último apontamento que, e na linha do que temos vindo a mencionar, ainda que possamos referenciar que esta descentralização de competências se consubstancia num mero alargamento, há uma diferença assinalável a nível jurídico e que se prende com o facto de, em 2022, as competências passarem definitivamente da esfera da administração central do Estado para a local, o que inclui os 308 municípios e não apenas aqueles que deram o seu assentimento antes.

§3. Algumas notas finais. Uma breve análise *SWOT*

Seguindo uma lógica de análise *SWOT* [73], e numa perspetiva de uma síntese global do articulado legal que titula o nosso trabalho, o Decreto-Lei n.º 21/2019, de 30 de janeiro, podemos enumerar sumariamente aqueles que podem ser os *pontos fortes* do processo de transferência de competências na área da educação: *i)* Concretização do princípio da subsidiariedade;

[73] *SWOT* é a sigla dos termos *Strengths* (forças), *Weaknesses* (fraquezas), *Opportunities* (oportunidades) e *Threats* (ameaças) e consiste numa importante ferramenta que auxilia na análise de variadas matérias de relevo.

ii) Promoção da democracia representativa e participativa; *iii)* Reconhecimento do mérito científico do município; *iv)* Potencialização e melhor colaboração e entreajuda na concretização do direito à educação.

Numa perspetiva oposta, e considerando a dimensão da *fraqueza* no processo em curso, importa evidenciar: *i)* mais do que competências, o presente diploma setorial refere-se à transferência de um amplo conjunto de tarefas, elegendo os órgãos dos municípios como meros executantes das mesmas; *ii)* Falta de clareza na distribuição das competências; *iii)* Alguma indefinição e remissões para quadros legais posteriores, afetando a credibilidade e o processo negocial; *iv)* Imprecisão quanto ao financiamento das competências a transferir; *v)* Ausência de apetrechamento das autarquias locais com recursos humanos e técnicos especializados; *vi)* Falta de estudos prévios com um "pré-diagnóstico" do impacto do disposto no diploma setorial nas estruturas municipais.

Continuando a seguir a lógica de análise *SWOT* do processo de transferência de competências previsto no Decreto-Lei n.º 21/2019, de 30 de janeiro, podemos enumerar sumariamente algumas *ameaças*: *i)* Em razão da aplicação universal de todo o pacote de competências em 2022, sobressaem as assimetrias como a dispersão territorial, a dimensão demográfica e a diferente estrutura técnico-humana; *ii)* a ausência de qualificação dos serviços prestados dada a falta de qualificação técnico-humana dos municípios; *iii)* perda de coesão territorial; *iv)* perda de sentido da transferência devido à emergência de conflitos e jogos de interesse político, que todos os processos de descentralização têm associados; *v)* Maior pressão junto dos decisores políticos e técnicos locais face à proximidade com as populações; *vi)* Um maior centralismo nas câmaras municipais, conduzindo as escolas a uma quase dupla "tutela", desembocando numa clara ameaça à autonomia das escolas; *vii)* Poucas garantias de equidade aplicadas ao território nacional; *viii)* A incompletude e dúvidas em relação às normas do diploma bem como ausência de rigor, transparência, objetividade e suficiência quanto ao financiamento das competências transferidas.

Finalmente, quanto às *oportunidades*, importa registar a: *i)* a abertura para a inovação local na gestão da transferência e, consequente, troca de boas práticas e melhor mobilização dos recursos locais; *ii)* incentivo aos atores locais na reivindicação de interesses próprios da comunidade local que representam; *iii)* aprofundamento das autonomias locais levando a uma maior intervenção educativa; *iv)* maior envolvimento do poder central e do poder local num estudo e avaliação do impacto das medidas, de forma a fazer evoluir a construção legal de novas soluções; *v)* intervenção da academia, das comunidades locais e do poder local em iniciativas conjuntas.

Vejamos agora, com pormenor, alguns dos pontos da análise *SWOT*. Em primeiro lugar, e mencionando também alguns dos pontos positivos do diploma setorial, podemos dizer que assistimos àquilo a que podemos designar de qualificação da vida democrática, através da aplicação do princípio da subsidiariedade, ao fazer aproximar da comunidade local as decisões que impactam nos serviços locais a que a própria comunidade tem acesso, promovendo assim a democracia representativa e participativa e, de certa forma, auxilia-se na possibilidade de qualificação dos serviços prestados. Aliás, conforme alude Eugénio Antunes, "um dos grandes benefícios da descentralização [na educação], é o de permitir uma diversidade de respostas políticas [...], contribuindo para [...] a interiorização dos valores democráticos na sociedade, como o da participação política"[74], que abrange os diversos intervenientes no processo educativo, levando ao "desencadeamento da criatividade e inovação pedagógica"[75].

De facto, num certo sentido, evidencia-se um propósito de reconhecimento do mérito científico aos municípios, levando a uma potencialização e a uma melhor colaboração e entreajuda na concretização do direito à educação, sendo certo que, na esfera da educação, houve sempre a intenção de envolver o poder local na sua consecução pela "(...) existência de uma relação histórica dos municípios com as escolas"[76], que se traduz nas intervenções de cariz educativo potenciadas pelas autarquias autonomamente e com os estabelecimentos de ensino da sua área político-administrativo que, não raras vezes, é para além do que tem vindo a ser disposto nos vários diplomas legais que consagram a descentralização de competências na área temática da educação.

Nessa medida, é certo afirmar que é no local que residem as soluções sendo que é aí que reside também a esperança na construção de uma nova ordem educativa, mas, em boa verdade, é também do local que sobressaem as

[74] Eugénio Antunes, "As autarquias locais e a emergência de novos modelos de gestão" *in* Juan Mozzicafreddo, João Salis Gomes e João S. Batista (orgs.), *Ética e administração: como modernizar os serviços públicos*, Celta Editora, Oeiras, 2003.

[75] João Barroso, "A emergência do local e os novos modos de regulação das políticas educativas", *in Revista Educação Temas e Problemas. A Escola em Análise: olhares sociopolíticos e organizacionais*, 2013, pp. 13 a 25.

[76] Elvira Tristão, "Educação e Municípios: questionamentos acerca da autonomia do poder local e da descentralização", *in Fórum Português de Administração Educacional*, realizado em novembro de 2018. Disponível em *https://www.fpae.pt/publication/educacao-e-municipios-questionamentos-acerca-da-autonomia-do-poder-local-e-da-descentralizacao/*.

assimetrias conhecidas, como sejam a dispersão territorial, a variável dimensão demográfica e a diferente estrutura técnico-humana.

Neste domínio, e porque as assimetrias entre municípios são uma realidade, somos instados a questionar o carácter universal da transferência das novas competências[77], contemplado no diploma setorial. Assim, a par de outros autores, surge-nos a incerteza quanto a saber se "pode haver uma transferência "cega" de competências, isto é, sem atender à dimensão e aos meios de gestão disponíveis em cada município"[78]. Se é facto que muitos municípios "não têm escala nem organização preparada para tal acréscimo de competências [interrogamo-nos se fará], por isso, sentido que todos os municípios recebam o mesmo número de competências", em 2022[79].

Poderemos, prontamente, responder que a aplicação universal de todo o pacote de competências a todos os municípios parece-nos consubstanciar uma ameaça aos municípios que não se encontrem tão preparados como outros em razão das já mencionadas assimetrias. E, neste sentido, é para esses municípios em particular, que este processo de transferência de competências poderá exigir mais esforço aos decisores políticos e técnicos locais, colocando-os igualmente "sob pressão", em virtude da maior proximidade com as populações.

Neste alinhamento, e ainda no âmbito do princípio da universalidade, questionamos também se aquelas intervenções voluntárias das autarquias locais e, em especial dos municípios, em estreita cooperação com as escolas que, tal como se disse, vão muitas vezes para além do que está impregnado nos diplomas legais, ficarão prejudicadas. Porventura, diríamos que sim, seja pela acrescida responsabilidade do poder local em toda a dinâmica descentralizadora, ou até pelo facto de se tratar de um processo com uma clara exigência reivindicativa pela relação mais ou menos tensa entre os intervenientes, entre outras preocupações e obstáculos que se vão impondo ao longo deste processo que se denota "com uma clara exigência pela sensibilidade do tema da educação"[80].

[77] O carácter universal da transferência das novas competências encontra-se previsto no n.º 1 do artigo 3.º da Lei n.º 50/2018 de 16 de agosto, na sua redação atual.

[78] Ana Rita Babo Pinto, "O fenómeno da descentralização administrativa, em especial no setor da educação: O caso concreto do Município do Porto" *in Questões Atuais de Direito Local*, n.º 27, julho-setembro 2020, p. 61.

[79] *Idem, ibidem.*

[80] Ana Rita Prata, *Descentralização e Educação em Portugal: os (novos) desafios das Autarquias Locais*, Dissertação de Mestrado apresentada à Escola de Direito da Universidade do Minho, sob orientação da Professora Doutora Isabel Celeste Monteiro da Fonseca, março de 2021, p. 146.

Por outro lado, para que este processo possa vir a ter êxito seria ainda desejável a definição clara das normas em duas dimensões cruciais, a saber: primeiramente, a definição das competências que cabem a cada agente educativo, pois, caso contrário, levantar-se-á a interrogação de qual será a fronteira existente nas competências dos destinatários do diploma setorial, em podemos destacar as competências partilhadas entre os municípios e os órgãos de gestão escolar. O que, em última análise, se poderá efetivar num "empobrecimento à gestão democrática das escolas, e ao papel dos órgãos eleitos"[81], à autonomia das escolas tão reclamada ao longo dos anos e ao agudizar das relações entre os vários atores educativos.

Seguidamente, o diploma setorial ressalta ainda a incompletude e uma clara indefinição das normas que são relativas, sobretudo, às matérias sobre o financiamento das competências, que se consubstancia no facto de várias normas remeterem para normativos, portarias e despachos da responsabilidade da administração central que, na maior parte dos casos, ainda não foram publicados, arrastando assim dúvidas "quanto à capacidade de todos os municípios prestarem um serviço educativo de qualidade"[82]. Ora, neste contexto, parece-nos próprio afirmar que estamos perante um "cenário em que a informação sobre os custos é incompleta e pouco transparente"[83], sendo este, pensamos nós, um dos principais motivos da relutância dos municípios em aceitarem as novas competências.

Essa relutância fica ainda a dever-se à própria natureza das competências a transferir em que, tal como já tivemos oportunidade de densificar, temos dúvidas se estamos perante uma verdadeira transferência de competências ou, por seu lado, da transferência de um amplo conjunto de tarefas que se podem vir a traduzir em tarefas demasiado onerosas para os municípios,

[81] Exemplificando, podemos recorrer ao disposto no n.º 1 do artigo 4.º que nos diz que "salvo indicação em contrário, todas as competências previstas no presente decreto-lei são exercidas pela câmara municipal, com faculdade de delegação no diretor do agrupamento de escolas ou escola não agrupada" e, não obstante estar também previsto no mesmo preceito legal que os órgãos municipais devem respeitar, a salvaguarda da autonomia pedagógica, a gestão pública da rede de estabelecimentos públicos de ensino, entre outros, questiona-se em que circunstâncias tal faculdade se pode/deve concretizar. Seminário "Educação – Autonomia? Transferência de encargos ou descentralização", tomada de posição sobre o Decreto-Lei n.º 21/2019, de 30 de janeiro de 2019, articulado com a Lei n.º 50/2018 proporcionado pela AMRS, realizado a 31 de maio de 2019.

[82] Neste sentido, Elvira Tristão, "Educação e Municípios: questionamentos acerca da autonomia do poder local e da descentralização", *cit.*

[83] Ana Rita Babo Pinto, "O fenómeno da descentralização administrativa, em especial no setor da educação", *cit.*, p. 59.

não obstante a sua decisiva importância para o melhor funcionamento do sistema educativo a nível local. Tendemos a considerar que, e tal como dispõe João Barroso, estamos perante a transferência "de algumas competências instrumentais de natureza executória"[84].

Por outro lado, outro aspeto que se cumpre deixar expresso direciona-se para a necessidade, que está bem presente no diploma setorial, que se consubstancia no "apetrechamento das autarquias locais com recursos humanos, técnicos diferenciados/especializados nos temas da educação, mas também noutras áreas para auxiliarem na corporização e na definição de uma política local de educação, ombreando mais facilmente do ponto de vista político e técnico com a escola e, muito particularmente com o poder central, com as estruturas centrais e deslocalizadas do Ministério da Educação"[85]. Necessidade essa que, apesar de ser uma realidade para os municípios, ainda se encontra um pouco enovoada pela falta de estudos prévios que apresentem um "pré-diagnóstico" claro do impacto do disposto no diploma setorial nas estruturas municipais.

Assim, será ainda desejável que o poder central, mas também o poder local, desenvolvam um trabalho persistente de estudo e avaliação do impacto das medidas, seja para a sua eficiência e eficácia seja para fazer evoluir a construção legal de novas soluções, uma vez que, a falta desses mesmos estudos pode comprometer a credibilidade do processo e transformar a transferência de competências numa sobrecarga para os municípios. Importa, pois, ir ao encontro e conhecer, perceber e compreender como, ao longo dos tempos, se têm construído políticas educativas locais fruto das várias competências que têm sido transferidas do poder central para o poder local, na senda da construção de uma intervenção educativa local capaz de fazer face aos problemas que advêm do sistema educativo. Este processo revela-se fundamental já que, as relações que se estabelecem entre o poder central, o poder local e as escolas relevam a necessidade da existência de um alinhamento no local de uma política educativa entrecruzando os poderes locais estatuídos para as autarquias locais e para os estabelecimentos de ensino.

Concluímos, reforçando a necessidade de poder ser acompanhado, auditado e verificado todo o caminho que este quadro legal tem estipulado com carácter impositivo. E, este procedimento, além de estar preconizado

[84] João Barroso, "A emergência do local e os novos modos de regulação das políticas educativas", *cit.*, pp. 13 a 25.

[85] Ana Rita Prata, *Descentralização e Educação em Portugal: os (novos) desafios das Autarquias Locais*, *cit.*, pp. 150 a 151.

no próprio texto legal, pode e deve ser complementado com estudos localizados, intervenções da academia e/ou estabelecer iniciativas ao nível das associações de municípios que possam acompanhar e problematizar o processo em causa aportando novas referências a calibrar depois no quadro legal.

ESTUDO VI

– "Descentralização nos domínios da rodovia
e responsabilidade civil presumida dos municípios",
(texto escrito em coautoria com Anabela Meireles),
Questões Atuais de Direito Local, n.º 28,
outubro-dezembro de 2020, pp. 7-22.

DESCENTRALIZAÇÃO NOS DOMÍNIOS DA RODOVIA E RESPONSABILIDADE CIVIL PRESUMIDA DOS MUNICÍPIOS

Sumário[86]: **§1.** Nota introdutória. **§2.** A rede rodoviária nacional e a rede municipal: o aumento da nau. **§3.** As estradas municipais e os deveres de conservação e de vigilância. **§4.** Incumprimento de deveres e presunções de culpa: a tormenta

§1. Nota introdutória

Este modelo de descentralizar assusta-nos. E não é de agora que nos suscita reservas tanto o método como os domínios em que a transferência de competências se vai realizando. Repare-se que, com a Lei n.º 75/2013, de 12 de setembro, os desafios das Autarquias Locais, especialmente os de natureza económica, social e cultural, já aumentaram significativamente. E, para além dos casos pontuais de transferência por contrato interadministrativo, o alargamento prometido naquela lei aconteceu, primeiro com a Lei n.º 50/2018, de 16 de agosto (= Lei 50/2018), que é a lei-quadro de transferência de competências dos órgãos do Estado para os órgãos das autarquias locais e órgãos das entidades intermunicipais, e, depois, com o pacote de diplomas legais, de âmbito setorial, relativos às diversas áreas de transferência de poderes, que lhe seguiu.

E como já tivemos oportunidade de dizer, em especial no tema da transferência de competências no domínio das vias de comunicação, e tendo

[86] O texto foi escrito em coautoria com Anabela Mereiles, Mestre em Direito Administrativo e Advogada.

em conta o preceituado no Decreto-Lei n.º 100/2018, de 28 de novembro, as incertezas são muitas quanto ao rol de competências que os órgãos locais de todo o país serão capazes de vir a executar, merecendo-nos igualmente preocupação o acesso universal e igual de utentes a vias de comunicação com qualidade e segurança[87].

Este diploma concretiza a transferência de competências para os órgãos municipais no domínio das vias de comunicação, sendo certo que aqui os desafios das Autarquias Locais são significativos, uma vez que, caso haja acordo entre a Infraestruturas de Portugal e cada Município, é possível transferir também a titularidade dos troços (e dos equipamentos e infraestruturas neles integrados), através da mutação dominial, passando a titularidade das vias a ser do Município em cujo território se situam – passando naturalmente para este as obrigações de manutenção e conservação e reparação, com tudo o que isso implica, quer em termos de acção quer em termos de omissão. E é sobre o tema da responsabilidade pela omissão de vigilância que versa este texto.

A medir pela extensão e pela complexidade do acervo legislativo a que se submete, a rede rodoviária nacional é de facto "um gigante", quando comparada com a rede rodoviária municipal. E por isso as competências de quem a gere são bem distintas, mais simples ou mais complexas, como se verá. E pese embora tudo o que se disse, e não obstante cada área de intervenção de cada um dos sujeitos, a das Infraestruturas de Portugal, S.A., no caso de rede rodoviária nacional, e a dos Municípios, por outro, nas estradas municipais, o legislador veio precisamente proceder ao alargamento do âmbito de atuação do Municípios às estradas localizadas nos perímetros urbanos e dos equipamentos e infraestruturas neles integradas, dando como justificação obter um maior e eficaz cumprimento dos objetivos previstos no Estatuto das Estradas da Rede Rodoviária Nacional (Lei n.º 34/2015, de 27 de abril). Assim, procurar o correto e eficiente funcionamento do setor rodoviário, de forma a obter uma maior proteção da estrada e zona que a envolve, e alcançar, dessa forma, as condições de segurança e circulação necessárias para a utilização da mesma pelos seus utentes é o fito identificado no processo de descentralização neste domínio. Em todo o caso, entendeu o Governo que os Municípios têm desempenhado um papel essencial da administração

[87] O texto a que nos referirmos ("A descentralização administrativa nos domínios das vias de comunicação e estacionamento público: *less is more*") foi publicado na revista QADL, 2020. Na altura serviu de apoio à intervenção da autora no Colóquio sobre "A descentralização e o poder local: as novas competências em debate". A Sessão de Estudo foi organizada pela AEDREL em parceria com a Câmara Municipal de Vila Nova de Gaia e decorreu no 17.10.2019.

das estradas sob a sua gestão, dada a relação de proximidade, merecendo, em suma, mais do mesmo tipo de tarefas.

Como se mencionou, a Lei n.º 50/2018, de 16 de agosto, veio atribuir aos órgãos municipais a competência de gestão das estradas nos perímetros urbanos e dos equipamentos e infraestruturas neles integradas, sem prejuízo das outras áreas sobre as quais também veio este diploma legal atribuir novas competências aos Municípios, interessando apenas para este estudo, a área das vias de comunicação. E, por sua vez, o Decreto-Lei n.º 100/2018, de 28 de novembro, veio concretizar a transferência de competências no âmbito das vias de comunicação, com o principal objetivo de salvaguardar os interesses legítimos dos utentes e a integridade dos espaços. O referido diploma veio transferir competências de gestão dos troços de estradas e dos equipamentos e infraestruturas neles integradas, localizadas nos perímetros urbanos, bem como dos troços de estradas desclassificadas pelo Plano Rodoviário Nacional e os troços substituídos por variantes ainda não entregues através de mutação dominial por acordo entre a Infraestruturas de Portugal, S.A e o respetivo Município.

A acompanhar esta transferência de competências de gestão, vem também a transferência da titularidade dos troços e dos equipamentos e infraestruturas referidos anteriormente, sendo certo que sempre que haja uma transferência de competências de gestão e não seja acompanhada pela transferência da titularidade, aquelas competências de gestão não incluem a manutenção, conservação e reparação da zona de estrada.

Dito isto, importa dar conta das razões da anunciada incerteza, pois ainda que se esteja certo de que as intenções do legislador eram as melhores, e que sempre poderão escassear os meios para alcançar os fins, que é como quem diz, sempre haverá necessidade de mais recursos financeiros e humanos para cumprir mais tarefas, a verdade, porém, é que se impõe igualmente equacionar o aumento de possibilidades de acidentes nas rodovias e a emergência de danos aos utentes decorrentes de omissão de deveres de manutenção, conservação e reparação.

Na verdade, nem se pense agora no aumento de tarefas da Autarquias a montante (de avaliação do estado das vias e do adequado cheque a receber pelos Municípios) e a jusante (para proceder à manutenção, conservação e reparação) e na falta de meios humanos e financeiros que acompanhem aquelas tarefas. Pense-se apenas nas incumbências simplesmente de gestão e pense-se ainda no tema fatal da responsabilidade civil extracontratual do Municípios pelos danos que decorram, nestes casos, da omissão dos deveres de vigilância. Escusado será lembrar a presunção de culpa leve do Município e as dificuldades destes na soma de argumentos com vista a ilidir a culpa dos seus agentes. Enfim, escusado será lembrar finalmente que o modo como os tribunais administrativos aplicam a lei de responsabilidade civil extracontratual já penaliza os Municípios. Pelo que só falta saber como se vão multiplicar no futuro estas situações, a par de tantas outras que não chegam a ser classificadas como deveres dos municípios e incumprimento desses deveres, bastando que não haja transferência dominial e fique tão-somente uma omissão de dever *cinzento* de gestão, já que os próprios conceitos são ambíguos e não encontram paralelo na *lei aplicável*, nomeadamente na Lei n.º 2110, de 19 de agosto de 1961.

Na verdade, com o Decreto-Lei n.º 100/2018, de 28.11, os Municípios passam a ter atribuições de gestão tanto dos (i.) troços de estradas e equipamentos neles integrados localizados nos perímetros urbanos, como de poderes de gestão dos (ii.) troços das estradas desclassificados pelo Plano Rodoviário Nacional e (iii.) troços substituídos por variantes ainda não entregues ao Município através de mutação dominial por acordo com a Infraestruturas de Portugal S.A., bem como os respetivos equipamentos. Interrogamo-nos, pois, se o dever de vigilância existe sempre, mesmo que, não existindo mutação dominial, apenas existam novos deveres de gestão (onde não existe dever de manutenção ou conservação).

Assim, o objetivo do presente artigo começa por ser analisar os vários problemas associados aos acidentes produzidos nas vias municipais decorrentes da má conservação e da falta de vigilância das mesmas. Na verdade, se por um lado os utentes que circulam nas vias municipais, seja em viaturas, bicicletas ou mesmo a pé, devem estar atentos ao próprio trânsito e suas regras, por outro lado, também têm de centrar a sua atenção nas condições da via pública, sob pena de não o fazendo, serem surpreendidos com obstáculos suscetíveis de gerar determinados danos, muitos deles imputáveis, por diferentes razões, ao Município.

De resto, aos Municípios impõe-se um conjunto de deveres para que os que circulam nas vias municipais possam usufruir de vias de comunicação dotadas de segurança e ausência de perigos: os deveres de conservação, manutenção, gestão, sinalização e vigilância, naturalmente, uma vez que a administração do património municipal pertence ao leque de competências dos órgãos municipais. Assim, o texto visa refletir sobre os deveres que incumbem aos municípios para assegurar as condições de segurança e de boa circulação nas vias públicas sob sua responsabilidade. E, já para não falar apenas na Lei n.º 75/2013, de 12 de setembro, as competências e os deveres inerentes da responsabilidade dos Municípios encontram-se dispersos em alguns diplomas, nomeadamente na Lei n.º 2110, de 19 de agosto de 1961, bem como no próprio Código da Estrada, no Decreto-Lei n.º 114/94, de 3 de maio (com as várias alterações introduzidas). O texto visa igualmente coligir contributos jurisprudenciais sobre como ilidir a presunção de culpa leve, isto é, como demonstrar que o Município tudo fez para assegurar o bom estado de conservação das mesmas, havendo danos emergentes para os utentes por circularem nas vias pertencentes ao domínio público municipal.

Por mais curioso que seja, na atualidade sucede que as queixas das populações aumentaram bem como também aumentaram os litígios provenientes de acidentes na rodovia municipal. Desde logo percebemos, como qualquer outro condutor que também utiliza diariamente as vias pertencentes à rodovia municipal, que na via se encontram obstáculos. Vezes sem conta, também são denunciados nos jornais locais as situações de mau estado das referidas vias, apontando-se vários motivos para o cenário, a começar, desde logo, pela frequente utilização daquelas, o que acelera, em grande escala, o próprio processo de desgaste natural do património. E, é certo, não obstante a afluência de circulação, os obstáculos poderão também surgir devido às próprias caraterísticas da zona que envolve a via. A título de exemplo pense-se numa via ladeada por uma zona de caça. Neste caso, tendo em conta as caraterísticas que envolvem a via, a mesma é suscetível de receber animais, o que constituirá um obstáculo para os seus utentes. Pense-se noutro exemplo: uma via ladeada por um muro de grande dimensão constituído por pedras não vedadas. Com o passar do tempo, se estas pedras que constituem o muro não se encontrarem devidamente vedadas e caso não seja efetuada a devida manutenção e conservação das mesmas, é possível que haja, a dada altura, despreendimento de pedras, o que poderá causar situações de perigo e consequentemente danos para os utentes daquela via. Mas o que de facto surpreende é o lapso de tempo que se verifica entre o surgimento daqueles obstáculos e a sua correção ou sinalização. Situações de conflito negativo de competências entre Estado e Autarquias são também relatados. Veja-se o caso de Borba.

§2. A rede rodoviária nacional e a rede municipal: o aumento da nau

Antes de explicar quem responde e por quais danos e antes de lembrar o que se altera na Administração da rede rodoviária nacional e municipal, importa lembrar o papel da IP, Infraestruturas de Portugal, S.A[88], enquanto entidade a quem é confiada, desde 2015, a gestão das infraestruturas rodoviárias e ferroviária, sendo certo que esses poderes são significativos[89], e explicar a rede rodoviária nacional[90], sendo certo também que os itinerários que compõem a rede rodoviária nacional constam do Plano Rodoviário, sendo certo que os bens que compõem esta universalidade[91] são descritos no Estatuto das Estradas da Rede Rodoviária Nacional, publicado em anexo à Lei n.º 34/2015, de 27 de abril.

Assim, a rede rodoviária nacional é constituída por um conjunto de estradas a que correspondem as ligações ou os itinerários estabelecidos no Plano Rodoviário Nacional[92], sendo certo que este Plano Rodoviário ainda se refere,

[88] A IP resultou da fusão por incorporação da EP, Estradas de Portugal S.A, na Rede Ferroviária Nacional, E.P.E. (ou REFER), e a sua transformação em sociedade anónima, passando a denominar-se Infraestruturas de Portugal, S.A.

[89] A administração das infraestruturas sob gestão da IP inclui "zelar pela manutenção permanente das condições de infraestruturação e conservação e pela segurança da circulação ferroviária e rodoviária". Estas tarefas constituem a atividade principal da empresa, sendo operacionalizada com recurso a um conjunto de poderes, prerrogativas e obrigações conferidos ao Estado. A IP pode adquirir os terrenos de que necessita através do processo de expropriação e pode utilizar tanto o licenciamento como a concessão para se relacionar com terceiros no que se refere à exploração, utilização, ocupação ou ao exercício de quaisquer atividades nos terrenos, edificações e outras infraestruturas do domínio público ferroviário e rodoviário, integrados ou afetos às respetivas redes nacionais.

[90] Sobre o tema, vd. LUÍS MIGUEL PEREIRA FARINHA, "A gestão das infraestruturas dos transportes terrestres (The management of land transport infrastructures)", e@pública, *revista electrónica de direito público,* Vol. 5, n.º 1, janeiro de 2018, pp. 122 a 155.

[91] Sobre esta matéria vide J. MIRANDA et al., *Comentário ao Regime Jurídico do Património Imobiliário Público*, Coimbra, Almedina, 2017, pp. 120 a 122.

[92] Este Plano foi instituído pelo Decreto-Lei n.º 222/98, de 17 de julho, e alterado pela Declaração de Rectificações nº 19-D/98 de 31 de outubro, pela Lei n.º 98/99 de 26 de julho e pelo Decreto-Lei n.º 182/2003 de 16 de agosto. Este Plano prevê um total de cerca de 16 500 km dos quais cerca de 5000 foram incluídos numa nova categoria, as Estradas Regionais. Esta nova categoria de estradas, de interesse supra-municipal e complementar à Rede Rodoviária Nacional, tinha subjacente que apenas se manteriam provisoriamente na responsabilidade da administração central, admitindo-se que transitariam para as futuras regiões, cujo processo, como é sabido, face ao resultado do referendo, não teve desenvolvimento. Neste Plano incluiu-se uma rede nacional de auto-estradas com cerca de 3 000 km, correspondendo a cerca de metade da extensão da rede de Itinerários Principais

além das estradas incluídas na rede rodoviária nacional – ou seja estradas correspondentes a itinerários principais, itinerários complementares e estradas nacionais – à rede nacional de autoestradas[93], assim como às estradas regionais[94]. A rede rodoviária nacional cresceu ligeiramente em 2016, após dois anos consecutivos sem alterações[95].

As estradas da rede rodoviária nacional estão hoje sujeitas ao regime do Estatuto das Estradas da rede Rodoviária Nacional, que estabelece as regras que visam a proteção da estrada e sua zona envolvente, fixa as condições de segurança e circulação dos seus utilizadores e as de exercício das atividades relacionadas com a sua gestão, exploração e conservação e contém o regime jurídico dos bens que integram o domínio público rodoviário do Estado e o regime sancionatório aplicável aos comportamentos ou atividades de terceiros que sejam lesivos desses bens ou direitos com eles conexos, bem como às situações de incumprimento (Lei n.º 34/2015, de 27 de abril).

O plano rodoviário nacional tem, ainda, como se referiu, disposições relativas a estradas que não estão integradas na rede nacional, designadamente as estradas regionais e as estradas municipais. As estradas regionais,

(IP) e Complementares (IC). As estradas sob gestão da IP estão *prima facie* sujeitas a um acervo normativo que resulta da conjugação das normas do Plano Rodoviário, do diploma que operou a fusão da IP com a REFER, e dos estatutos da empresa, anexos a esse diploma, do contrato de concessão celebrado entre o Estado e a IP, da Lei n.º 34/2015, de 27 de abril, e do Estatuto que aprovou.

93 A rede de autoestradas não é mais do que um conjunto de "elementos da rede rodoviária nacional especificamente projetados e construídos para o tráfego motorizado, que não servem as propriedades limítrofes", não constituindo, portanto, um conjunto de ligações que acresçam às demais. As autoestradas na quase totalidade dos casos correspondem a estradas classificadas como itinerários principais e itinerários complementares, sendo que as estradas nacionais podem assumir provisoriamente a função e o estatuto dos dois tipos de itinerários atrás referidos, nos casos em que tal resulte de despacho do ministro que tutele o setor rodoviário.

94 Este plano define a rede rodoviária nacional do continente, que desempenha funções de interesse nacional ou internacional. O plano rodoviário estabelece regras que condicionam a gestão e a utilização das estradas; v.g. estabelece as ligações que cada tipo de estrada assegura, restrições à circulação, níveis de serviço, condicionamentos quanto ao estabelecimento de acessos. A diferenciação das estradas da rede rodoviária nacional é feita com base nos níveis de serviço que estas devem assegurar, os quais determinam as respetivas caraterísticas geométricas e regimes de funcionamento, sendo certo que o nível de serviço das estradas, "que deve ser mantido em todas as componentes de cada ligação", é a "medida de qualidade que pretende caraterizar as condições de circulação, tal como são percebidas pelos utentes".

95 No final do ano, contava com 14 313 Km de extensão. Na rede sob gestão direta da Infraestruturas de Portugal há 291 viadutos, 26 túneis, 961 pontes, 620 passagens superiores, 673 passagens inferiores, 2041 passagens hidráulicas, 150 passagens de peões, 441 passagens agrícolas e 8 com outras funções.

que asseguram "as comunicações rodoviárias do continente, com interesse supramunicipal e complementar à rede rodoviária nacional", são uma categoria autónoma de estradas que não fazem parte da rede rodoviária nacional, não obstante poderem estar sob gestão da IP e de estarem identificadas numa lista anexa ao plano rodoviário[96].

Importa sublinhar que os diplomas próprios, que deveriam conter normas especialmente concebidas para estas estradas, que atendessem designadamente ao serviço que prestam, às caraterísticas geométricas dinâmicas e ambientais, por exemplo nunca foram publicados, pelo que, ainda são aplicáveis diplomas com várias décadas de vigência, pouco adaptados à situação presente. Enfim, a disposição relativa ao âmbito de aplicação do Estatuto resulta que as estradas regionais, as estradas nacionais desclassificadas, isto é a estrada que nos termos da legislação em vigor já não integra a rede nacional, e as ligações à rede rodoviária nacional, em exploração, não fazem parte da rede rodoviária nacional.

E existem as estradas dos Municípios. A estes impõe-se um conjunto de deveres para que os que circulam nas vias municipais possam usufruir de vias de comunicação dotadas de segurança e ausência de perigos: os deveres de conservação, manutenção, gestão, sinalização e vigilância, naturalmente, uma vez que a administração do património municipal pertence ao leque de competências dos órgãos municipais. Assim, aos municípios cabe assegurar as condições de segurança e de boa circulação nas vias públicas sob sua responsabilidade nos termos da Lei n.º 75/2013, de 12 de setembro, da Lei n.º 2110, de 19 de agosto de 1961, bem como nos termos do próprio Código da Estrada – Decreto-Lei n.º 114/94, de 3 de maio (com as várias alterações introduzidas).

Pois bem, com o Decreto-Lei n.º 100/2018, de 28 de novembro, os Municípios que derem o seu consentimento passam agora também a ter atribuições de gestão tanto dos (i.) troços de estradas e equipamentos neles integrados localizados nos perímetros urbanos, como de poderes de gestão dos (ii.) troços das estradas desclassificados pelo Plano Rodoviário Nacional e (iii.) troços substituídos por variantes não entregues através de mutação

[96] As estradas não incluídas no plano rodoviário nacional, portanto, as que deixam de estar classificadas como nacionais, devem ser entregues aos municípios em cujo território se encontram, na sequência de obras de requalificação ou mediante acordo equitativo, como resulta do plano rodoviário e do contrato de concessão estabelecido entre o Estado e a IP.

dominial por acordo entre a Infraestruturas de Portugal S.A., e o Município, bem como os respetivos equipamentos[97].

Assim, e procurando avaliar do alcance desta transferência, ela abrange aquilo que se designa de "zona da estrada", incluindo o respetivo subsolo, tal como definida pela al. uu) do art. 3.º do Estatuto das Estradas da Rede Rodoviária Nacional, mas a transferências já não abrange: i.) troços de estrada explorados em regime de concessão ou subconcessão, enquanto estas existirem, a menos que a exploração seja feita pela própria IP; ii.) troços de estrada e estradas que integram um itinerário principal ou um itinerário complementar; iii.) o canal técnico rodoviário, tal como definido na al. j) do Estatuto da Rede Rodoviária Nacional, ou seja a infraestrutura de alojamento, que não seja propriedade privada, instalada no subsolo da zona de estrada, em obras de arte ou túneis, constituída por rede de tubagens, condutas, câmara de visita, dispositivos e respetivos acessórios, destinada à instalação de cabos de comunicações eletrónicas, equipamentos ou quaisquer recursos de redes de comunicações, bem como dispositivos de derivação, juntas ou outros equipamentos necessários à transmissão de comunicações eletrónicas naquelas redes.

Assim, o regime prevê a transferência de poderes de gestão e concebe que possa existir mutação dominial de rodovias, como já se indicou, exigindo-se que haja acordo (contrato administrativo) entre a Infraestruturas de Portugal e o Município, podendo assim, caso a caso, existir alteração da titularidade

[97] A propósito das variantes, vejamos alguns aspetos do regime aplicável. A decisão de construção de uma variante, isto é de "um lanço de estrada exterior a aglomerados urbanos, que permite desviar o tráfego do interior de uma zona urbana", está vinculada no regime vigente ao que resultar da conjugação de vários critérios, que atendem, designadamente, à classificação da via, à importância do tráfego de atravessamento, aos impactes ambientais, ao nível de sinistralidade, à percentagem de pesados e à velocidade média de circulação, os quais serão densificados pelo Instituto da Mobilidade através de regulamento específico. O respetivo regime fixa com exigência a sua configuração, atendendo ao rigor técnico que a decisão de construir uma variante deve incorporar na sua fundamentação. Da mesma forma, os preceitos vigentes estabelecem também com maior clareza as posições das partes – administração rodoviária e município – definindo-se o momento em que operam os efeitos jurídicos que a lei estabelece. É que, após a abertura ao tráfego da variante o troço antigo que mantenha interesse para a função rodoviária deve ser entregue ao município. A construção de um novo troço de estrada que seja variante opera a desclassificação do troço de estrada que se destina a substituir, sendo que a sua entrega ao município em cujo território se encontre é feita por meio de auto de mutação dominial. No caso de o município não indicar que o troço substituído tem interesse para a função rodoviária a seu cargo, o terreno em que está incorporado deve ser desafetado do domínio público do Estado, tendo a IP o dever de promover a respetiva desafetação. Neste sentido, vd. LUIS MIGUEL PEREIRA FARINHA, "A gestão das infraestruturas... cit., pp. 145 ss.

dos troços e dos equipamentos e infraestruturas neles integrados através de mutação dominial, passando a titularidade a ser do Município em cujo território se situam[98].

Ainda a propósito do respetivo alcance da transferência de competência no domínio das vias de comunicação, impõe-se sublinhar que é possível existir mutação dominial, por acordo, entre IP e Município, alcançando o Município a respetiva titularidade: i.) em relação a troços de estrada localizados em perímetro urbano que seja sede do concelho; ii.) em relação a troços de estrada localizados em perímetro urbano fora da sede do concelho, desde que se verifiquem cumulativamente vários requisitos, nos termos do art. 5.º, n.º 2, als. a) a d) do diploma, sendo certo que o conceito de "Perímetro urbano" corresponde à área identificada na Carta de Uso e Ocupação de solo; iii.) em relação a troços de estrada desclassificados pelo Plano Rodoviário Nacional; iv.) e em relação aos troços substituídos por variantes ainda não entregues ao Município.

Caso não ocorra a mutação dominial, as competências de gestão transferida para o município não incluem a manutenção, a conservação e a reparação da zona da estrada[99]. Importa precisar que a expressão conservação corresponde

[98] Sobre as mutações dominiais importa dizer o seguinte: o Estatuto regula especialmente algumas situações típicas que, desde há muito, se deparam aos organismos encarregados da gestão da rede de estradas, designadamente no que se refere a variantes, a troços de estrada desclassificados e a restabelecimentos. Estes três casos têm em comum a existência de troços de estrada que, em consequência de obras ou por força de norma legal, deixam de ter interesse para a rede rodoviária nacional, mas mantêm ou podem manter interesse para as redes municipais do local em que se situam. O Estatuto estabelece que a mutação se realiza por meio de acordo a celebrar entre a Administração rodoviária e o Município, sendo necessário obter previamente uma autorização da respetiva Assembleia Municipal. O mesmo acordo está ainda dependente de aprovação pelo Instituto da Mobilidade e dos Transportes, I. P., e sujeito a homologação do membro do Governo responsável pela área das infraestruturas rodoviárias. Uma vez praticados todos estes atos, achando-se o procedimento administrativo decidido no sentido da mutação dominial de determinado troço de estrada do Estado para um Município, a respetiva mudança da titularidade opera, ficando a entidade destinatária dos bens investida nos poderes e deveres inerentes a essa titularidade. Pode dizer-se que a intervenção das entidades referidas no procedimento espelha a importância que o legislador lhe confere e a necessidade de se estabelecer com rigor o momento em que uma determinada entidade adquire a titularidade de um troço de estradas. Neste sentido, vd. LUIS MIGUEL PEREIRA FARINHA, "A gestão das infraestruturas... cit., p. 144.

[99] Quanto à expressão zona de estrada" ela abrange o terreno ocupado pela estrada e seus elementos funcionais, abrangendo a faixa de rodagem, as bermas, as obras de arte, as obras hidráulicas, as obras de contenção, os túneis, as valetas, os separadores, as banquetas, os laudes, os passeios e as vias coletoras.

ao conjunto de atividades que permitem assegurar as adequadas condições funcionais de utilização e de segurança estrutural de via e seus equipamentos, obras de arte, obras hidráulicas, obras de contenção e túneis[100].

§3. As estradas municipais e os deveres de conservação e de vigilância

As vias, estradas e caminhos, pertencentes à rodovia municipal integram o património municipal e estão sob jurisdição do Município ao qual pertençam. Os Municípios detêm, assim, sobre essas vias, vários poderes-deveres, impondo-se aqui lembrar a lei 2110, dita Regulamento Geral das Estradas e Caminhos Municipais, onde se fixa no art. 2.º que é "das atribuições das câmaras municipais a construção, conservação, reparação, polícia, cadastro e arborização das estradas e caminhos municipais".

Parece distante o quadro normativo que valorizava as vias municipais e colocava a cargo do cantoneiro direitos e deveres especiais, de modo que os deveres de conservação da via municipal eram escrupulosamente cumpridos e sancionados, procurando evitar acidentes e incidentes nessas vias[101].

[100] Quanto à expressão zona de estrada" ela abrange o terreno ocupado pela estrada e seus elementos funcionais, abrangendo a faixa de rodagem, as bermas, as obras de arte, as obras hidráulicas, as obras de contenção, os túneis, as valetas, os separadores, as banquetas, os laudes, os passeios e as vias coletoras. "Por obra de arte entende-se a estrutura destinada à transposição de linhas de água, vales ou vias destinadas ao tráfego rodoviário, pedonal, ou fauna de onde decorre a sua classificação como pontes, viadutos, passagens superiores ou inferiores, passagens agrícolas, passagens para a fauna ou pedonais. Por obras e contenção entende-se a estrutura de suporte para retenção de solos ou rochas, em aterro ou escavação, por forma a garantir a sua estabilidade.

[101] Verifique-se que nos termos do art. 16.º da Lei 2110, aos cantoneiros pertence: a) Executar continuamente os trabalhos de conservação dos pavimentos; fazer o serviço de polícia; assegurar o pronto escoamento das águas, tendo sempre para esse fim limpas as valetas, aquedutos e sangrias; remover do pavimento a lama e as imundícies; conservar as obras de arte limpas de terra, de vegetação ou de quaisquer outros corpos estranhos; cuidar da limpeza e conservação dos marcos, balizas, placas ou quaisquer outros sinais colocados no cantão; tomar, quando, lhes for ordenado, as notas necessárias para a estatística do trânsito; prevenir o chefe dos serviços de conservação ou autoridade superior correspondente, quer directamente, quer por intermédio do cabo de cantoneiros, das ocorrências que se derem no cantão em que prestem serviço, e cumprir rigorosamente e sem demora as ordens dos seus superiores; b) Proceder, quando em brigadas eventuais de reparação sob a orientação dos cabos e mesmo com a sua cooperação, aos trabalhos que lhes sejam ordenados; c) Levantar autos por transgressão e desobediência às intimações e enviá-los, no prazo de 48 horas, ao chefe dos serviços de conservação ou autoridade correspondente, directamente ou por intermédio do cabo de cantoneiros; d) Estar todos os dias úteis no cantão, sem que as chuvas

Enfim, obstáculos, quando nos referimos a obstáculos, bem como as irregularidades da via, como depressões na via, levantamento de tampas de saneamento, por vezes árvores caídas ainda não removidas ou não sinalizadas, pedras de grande porte em plena faixa de rodagem, óleo derramado na via, passagem indevida de animais, tudo isto são obstáculos que podem surgir diariamente nas vias municipais e que, infelizmente, na maioria dos casos, acabam por gerar danos para os utentes das vias, muitos deles graves e, consequentemente, uma situação de conflito entre os utentes e o Município.

ou intempéries possam ser invocadas como motivo de ausência, e nele permanecer durante as horas indicadas no horário em vigor. Durante as horas de descanso e refeição não poderão os cantoneiros ausentar-se dos seus locais de trabalho; e) Conservar em boas condições todos os artigos do património municipal e outros que lhes sejam confiados. Se, por negligência, qualquer desses artigos se extraviar ou deteriorar, ser-lhes-á descontado no salário, na altura do pagamento, o respectivo valor, na totalidade ou em prestações mensais, conforme deliberação da câmara municipal, sem prejuízo das disposições legais sobre impenhorabilidade de parte dos salários; f) Trazer consigo um bastão do modelo oficial, com o número do seu cantão, e uma caixa de folha, também do modelo oficial, onde deve acondicionar-se o cartão de identidade privativo dos serviços, a caderneta e os extractos da legislação que respeita ao desempenho das suas funções. O cantoneiro colocará o bastão na berma da via municipal, do lado direito desta, com a face da chapa que indica o número do cantão voltada para o local onde estiver a trabalhar e a uma distância deste não superior a 50 m; g) Levar para o local do trabalho as ferramentas necessárias ao serviço, não devendo nunca deixá-las abandonadas; h) Não deixar de um dia para o outro depósitos de materiais na plataforma da via municipal ou quaisquer trabalhos cuja não conclusão possa prejudicar o trânsito; i) Entregar ao cabo de cantoneiros todos os artigos que não lhes pertençam, quer sejam achados ou lhes tenham sido confiados, bem como as ferramentas, utensílios e quaisquer outros objectos a seu cargo, se deixarem o serviço. Quando qualquer destes objectos não for restituído, o seu valor será descontado na importância que estiver em dívida ao cantoneiro ou por ele pago na totalidade, sem prejuízo da responsabilidade criminal em que incorrer; j) Participar ao cabo de cantoneiros ou ao superior com quem primeiro se avistem qualquer ocorrência ou circunstância relacionada com o serviço e especialmente o que possa causar prejuízo ao trânsito e às vias municipais; l) Dar aos usuários das estradas e caminhos as indicações e auxílio que lhes forem pedidos e possam prestar; m) Colocar resguardos nas obras ou obstáculos que possam ocasionar perigo ou prejuízo para o trânsito; n) Prestar o auxílio que lhes seja solicitado pelos funcionários da câmara ou do Estado, quando no exercício dos seus cargos, ou por quaisquer autoridades". E verifique-se o conteúdo do art. 17.º: "todos os funcionários que superintendem na fiscalização dos serviços das vias municipais, os chefes dos serviços de conservação, os cabos de cantoneiros e os cantoneiros são competentes para fazer cumprir o presente regulamento, podendo levantar autos das infracções cometidas. Nestes autos, que farão fé em juízo até prova em contrário, é dispensada a indicação de testemunhas. § único. A mesma competência é atribuída ao pessoal indicado no corpo deste artigo quanto às infracções ao Código da Estrada e demais legislação sobre viação e trânsito cometidas nas vias municipais". Sendo certo que nos termos do art. 18.º: "O pessoal referido no artigo anterior tem direito ao uso e porte de arma de defesa, independentemente de licença".

Sendo esta uma realidade do quotidiano, a forma de evitar o surgimento daqueles obstáculos e irregularidades e, por conseguinte os danos que daí possam decorrer, pressupõe uma atuação diligente por parte dos órgãos e dos agentes municipais com vista a evitá-lo, fazendo cumprir os deveres de manutenção, conservação, gestão e sinalização daquela, sendo certo precisamente que é necessário que haja uma concreta e eficaz vigilância da rodovia municipal, pois sem esta vigilância não será possível aos próprios órgãos e agentes tomarem conhecimento daquelas situações e, consequentemente, tomar as diligências exigidas e necessárias para fazer face à situação. Ora, o dever de vigilância é aquele dever de que depende o cumprimento dos restantes, como o de conservação, manutenção e sinalização das vias.

§4. Incumprimento de deveres e presunções: a tormenta

Pois bem, do incumprimento deste dever de vigilância resulta a responsabilidade civil extracontratual do Município por culpa *in vigilando*. Esta responsabilidade encontra-se, atualmente, disciplinada na Lei n.º 67/2007, de 31 de dezembro, a qual veio colmatar algumas insuficiências do diploma anterior, o Decreto-Lei n.º 48 051, de 21 de novembro de 1967– insuficiências que a jurisprudência procurava resolver, caso a caso[102].

[102] No que diz respeito à função administrativa, um aspeto inovador da Lei n.º 67/2007 foi o alargamento da regra da solidariedade aos casos de condutas praticadas com culpa grave, que veio reforçar a eficiência e eficácia do aparelho administrativo, uma vez que permite agora ao lesado demandar diretamente o agente público responsável pelo dano sofrido. Ligado a este aspeto, a Lei n.º 67/2007 consagrou a obrigatoriedade do exercício do direito de regresso em algumas situações legalmente previstas. Falámos nos casos previstos nos artigos 8.º, 11.º, n.º 2 e 14.º da Lei n.º 67/2007, correspondendo o artigo 8.º à responsabilidade decorrente de danos provocados no âmbito da função administrativa quando estejam em causa ações ou omissões praticadas por titulares de órgãos, funcionários e agentes, com dolo ou com diligência e zelo manifestamente inferiores àqueles a que se encontravam obrigados por via da função desempenhada. Ainda a propósito das inovações e alterações que a Lei n.º 67/2007 trouxe e aquela com maior relevância no âmbito deste tema, é o artigo 10.º que veio estabelecer critérios para aferição do pressuposto da culpa, regulando também as situações de presunção de culpa leve, sendo que a primeira delas verifica-se no âmbito da prática de atos jurídicos ilícitos e a segunda verifica-se quando esteja em causa o incumprimento do dever de vigilância. Com a consagração desta presunção de culpa, o diploma aproximou-se, em grande medida, às soluções que vinham a ser adotadas pelos tribunais nesta matéria. Poderíamos invocar outras alterações e inovações que este diploma legal trouxe, no entanto, entendemos ser estas as mais relevantes para o tema que estamos a tratar.

Regressando ao tema do incumprimento, por parte dos Municípios, dos deveres a que se encontram adstritos, como a conservação, manutenção, gestão, sinalização e o cumprimento prévio do dever de vigilância, importa referir que a verificação daquela responsabilidade – e em particular a responsabilidade civil extracontratual dos Municípios por *culpa in vigilando* – tratando-se de uma responsabilidade por danos resultantes de facto ilícito no âmbito do exercício da função administrativa, conforme jurisprudência consolidada, depende da verificação cumulativa dos pressupostos da responsabilidade aquiliana, ou seja, aquela responsabilidade assenta nos pressupostos da responsabilidade civil prevista no Código Civil, com as especificidades, claro, resultantes das normas próprias relativas à responsabilidade dos entes públicos. São assim pressupostos daquela responsabilidade, o facto voluntário, a ilicitude, a culpa, o dano e o nexo de causalidade.

Destes pressupostos, aquele que a nosso ver merece maior atenção e destaque no âmbito desta matéria é sem dúvida o pressuposto da culpa, sendo importante referir que, estando em causa uma responsabilidade por omissão do dever de vigilância, apesar desta situação estar prevista no n.º 3 do artigo 10.º da Lei n.º 67/2007, o certo é que a própria norma faz referência ao princípios gerais da responsabilidade civil, o que nos leva à aplicação do artigo 493.º do Código Civil, conforme solução ditada pela jurisprudência.

No que respeita ao *quantum* do dever de vigilância, uma vez que o dever de vigilância é um conceito que a Lei n.º 67/2007 não define – oportunidade que entendemos perdida neste diploma legal, a par de tantas outras –, impõe-se seguir uma das soluções que já vinham a ser adotadas pela jurisprudência e que pressupõe considerar a existência deste dever no n.º 3 do artigo 10.º e acolher a remissão para o Código Civil, isto é para o artigo 493.º, bem como estabelecendo a presunção de *culpa leve*, quando esteja em causa a omissão do dever de vigilância.

Existe significativa jurisprudência dos tribunais administrativos ditada neste contexto de omissão do dever de vigilância da rodovia municipal por parte dos Municípios, ainda que muita seja proferida tendo por base o diploma anterior, ou seja o Decreto-Lei n.º 48 051, de 21 de novembro de 1967. No entanto, da análise de jurisprudência mais recente resulta que se verifica a omissão do dever de vigilância, nomeadamente e a título de exemplo, quando se configura a falta de sinalização de depressão numa via municipal, a qual, por não se encontrar devidamente sinalizada, não permite ao condutor adequar, atempadamente, a sua condução às circunstâncias da via, porque simplesmente desconhece o estado da mesma, desconhece a existência daquele obstáculo, o mesmo se verificando também pelo surgimento de pedras, de grande porte, em plena faixa de rodagem, as quais igualmente não se encontram sinalizadas ou não foram removidas em tempo útil. A estes exemplos poderíamos juntar tantos outros que nos levam à omissão do dever de vigilância por parte dos Municípios em relação às vias municipais.

E o aquilo que de facto procuramos ao longo da análise de vários acórdãos foi perceber como é que em cada caso concreto os tribunais entendiam que o dever de vigilância foi ou não cumprido, ou seja que comportamentos é que os tribunais administrativos foram considerando como incumpridores daquele dever, para conseguirmos chegar ao que é, afinal, o dever de vigilância e quais os critérios utilizados para aferição do seu cumprimento.

Conforme já tivemos oportunidade de referir, estando em causa o dever de vigilância, está também em causa uma presunção de culpa leve que funciona a favor do lesado e contra o Município. Nesse contexto, caberá ao Município ilidir esta presunção de culpa que sobre si recai, tendo sido este um dos aspetos no qual fixamos a nossa atenção, ou seja, tentamos perceber de que forma é que os tribunais entendem que os Municípios conseguem ilidir aquela presunção, que comportamentos subsumem os tribunais ao cumprimento do dever de vigilância.

A título de exemplo, apraz evidenciar aqui o Acórdão do Tribunal Central Administrativo Norte, processo n.º 00435/04.0BEPNF, de 09 de março de 2006, no qual se pode ler o seguinte: "(...) Para se ter como ilidida a presunção de culpa do R. não basta a simples prova, em abstracto, de que o mesmo desenvolveu ou dispõe de funcionários ou dum corpo técnico que têm por funções proceder à fiscalização e reparação das diversas artérias sob sua jurisdição (pavimentos e rede de esgotos), e/ou que os mesmos procedem à sinalização de carácter temporário de obras e obstáculos na via pública, pois tem de ser demonstrado quais são as providências desencadeadas em relação à via pública em questão, a fim de que o Tribunal possa aferir se aquele "organizou os seus serviços de modo a assegurar um eficiente sistema de prevenção e vigilância de anomalias previsíveis", exercendo uma "adequada e contínua fiscalização".

A este exemplo acrescentamos o Acórdão do Tribunal Central Administrativo Norte, processo n.º 00096/04.6BEMDL, de 03 de maio de 2017 onde se conclui que "(...) Sobre o R. impende o ónus de provar a adopção de todas as providência que, segundo a experiência comum e as regras técnicas aplicáveis, fossem suscetíveis de evitar o perigo, prevenindo o dano, o qual não se teria ficado a dever da sua parte, ou que os danos se teriam igualmente produzido ainda que não houvesse culpa sua".

Configura-se, assim, uma presunção de *culpa leve* quando se esteja perante uma violação dos deveres de vigilância, o que significa que, sendo essa presunção, uma presunção ilidível (*juris tantum*), dá-se uma inversão do ónus da prova, ou seja, apesar de regra geral o ónus da prova recair sobre quem invoca o direito – ex vi do n.º 1 do artigo 342.º do Código Civil – nestas situações especiais, em que a culpa é presumida, o ónus da prova inverte-se (tal como decorre do n.º 1 do artigo 344.º do Código Civil).

Assim, no caso em concreto deste tema, incumbirá aos Municípios, não só a mera contraprova, mas antes a prova em contrário, isto é, demonstrando as providências que foram levadas a cabo em cada caso concreto, bem como a periocidade das mesmas e a demonstração do cumprimento das normas legalmente impostas, ou seja, deverão os Municípios fazer prova de que atuaram com a diligência exigível nas circunstâncias concretas, tendo em conta os meios humanos e técnicos ao seu dispor, demonstrando também que outro comportamento não lhes era exigível, além daquele que efetivamente praticaram. Só assim conseguirão os Municípios ilidir esta presunção de culpa que sobre si recai. Tudo isto resulta da própria jurisprudência ditada nestes casos pelos tribunais administrativos[103].

Ainda a propósito do pressuposto da culpa e fazendo ligação às inovações trazidas pela Lei n.º 67/2007, entendemos pertinente referir que, tal como dissemos anteriormente, este diploma veio trazer consideráveis alterações e inovações em relação aquele pressuposto, estando, agora, definidos os critérios para aferição da culpa. Pois bem, a esse respeito, teremos ainda que acrescentar que desde a entrada da Lei n.º 67/2007, de acordo com o n.º 1 do seu artigo 10.º, a culpa é "(...) apreciada pela diligência e aptidão que seja razoável exigir, em função das circunstâncias de cada caso, de um titular de órgão, funcionário ou agente zeloso e cumpridor", sendo que, durante a vigência do Decreto-Lei n.º 48 051, a culpa era aferida não de acordo com aquele critério, mas de acordo com o critério do bom pai de família – *bonnus patter famílias* – um critério abstrato, enquanto que o critério atualmente utilizado traduz-se num critério adaptado às especificidades da atividade administrativa.

Por sua vez, importa também esclarecer que ao lesado caberá demonstrar os factos que servem de base à presunção que recai sobre a entidade pública, ou seja, demonstrando, nos casos de alegado incumprimento do dever de

[103] A título meramente exemplificativo trazemos o Acórdão do Tribunal Central Administrativo Norte, processo n.º 00435/04.0BEPNF, de 09 de março de 2006, do qual resulta: "(...) A ilisão de uma presunção "juris tantum" só é feita mediante prova do contrário, não sendo bastante a mera contraprova, pelo que o "non liquet" prejudica a pessoa/parte contra quem funciona a presunção."

vigilância, que o Município causou determinado facto ilícito, por omissão daquele mesmo dever. E a este respeito, importa trazer o Acórdão do Tribunal Central Administrativo Sul, processo n.º 05125/2010, de 15 de dezembro de 2010 do qual resulta: "(...) Ao lesado apenas incumbe provar o facto que serve de base à presunção, no caso, o facto que juridicamente é passível de subsunção no conceito de culpa in vigilando, mas não tem, também que provar o facto presumido (...)"

Outra questão que importa também abordar neste contexto são os casos de concorrência de culpa. Não obstante a eventual omissão de cumprimento, por parte dos Municípios, dos deveres inerentes à rodovia municipal, certo é que também assistimos à ocorrência de determinados sinistros em que o próprio lesado concorreu para a sua verificação. Para demonstrar as situações em que se verifica esta concorrência de culpas, apraz lembrar o Acórdão do Tribunal Central Administrativo Norte, processo n.º 00095/11.5BEVIS, de 11 de setembro de 2015, no qual se lê que existe concorrência de culpas se "tendo o Réu Município (...) cortado ao trânsito uma via municipal, para o que colocou sobre a mesma um bloco de cimento, impendia sobre o mesmo o dever legal de sinalizar adequadamente esse obstáculo, por o mesmo ser suscetível de causar perigo". (...) "Por sua vez, o condutor do veículo acidentado, ao circular com velocidade superior à permitida para o local numa via cujo trânsito apenas era permitido a residentes, agiu com igual culpa para produção do acidente". Assim, a "existência de um "facto culposo do lesado", que concorreu para a produção dos danos peticionados, não exclui a culpa do Réu, tendo antes como consequência a redução da indemnização na proporção da sua culpa."

Pois bem, todos os acórdãos que analisámos levam-nos, de certa forma, a uma impossível definição em abstrato do dever de vigilância e, por conseguinte, obriga-nos avaliar em concreto atuações e omissões, num contexto particular de diligência, aquilatada de acordo com o modelo de serviço normal, composto por agentes zelosos e cumpridores, num quadro circunstancial de tempo e lugar. Assim, entendemos que o cumprimento de todos os deveres inerentes à rodovia municipal exige uma eficaz vigilância por parte do Município para que este possa ter conhecimento dos obstáculos que vão surgindo, diariamente, nas vias, bem como para conhecerem o próprio estado das vias, uma vez que, independentemente dos obstáculos que vão surgindo de forma mais isolada, impõe-se que conheçam, também, o estado daquelas para correção de irregularidades próprias da sua utilização bem como do desgaste natural do património.

Finalmente e tecendo agora algumas conclusões sobre tudo quanto acabámos de referir, ainda que com algumas dúvidas, parece-nos que este dever de vigilância poderá traduzir-se num especial dever de cuidado que os Municípios devem adotar sobre as vias Municipais, de forma a evitar os riscos que previsivelmente possam ocorrer. Dever esse que passa, de seguida, pelo cumprimento cabal de todos os deveres que lhe são impostos, como conservação, manutenção, gestão e sinalização, sempre com o prévio cumprimento do dever de vigilância.

Importa ainda dizer que este assunto merece a melhor atenção, sendo certo que seria importante configurar uma solução legal, dada a falta de atualização da Lei n.º 2110, a qual conta, ainda, com conceitos e termos que já se encontram ultrapassados, e dada a jurisprudência que nem sempre se pauta pela mesma bitola. Além disso, podemos também salientar que a transferência de mais competências de gestão, trazidas pela Lei n.º 50/2018, as quais vieram a ser concretizadas pelo Decreto-Lei n.º 100/2018, acarreta mais responsabilidades para os Municípios e necessidades a nível de recursos humanos e financeiros, ressaltando grandes dúvidas acerca do regular funcionamento e cumprimento daqueles diplomas e deixando um enorme espaço de decisão aos tribunais administrativos, uma vez que perante casos semelhantes, é possível entender que o Município conseguiu ilidir a presunção de culpa que sobre si recai e outro tribunal poderá decidir em sentido contrário.

ESTUDO VII

– "Descentralização administrativa em curso: as questões jurídicas, a ausência de estudos multidisciplinares e a centralidade da questão financeira", in *Questões Atuais de Direito Local*, n.º 34, abril/junho de 2022, pp. 7-29.

DESCENTRALIZAÇÃO ADMINISTRATIVA EM CURSO: AS QUESTÕES JURÍDICAS, A AUSÊNCIA DE ESTUDOS MULTIDISCIPLINARES E A CENTRALIDADE DA QUESTÃO FINANCEIRA

§ 1. Introdução

Foi, precisamente, hoje, publicada a Lei n.º 12/2022, de 27 de junho, que tem como objeto o Orçamento do Estado para 2022 (OE/2022), e foi finalmente conhecido o conteúdo do artigo (89.º) relativo ao Fundo de Financiamento da Descentralização (FFD) e às transferências financeiras ao abrigo da descentralização e da delegação de competências para 2022, de que tanto se vem falando, em razão das mil e uma incertezas que o tópico encerra. E assim é tanto pela centralidade que o tema das contrapartidas financeiras assumiu em todo o processo de descentralização, como em razão quer da falta de transparência, incertezas e do contexto financeiro (nacional e mundial) em que as competências transferidas são acolhidas e executadas, quer em razão dos avanços e recuos do próprio *iter* negocial que precedeu a aprovação dos montantes dessas verbas (sobretudo, relativas a 2021 e 2022).

A AEDREL – Associação de Estudos de Direito Regional e Local tem dedicado atenção ao tema da descentralização administrativa e tem promovido a publicação de estudos, artigos e reflexões sobre os respetivos regimes jurídicos e o processo em curso, fazendo-o particularmente através da revista *Questões Atuais de Direito Local*.

Também nós estamos repetidamente a voltar ao tema e a dar um contributo do ponto de vista da análise jurídica[104], procurando, de um modo geral: *i)* compreender e explicar o regime jurídico legal que prevê a transferência de competências dos órgãos do Estado para os órgãos do município e das entidades intermunicipais, que, sublinhe-se, é acolhido, logo, em primeiro lugar, na Lei n.º 75/2013, de 12 de setembro, em particular nos artigos 111.º a 115.º, e, a seguir, na Lei n.º 50/2018, de 16 de agosto, lei-quadro da descentralização, e, necessariamente, nos respetivos regimes setoriais que a desenvolvem e pormenorizam; *ii)* acompanhar o atual estado da arte no que concerne ao fluxo de competências delegadas, tendo em conta que a sua efetiva movimentação começou por depender do respetivo assentimento voluntário por cada autarquia, assim acontecendo, na maioria das matérias, até janeiro de 2021; e ainda *iii)* refletir sobre o impacto do processo de descentralização no exercício efetivo das competências e, por conseguinte, aferir do cumprimento pragmático dos objetivos da descentralização no quadro dos limites existentes[105]. Assim, quanto aos primeiros, evidencia-se a aproximação das decisões aos cidadãos, o acesso universal dos cidadãos aos serviços e bens de qualidade, o reforço da coesão territorial e da solidariedade inter-regional, bem como

[104] Sem prejuízo de outros textos que versam sobre este tema, partilhámos inicialmente algumas ideias no artigo "Transferência (contratualizada) de atribuições e competências a favor das freguesias: possibilidades de ganhos e perdas", in *Direito Regional e Local*, n.º 21, janeiro-março de 2013; depois no texto "Lei n.º 75/2013, de 12/9, e «acordos de execução»: apresentação de um ilustre desconhecido", in *Cadernos de Justiça Administrativa*, n.º 105, maio-junho de 2014, e a seguir no artigo "Como celebrar Acordos de Execução: problemas, soluções (caso a caso) e bom senso q.b.", in *Questões Atuais de Direito Local*, n.º 1, janeiro-março de 2014, pp. 41 a 59. E, em particular, sobre a Lei n.º 50/2018, de 16 de agosto, deixámos algumas preocupações no artigo "A descentralização em curso: reforço (ou esforço) das autonomias locais", in *Revista das Assembleias Municipais*, n.º 9, janeiro-março de 2019, pp. 27 e ss. E, após a publicação do quadro normativo setorial, voltámos ao assunto e seguimos o tópico, em jeito de saga, questionando se as competências transferidas são (ou não) efetivamente acolhidas e cumpridas na sua globalidade, em "A descentralização nos domínios das vias de comunicação e estacionamento público: *less is more*", in *Questões Atuais de Direito Local*, n.º 25, janeiro-março de 2020, pp. 7 a 22. Regressámos ao tema num texto que teve como título "A descentralização administrativa nos domínios da Educação: *less is more*" (texto escrito em coautoria com Ana Rita Prata e publicado em *Questões Atuais de Direito Local*, n.º 32, outubro-dezembro de 2021, pp. 7 e ss.). Neste último estudo, voltámos a expressar o receio de que a municipalização de competências no domínio da educação fosse apenas aparente, tendo em conta as opções do respetivo regime acolhido no Decreto-Lei n.º 21/2019, de 30 de janeiro.

[105] E aqui, no quadro da descentralização por via legal, realça-se o artigo 112.º, que dispõe sobre os objetivos da descentralização legal: ela visa a aproximação das decisões aos cidadãos, a promoção da coesão territorial, o reforço da solidariedade inter-regional, a melhoria da qualidade dos serviços prestados às populações e a racionalização dos recursos disponíveis.

a efetiva concretização dos princípios da descentralização e da subsidiariedade administrativas, eficiência, racionalidade e eficácia da gestão pública. Quanto aos segundos, regista-se o respeito pelos princípios da unidade da ação administrativa, da intangibilidade das atribuições de cada ente e o princípio do menor custo na prossecução das mesmas tarefas, bem como a preservação da autonomia administrativa, financeira, patrimonial e organizativa das autarquias locais e a manutenção da estabilidade financeira.

De igual modo, tem também suscitado o nosso interesse o roteiro propriamente dito de descentralização, sendo certo que o modelo de descentralização concretizado, entre nós, tem apresentado fragilidades várias[106], não se tendo vindo a revelar simples, do ponto de vista jurídico, nem transparente e inclusivo, nem muito menos temporalmente garantístico e financeiramente sustentável[107].

Na verdade, revisitando dois ou três tópicos deste percurso, que nos parecem essenciais a propósito da transferência legal, importa assinalar que a Lei n.º 75/2013 prevê, no artigo 113.º, que o processo de descentralização legal corresponde a uma transferência progressiva, contínua e sustentada de competências em todos os domínios dos interesses próprios das populações das

[106] Sobre o tema da eventual *desresponsabilização* na prossecução de tarefas administrativas transferidas para as autarquias locais, *vd.* o nosso "Descentralização nos domínios da rodovia e responsabilidade civil presumida dos municípios", em coautoria com Anabela Meireles, in *Questões Atuais de Direito Local*, n.º 28, outubro-dezembro de 2020, pp. 7 e ss.

[107] Na verdade, e tendo por referência um dos poucos estudos conhecidos, este realizado na Universidade do Minho, por iniciativa da autarquia do Porto, intitulado "Estudo de avaliação do impacto financeiro da transferência de competências no Município do Porto", elaborado por Linda Veiga (NIPE – Núcleo de Investigação em Políticas Económicas e Empresariais), coordenadora do relatório, Miguel Rodrigues e Pedro Camões (ambos do CICP – Centro de Investigação em Ciência Política), pode concluir-se, a partir do relatório final, que, quanto ao Porto, "[p]ara além dos impactos financeiros diretos da descentralização, o correspondente aumento das atividades tem também um impacto indireto que resulta da necessidade de ajustar a estrutura da organização municipal à escala resultante do processo de descentralização. Neste caso, estimando estes custos estruturais/indiretos a partir das rubricas gerais de aquisição de bens e serviços nos mapas de execução de despesa, verifica-se que correspondem a cerca de 8,1% da despesa total da Câmara Municipal do Porto. Com o pressuposto de que os custos diretos conduzirão a um aumento proporcional nos custos indiretos, estima-se um aumento de cerca de 2,84 milhões de euros nos custos indiretos. Em suma, considerando todas as receitas e despesas associadas ao processo de transferência de competências em curso, estima-se um diferencial negativo de praticamente 12 milhões de euros por ano, tendo como referência 2021. Mesmo tendo em atenção a receita adicional associada à receita do IVA cobrado nos setores do alojamento, restauração, comunicações, eletricidade, água e gás que, segundo o Orçamento do Estado de 2021, será de 2,6 milhões de euros, continuam em falta 9,4 milhões de euros".

autarquias locais. Mais: diferenciando-se do regime relativo à transferência de competências através de contrato interadministrativo de delegação (em particular, tendo em conta as soluções acolhidas nos artigos 117.º a 123.º), esta transferência por lei tem natureza definitiva, a partir de uma certa altura, e universal, abrangendo todos os municípios do país continental e insular.

Soma-se um aspeto deste regime de base, que merece especial lembrança aqui: diz respeito aos requisitos substanciais e de forma que o artigo 115.º da Lei n.º 75/2013 fixa precedentemente, em relação à lei de descentralização (que veio a ser a Lei n.º 50/2018). Assim, no que respeita aos recursos, a Lei n.º 75/2013 deve prever expressamente os recursos humanos, patrimoniais e financeiros necessários e suficientes ao exercício pelos órgãos das autarquias locais das competências para eles transferidas, devendo igualmente fazer referência às fontes de financiamento e aos seus modos de afetação (n.os 1 e 2 do artigo 115.º).

Ainda a este propósito, cumpre destacar o n.º 3 do referido artigo 115.º, onde se dispõe que o Estado deve promover os estudos necessários de modo a que a concretização da transferência de competências assegure a demonstração: *a)* do não aumento da despesa pública global; *b)* do aumento da eficiência da gestão dos recursos pelas autarquias; *c)* dos ganhos de eficácia do exercício das competências pelos órgãos locais; *d)* do cumprimento dos objetivos previsto no artigo 112.º, a que nos referimos *supra*; e *e)* da articulação entre os diferentes níveis de Administração Pública.

A propósito dos estudos referidos, apraz imediatamente registar duas notas: *i)* devem ser elaborados por equipas técnicas multidisciplinares, compostas por representantes dos departamentos governamentais envolvidos, das CCDR, da Associação Nacional dos Municípios Portugueses (ANMP) e da Associação Nacional de Freguesias (ANAFRE), sendo certo que (*ii*) a lei de descentralização deve obrigatoriamente fazer referência aos mencionados estudos (nos termos dos n.os 4 e 3 do artigo 115.º). Todo este regime também se aplica à transferência de delegação de competências por contrato, *ex vi* artigo 122.º da Lei n.º 73/2013.

Atentemos, agora, na lei de descentralização propriamente dita: Lei n.º 50/2018, de 16 de agosto – lei-quadro de transferência de competências dos órgãos do Estado para os órgãos das autarquias locais e órgãos das entidades intermunicipais, conducente à transferência de competências em cerca de vinte domínios. Vejamos: o seu primeiro trio de artigos está em sintonia com a Lei n.º 75/2013, confirmando o que já foi dito sobre o objeto, a natureza e os objetivos da descentralização legal. E, nessa sequência, apresentando desenvolvimento e densificação, no que respeita aos princípios e às garantias acolhidos no seu artigo 2.º, destaca-se a alínea *f)* e a garantia nesta prevista de transferência para as autarquias locais dos recursos financeiros, humanos e patrimoniais adequados, considerando os atualmente aplicados nos serviços e competências descentralizados; bem como se evidencia a garantia de estabilidade de financiamento no exercício das atribuições cometidas, prevista na alínea *g)* do mesmo preceito. Enfim, não é por acaso que sublinhamos aqui estas garantias.

Sobre o processo, dispõe o artigo 4.º, prevendo, como se impunha, o caráter progressivo, gradual e voluntário da aceitação das competências, com início em 2019 e prorrogando-se até 2021, sendo certo que, de acordo com a lei-quadro, todas as competências se deveriam considerar definitivamente transferidas até 31 de janeiro de 2021[108].

Do ponto de vista do financiamento, a lei-quadro assegura que os recursos a atribuir às entidades para o exercício das novas competências devem estar previstos na lei, dispondo a mesma também sobre a consideração do acréscimo de despesa em que os municípios incorram com o exercício das competências transferidas e o acréscimo de receita que do mesmo exercício também decorra. Prevê que sejam inscritos no Orçamento do Estado dos anos 2019, 2020 e 2021 os montantes do Fundo de Financiamento da Descentralização (FFD), que incorporam os valores a transferir para as autarquias locais que financiam as novas competências. E prevê ainda, no n.º 4 do artigo 5.º, que à transferência dos recursos financeiros para as autarquias corresponde naturalmente uma redução da despesa orçamental de igual montante relativos aos serviços do Estado cujas competências foram para aqueles transferidas.

Do regime atinente ao processo de descentralização apraz ainda dar conta da garantia de acesso dos entes locais aos sistemas de informação da administração do Estado envolvida na transferência de competências, bem como ainda da criação da comissão de acompanhamento da descentralização, devendo

[108] Houve, contudo, prorrogação dos prazos de transferência definitiva nas áreas da educação, da saúde e da ação social, tendo-se invocado diversas razões. Assim, por um lado, as negociações entre o Governo e a ANMP atrasaram-se, precisamente, no que concerne às áreas da educação, da saúde e da ação social, dadas a complexidade do processo (onde se destacam as dificuldades do mapeamento e da avaliação quanto à transferência de funcionários, equipamentos) e a dificuldade em se determinar (acordar) os montantes financeiros necessários à execução; por outro lado, a própria publicação dos regimes setoriais atrasou tanto a avaliação como a negociação. No caso concreto das competências transferidas no âmbito da saúde e da educação, existiu a opção pelo não exercício em 2021, considerando-se transferidas até 31 de março de 2022.

esta ser integrada por representantes de todos os grupos parlamentares, do Governo, da ANMP e da ANAFRE, que avalia a adequabilidade dos recursos financeiros de cada área de competências.

Finalmente, quanto à transferência dos recursos patrimoniais e humanos, a lei-quadro dispõe, nos artigos 7.º e 8.º, que as autarquias passam a gerir os bens móveis e imóveis afetados ao exercício das competências; que pode existir mutação dominial a favor das autarquias, no que respeita aos domínios da habitação, das áreas portuárias, dos transportes e vias de comunicação, sendo certo que a lei-quadro remete para os diplomas legais setoriais os mecanismos e termos de transição de recursos humanos afetados ao exercício das competências, devendo, em todo o caso, respeitar-se a situação jurídico-funcional dos trabalhadores, do ponto de vista de vínculo, carreia e remuneração.

Aqui chegados, e procurando perceber o quanto de todo este regime foi, desde 2013 até hoje, sequencial e juridicamente cumprido e como foi o processo de descentralização operacionalizado, sobretudo desde 2018 a esta parte, as primeiras palavras que nos ocorrem são para traduzir as dúvidas e as incertezas do processo.

E, na verdade, não é de agora que tem suscitado reservas generalizadas o método seguido, que parece ter posto, logo num primeiro momento, a cargo dos próprios municípios a realização de estudos de impacto financeiro da aceitação de competências. De igual modo, tem também suscitado dúvidas o incerto e inoportuno momento de publicação de regimes setoriais[109], a opacidade do percurso, em que se inclui a falta de transparência e de explicação de decisões e de etapas (cumpridas e adiadas), a que se junta o obsessivo avanço no processo de transferência de competências. Aqui, tem sido destacada como

[109] Se o objetivo de descentralização administrativa foi claramente anunciado pelos XXI e XXII Governos Constitucionais, chegando a corresponder a uma promessa eleitoral do Chefe do atual Governo, já o processo para a concretizar não foi, na verdade, tão claro e linear. Antes pelo contrário. Especialmente nos domínios da educação e da saúde, o atraso na publicação de diplomas setoriais, a ausência de estudos e a insuficiência de verbas (e a falta da respetiva atualização) têm sido o principal obstáculo no caminho descentralizador, sendo certo que as principais razões que explicam a tão baixa adesão voluntária de municípios ao processo de descentralização, desde 2019 até março de 2021, correspondem tanto ao ritmo inicialmente apressado do processo e à falta de preparação das autarquias como à razão (constantemente) denunciada de insuficiência da contrapartida financeira. Bem vistas as razões, a questão da insuficiência da contrapartida financeira tem sido a que mais une os autarcas no processo inicial de contestação à descentralização, sendo também a atual razão que já levou alguns municípios a não se sentirem representados pela ANMP, na negociação das verbas a transferir através do Fundo de Financiamento da Descentralização (FFD), que veio a ser previsto no artigo 89.ºda Lei n.º 12/2022, de 27 de junho, que aprovou o Orçamento do Estado para 2022.

criticável a pressão dos prazos para aceitação voluntária de competências, em 2018, 2019 e 2020, e, muito em particular, a pressão no cumprimento da meta atinente à transferência definitiva e universal de competências, inicialmente aprazada para 31 de janeiro de 2021 e, mais recentemente, para 31 de março de 2022, no que concerne aos domínios da educação e da saúde, podendo interpretar-se tal ditadura das datas como parecendo que o Estado se queria libertar de tarefas e responsabilidades[110].

A par de tudo isto, tem existido sério consenso quanto aos dois pontos frágeis do processo e que são, por um lado, atinentes ao *iter* procedimental – inicialmente desenhado na Lei n.º 75/2013 como plural e dialógico, mas que se foi operacionalizando em sentido diferente –, sendo marcado por elitismo e falta de *accountability* [traduzida em falta de informação quanto à existência e respetiva publicidade de estudos (interdisciplinares prévios) e de relatórios resultantes da monitorização efetuada pelas comissões de acompanhamento], que pudesse justificar decisões, pese embora a informação disponibilizada no Portal Autárquico (a plataforma da Direção Geral das Autarquias Locais) e no Mais Transparência (sendo esta a plataforma atinente à gestão e recursos públicos, que é gerida pela AMA – Agência para a Modernização Administrativa); e, por outro lado, dizem respeito à natureza impulsiva, incerta e insuficiente das contrapartidas financeiras da descentralização administrativa[111]. Na verdade, volvidos alguns anos, lamentamos que se continue a desconhecer os estudos, os relatórios e os critérios e subcritérios de fixação de verbas e contrapartidas financeiras. E, muito francamente, lamentamos mais ainda que não se queira conhecer se, como e com que grau de eficiência estão a ser executadas pelos municípios as novas competências recebidas.

Com toda a certeza, estes dois fatores justificaram as reservas e o receio das autarquias e, em suma, a baixa percentagem de adesão pelos municípios ao processo de descentralização[112], o que impossibilitou a experimentação

[110] Sobre o tema, para uma perspetiva geral, *vd.* o nosso "A descentralização em curso: reforço (ou esforço) das autonomias locais", in *Democracia e Poder Local: a descentralização em curso*, AEDUM/NEDIP, Braga, 2019, pp. 27 e ss.

[111] Sobre o assunto, para maiores desenvolvimentos, *vd.* JOAQUIM FREITAS DA ROCHA/NOEL GOMES, "As dimensões financeiras do impulso descentralizador", in *Revista de Direito Administrativo*, AAFDL, n.º 5, maio-agosto de 2019, pp. 56 e ss.

[112] No início de abril, quando era esperado que os municípios assumissem definitivamente competências na saúde e na educação, só menos de metade dos municípios elegíveis tinham voluntariamente assumido as competências a transferir, apontando-se para 28% na área da saúde e 48% na educação. Quanto às restantes 17 competências, o Governo considerou-as transferidas em 01 de janeiro de 2021, nas áreas da cultura, da habitação, da justiça, do atendimento ao cidadão,

e a adaptação dos próprios, tanto do ponto de vista estrutural, e, neste campo, no que respeita aos recursos materiais e humanos, como do ponto de vista de produção regulamentar. Claramente, em inícios de 2021, os municípios não estavam preparados para o acolhimento de todas as mais de vinte novas áreas de incumbências, sendo certo que também aqui se denotou um *megalómano* conjunto de domínios de competências a transferir universalmente – que não levou em conta a realidade distinta dos 278 municípios do continente e as particulares vulnerabilidades de cada um, designadamente de matriz demográfica e geográfica, e particularmente a dimensão estrutural-orgânica, que respeita aos próprios escassos recursos humanos, nem sempre no assunto considerados[113].

da gestão do património imobiliário público, das vias de comunicação, das praias, das áreas portuárias, do transporte em vias navegáveis interiores, da cogestão de áreas protegidas, da proteção civil, do policiamento de proximidade, da segurança contra incêndios, do estacionamento público, dos jogos de fortuna e de azar, da arborização e rearborização e das associações de bombeiros. O Portal Autárquico apresenta a listagem dos municípios que aceitaram voluntariamente as competências em 2019, 2020 e 2021. Vd. *http://www.portalautarquico.dgal.gov.pt*, acessível em 27.06.2022. Além da educação e da saúde, também a ação social deveria ser uma área obrigatória a partir de 1 de abril de 2022, mas o Governo deu a possibilidade aos municípios de requererem a respetiva prorrogação, até 1 janeiro de 2023. Assim, no início de 2021, na área da saúde, apenas 57 (28%) do total de 201 municípios tinham aceitado desempenhar a respetiva competência, enquanto na educação tinham sido 116 do universo de 278 municípios (42%) expressamente a fazê-lo, sendo certo que, além destes 116, há outros municípios que ainda desempenham competências na área da educação ao abrigo de, por exemplo, contratos de execução e de contratos interadministrativos. Vd. *https://transparencia.gov.pt/pt/*, acessível em 26.06.2022.

[113] Na verdade, impõe-se avaliar o impacto global da transferência de competências. Tal como se escreve num estudo elaborado por investigadores da Universidade do Minho, a propósito do impacto financeiro da descentralização no Porto ("Estudo de avaliação do impacto financeiro da transferência de competências no Município do Porto, *cit.*), "[a] fatia mais significativa deste impacto, prevista em 12,1 milhões de euros (75%), diz respeito à transição para os quadros do Município do pessoal não docente (assistentes operacionais e assistentes técnicos), atualmente ao serviço do Ministério da Educação. Não obstante a lei determinar que este encargo adicional seja financiado com transferências da Administração Central, a previsão apresentada neste trabalho aponta para que as mesmas ascendam a cerca de 15,6 milhões de euros, o que poderá não ser suficiente para cobrir na totalidade o aumento de encargos". No caso da saúde, "a manutenção e conservação dos espaços dos Agrupamentos de Centros de Saúde (ACES) Porto Oriental e Porto Ocidental, a gestão de parte dos seus recursos humanos (Assistentes Operacionais), bem como as despesas relativas ao apoio logístico, passam a ser asseguradas pelo município. Estas novas competências implicam um aumento de despesas na ordem dos 3,6 milhões de euros. O aumento de receitas, por via da transferência da Administração Central, fica um pouco abaixo deste valor (3,5 milhões). Esta situação é um risco de desequilíbrio financeiro, uma vez que o município terá, adicionalmente, que desenvolver programas de promoção de saúde e prevenção de doença e assegurar o funcionamento do conselho municipal da saúde". Na área da ação social,

Repare-se que, com a Lei n.º 75/2013, de 12 de setembro (de ora em diante Lei 75/2013), os desafios das Autarquias Locais, especialmente os de natureza económica, social e cultural, já aumentaram significativamente, exigindo esforços aos entes locais. E, para além dos casos pontuais de transferência por contrato administrativo, contratos de execução e contratos interadministrativos[114], o alargamento anunciado na Lei 75/2013 foi iniciado logo a seguir, primeiro com o Decreto-Lei n.º 30/2015, de 12 de fevereiro, depois com a Lei n.º 50/2018, de 16 de agosto, e, posteriormente, com o pacote de diplomas legais, de âmbito setorial, relativos às diversas áreas de transferência de poderes. E, necessariamente, logo, nesta altura, uma avaliação de impacto do alargamento das atribuições do poder local, operado pela Lei 75/2013, seria absolutamente necessária. E, quem sabe, já nessa altura se perceberia que o aparente reforço de competências das Autarquias Locais se estaria a traduzir

o *Estudo* prevê que "os municípios passam não só a gerir os contratos dos RSI (Rendimento Social de Inserção) e SAAS (Serviço de Atendimento e Acompanhamento Social), como a assegurar uma estrutura de atendimento à população necessitada dos apoios de que podem beneficiar. No caso do Porto, há pouco mais de oito mil processos ativos de RSI, e cerca de 16 mil processos de SAAS, correspondentes a mais de 150 mil ocorrências de atendimentos e acompanhamentos, e 600 pessoas em situação de sem abrigo. Para além da gestão dos contratos, é necessário criar uma estrutura de atendimento ao público dirigida às necessidades desta população. O impacto financeiro da transferência de competências na área da ação social resulta numa despesa global na ordem dos 8,8 milhões de euros. Tendo em consideração que o número de processos atualmente atribuídos aos técnicos superiores e ajudantes de ação direta está muito acima do exigido às entidades externas contratualizadas, a transferência para o município de um valor equivalente às despesas salariais com as atuais equipas no terreno será claramente insuficiente para fazer face às despesas estimadas. O mesmo sucede com os protocolos existentes para a gestão dos SAAS. O volume de processos a transferir condiciona a necessidade de aumentar o número de acordos existentes com entidades externas. Assim, caso pretenda reduzir consideravelmente o número de processos geridos por cada equipa envolvida, o município será obrigado a suportar as despesas adicionais de recursos humanos e de protocolos celebrados. É no domínio da ação social que se estima um maior diferencial entre os recursos disponibilizados pela Administração Central e as despesas a suportar pelo município. Tendo em consideração o aumento de receita previsto pela Administração Central, pode resultar ainda numa insuficiência financeira na ordem dos 6,9 milhões de euros".

[114] Para este feito, pense-se, designadamente, nos contratos de execução celebrados ao abrigo do Decreto-Lei n.º 144/2008, de 28 de julho, nos contratos interadministrativos de delegação de competências celebrados ao abrigo do Decreto-Lei n.º 30/2015, de 12 de fevereiro, e na descentralização de competências operada ao abrigo do Decreto-Lei n.º 21/2019, de 30 de janeiro, todos aplicáveis à área da educação, do Decreto-Lei n.º 22/2019, no domínio da cultura, e do Decreto-Lei n.º 23/2019, atinente à área da saúde, ambos de 30 de janeiro, na sua redação atual, e do Decreto--Lei n.º 55/2020, de 12 de agosto, na sua redação atual, relativo aos domínio da ação social.

em significativo esforço por parte das mesmas[115], do ponto de vista quer da produção normativa regulamentar interna, quer da contratação e capacitação dos recursos humanos, quer da escassez de recursos materiais e da contrapartida financeira[116].

No caso da educação, por exemplo, a transferência de competências alarga o âmbito de atuação dos municípios aos 2.º e 3.º ciclos do ensino básico e do ensino secundário, incluindo o profissional, especificamente no que diz respeito aos estabelecimentos públicos de educação e de ensino integrados na rede pública. A atuação dos municípios continua, por isso, a incidir em competências de planeamento, de gestão e na realização de investimentos em matéria de educação. E, em termos muito superficiais, para já, o município fica responsável pelo planeamento relativo à rede da oferta educativa, pelo transporte escolar, pelo investimento nos edifícios escolares, pela gestão da ação social escolar, pelo fornecimento de refeições, pela gestão das residências escolares e pela vigilância e segurança dos equipamentos educativos (em articulação com as forças de segurança). Os municípios passam a ser responsáveis pelo recrutamento, pela seleção e pela gestão do pessoal não docente.

Na área da saúde, o processo de descentralização ocorre em matérias de gestão corrente, deixando de fora a possibilidade de o poder local desenhar políticas públicas locais que alarguem significativamente a abrangência e a extensão dos serviços prestados. Assim, não são transferidas competências de dimensão estratégica para o setor, embora esteja prevista a criação de um conselho municipal de saúde. É transferida para o município a responsabilidade pela gestão operacional e financeira dos centros de saúde do Serviço Nacional de Saúde (SNS) disponíveis à população na respetiva área geográfica, designadamente de manutenção, de conservação e de gestão dos equipamentos e serviços de apoio logístico. Na área da saúde, está prevista a transferência para os municípios de cerca de 1 800 trabalhadores, 600 equipamentos e 900 edifícios.

[115] Vd. o nosso "A descentralização em curso: reforço (ou esforço) das autonomias locais", *Revista das Assembleias Municipais*, 09, janeiro-março 2019, p. 27.

[116] Na verdade, o processo de descentralização foi sendo contestado, pese embora a ANMP e os seus autarcas sempre reivindicarem mais competências. Como se apontou, os principais motivos de contestação são respeitantes à insuficiência do suporte financeiro que acompanha as competências, ao atraso na publicação dos regimes setoriais (que impediu a preparação das autarquias) e a ausência de estudos atinentes à avaliação do património, dos recursos humanos e financeiros necessários à transferência das competências. É certo que, sem prejuízo da aprovação genérica das propostas do Governo, as autarquias e a própria ANMP avaliaram, desde o início, como insuficientes as verbas que acompanhavam a transferência de competências.

Sucintamente, o Decreto-Lei n.º 23/2019, de 30 de janeiro, transfere para os órgãos municipais a participação no planeamento, na gestão e na realização de investimentos relativos a novas unidades de prestação de cuidados de saúde primários, nomeadamente na sua construção, equipamento e manutenção[117].

Já na ação social, entre outras competências, os municípios passam não só a gerir os contratos dos RSI (Rendimento Social de Inserção) e SAAS (Serviço de Atendimento e Acompanhamento Social), como a assegurar uma estrutura de atendimento à população necessitada dos apoios de que podem beneficiar, transferindo-se para o município a responsabilidade pelo desenvolvimento de programas de promoção de conforto habitacional para pessoas idosas, pelo serviço de atendimento e de acompanhamento social, pela atribuição de prestações pecuniárias em situações de carência económica, pela celebração e acompanhamento dos contratos do RSI e pelo apoio à família para crianças que frequentam o ensino pré-escolar da rede pública.

Como refere o estudo desenvolvido a propósito do impacto financeiro da descentralização no Porto, "é no domínio da ação social que se estima um maior diferencial entre os recursos disponibilizados pela Administração Central e as despesas a suportar pelo município. Tendo em consideração o aumento de receita previsto pela Administração Central, pode resultar ainda numa insuficiência financeira na ordem dos 6,9 milhões de euros"[118].

Voltando aos domínios da educação e da saúde, tendo subjacente o mesmo quadro normativo e principiológico, que pressupõe que o Estado deve atuar a título meramente subsidiário e que as autarquias, por estarem mais próximas dos problemas e dos cidadãos, são chamadas a atuar a título preferencial, a transferência de competências foi substancialmente justificada nos domínios da execução dos projetos educativos e no quadro da prestação de cuidados de saúde primários.

Precisamente, na educação, este princípio, aliado aos princípios da descentralização e da autonomia das autarquias locais, está sustentado, no seu conjunto, na mencionada lei-quadro e no Decreto-Lei n.º 21/2019, de 30 de janeiro, sendo este o diploma legal concretizador da transferência de competências na área da educação, que tipifica e institui as respetivas competências que estão e vão ser definitivamente transferidas para os órgãos municipais e para as entidades intermunicipais.

[117] Sobre o assunto, *vd.* o nosso *A descentralização administrativa nos domínios da saúde:* is less still more?, em coautoria com José Henrique Rocha, no prelo.

[118] *Vd.* "Estudo de avaliação do impacto financeiro da transferência de competências no Município do Porto", *cit.*

Destes dois dispositivos legais, ressalta um conjunto extenso de articulados que poucos leem, visto que as dúvidas e questões jurídicas se diluem perante as dúvidas e questões atinentes à insuficiência de contrapartidas que são devidas, nos termos da Lei n.º 75/2013 (mormente nos termos do artigo 115.º) e da Lei n.º 50/2018, atinentes aos recursos humanos, materiais e, sobretudo, financeiros[119]. O mesmo se passa com a descentralização na área da saúde[120].

Segundo o estudo já citado, "o atual processo de transferência de competências pode ser entendido como mais um passo no caminho de uma maior partilha de responsabilidades entre a Administração Central e a Local. Em algumas matérias estatuídas na Lei n.º 50/2018, de 16 de agosto, sobretudo no âmbito da habitação, espaços de atendimentos ao cidadão e uso de património devoluto, parece claro o alargamento do poder de decisão dos municípios. No entanto, tal não acontece noutros domínios. Nas áreas da educação e da saúde, a orientação das políticas continua a ser nacional, reservando-se aos municípios tarefas de gestão corrente, em muitos casos apenas a assunção dos encargos. Assim, continua a haver espaço para um aprofundamento da descentralização que dote os municípios de uma capacidade efetiva de desenho e construção de políticas públicas locais"[121].

§ 2. A descentralização no domínio da educação

Não por mero acaso, há pouco tempo tivemos oportunidade de partilhar algumas reflexões sobre o tema da transferência de competências educativas nos órgãos dos municípios e das entidades intermunicipais, procurando evidenciar o papel crescente que o poder local tem assumido na participação e no financiamento de projetos educativos.

Em concreto e de forma muito sucinta, registámos, numa análise SWOT, pontos fortes, fraquezas, oportunidades e ameaças ao processo de transferência de competências na área da educação, começando por dizer que

[119] Sobre o tema, para maiores desenvolvimentos, *vd.* ANA RITA PRATA, *Descentralização e Educação em Portugal: os (novos) desafios das Autarquias Locais*, Dissertação de Mestrado apresentada à Escola de Direito da Universidade do Minho, em março de 2021.

[120] Para outros desenvolvimentos, *vd.* JOSÉ HENRIQUE COSTA ROCHA, *A Tutela dos Municípios no domínio da saúde face à "reforma administrativa de 2018": A municipalização da saúde*, Dissertação de Mestrado apresentada à Escola de Direito da Universidade do Minho, em setembro de 2021.

[121] *Vd.* "Estudo de avaliação do impacto financeiro da transferência de competências no Município do Porto, *cit.*

o processo, sendo também semelhante nos seus propósitos ao que decorre em outros países, visaria alcançar uma aproximação e uma intensificação numa relação de complementaridade entre o Estado-Administração e o Poder Local na concretização das missões educativas. Contudo, o tema não está isento de complexidades várias, dados os processos difíceis de concertação, cooperação e repartição de intervenções ou ações entre o próprio Estado-Administração Central e a Administração Local do Estado, que é afetada às atribuições educativas, incluindo as Escolas Agrupadas (AE) e as Escolas não Agrupadas (ENA), atendendo ao aumento de autonomia destas e, agora, à crescente intervenção do Poder Local neste seu espaço.

Na verdade, como tivemos ocasião de escrever, a complexidade advém, por um lado, de uma tensão proveniente de um diálogo-conflito interno ao aparelho estadual educativo, entre o Ministério da Educação – com todo o seu peso institucional e administrativo – e cada uma das Unidades Escolares, que vão ganhando mais autonomia. E, por outro lado, acentua-se devido ao labirinto jurídico existente, decorrente de diplomas legais em vigor desarticulados entre si. De todo o modo, e não somando aqui o papel que os privados têm na tarefa, a verdade é que, como em outros tempos, o Estado vai procurando soluções para ser auxiliado numa tarefa que é sobretudo sua. Este desiderato que promove a pluralidade, a democracia educativa e a aproximação a outros entes é, na verdade, um ponto forte do processo descentralizador na área educativa[122].

Se assim é e se o princípio da subsidiariedade, aliado aos princípios da descentralização e da autonomia das autarquias locais, justifica a transferência de competências do poder central para as autarquias locais e entidades intermunicipais neste domínio, tal como concretizam a Lei n.º 50/2018, de 16 de agosto, e o Decreto-Lei n.º 21/2019, de 30 de janeiro, a verdade, porém, é que o labirinto jurídico acolhe muitos dilemas, a começar pelo rol das competências que estão a ser transferidas para os órgãos municipais e para as entidades intermunicipais.

Interrogámo-nos, pois, num recente trabalho, se o processo de descentralização em curso traduziria o descartar de responsabilidades do poder central ou uma partilha transferida, assumida, mais ou menos planeada, de efetiva repartição de competências, envolvendo poderes de efetiva decisão de conteúdo educativo, ou se a assunção de competências seria a montante desse

[122] Como bem assinala, sobre o tema, ANA RITA PRATA, *Descentralização e Educação em Portugal: os (novos) desafios das Autarquias Locais, cit.*

conteúdo[123]. Ora, pareceu-nos de imediato que, pese embora o Estado ter reconhecido a contribuição das autarquias locais no que respeita à expansão da rede nacional de educação pré-escolar, na construção de centros escolares, na organização dos transportes escolares e na implementação da escola a tempo inteiro, também salvaguardou, o mais possível, neste processo a autonomia pedagógica e curricular dos agrupamentos de escolas e escolas não agrupadas, que, foi, aliás, recentemente reforçada[124].

Previsivelmente, numa perspetiva das *fraquezas*, evidenciámos que, mais do que verdadeiras competências, mais do que verdadeira complementaridade – que pressupõe salvaguardar margens para que cada um destes entes administrativos possa continuar a inovar e a criar, local e nacionalmente, políticas em prol do todo que compõe o sistema educativo –, o diploma setorial relativo à educação traduz a transferência de um amplo conjunto de tarefas ou, numa leitura muito generosa dos termos, de *competências de execução* em torno da *infraestrutura* e da *estrutura* educativa, pouco impactando na missão educativa *tout court*, evidenciando-se a falta de clareza do quadro normativo, incluindo o atinente ao financiamento, e a fragilidade dos recursos humanos e técnicos especializados existentes no Poder Local para executar materialmente as "competências".

Na realidade, a força do argumento da proximidade, catalisado pela importância do princípio da subsidiariedade, cede perante a preocupação pela prossecução (e respeito) dos princípios basilares modelados na Lei de Bases do Sistema Educativo (LBSE)[125] e perante a necessária salvaguarda da autonomia pedagógica e curricular das Escolas Agrupadas e das Escolas não Agrupadas e a obrigatória observância dos direitos de participação dos docentes no processo educativo, da gestão pública da rede de estabelecimentos públicos de ensino através dos órgãos próprios dos agrupamentos – aquilo que é, *rectius*, a verdadeira autonomia das escolas, tão reclamada pelos órgãos escolares e tão religiosamente, pelos mesmos, protegida na trilogia de atores e poderes

[123] Sobre o tema, *vd.* "A descentralização administrativa nos domínios da Educação: *less is more*" (em coautoria com Ana Rita Prata, *cit.*, pp. 7-22.

[124] *Ibidem.*

[125] A Lei n.º 46/86, de 14 de outubro, que consagra a Lei de Bases do Sistema Educativo (LBSE), é um normativo que vem estabelecer a organização e a estrutura do sistema educativo. Este documento, à data da sua publicação, veio colmatar lacunas no que diz respeito à temática da educação e representou um marco na democratização da educação em Portugal. Importa referir que, apesar de já ter sofrido algumas alterações, denota-se que se consubstancia numa lei de bases com mais de 25 anos a par com a instabilidade que se vive no setor da educação. Sobre o tema, *vd.* Licínio Lima, "Lei de Bases do Sistema Educativo (1986): Ruturas, continuidades, apropriações seletivas", in *Revista Portuguesa de Educação*, n.º 31 (especial), 2018, pp. 75 a 91.

que aqui se evidenciam: Poder Central (Estado-Administração e máquina administrativa central), Poder Local e Escolas.

Precisamente, devido à escassez de estudos de "pré-diagnóstico" do impacto direto e indireto do disposto no diploma setorial nas estruturas municipais e na prestação dos serviços, a maior *ameaça* que tivemos oportunidade de mapear pode traduzir-se em sérias perdas de coesão territorial e de promoção igualitária no acesso à Educação, devido a impossibilidades e carências de ordem financeira dos municípios, que tendem a avolumar-se de ano para ano, associadas a um possível alijar das responsabilidades do Estado[126].

É certo que o processo também evidencia uma janela de *oportunidades*, das quais destacámos nesse texto, escrito em coautoria com ANA RITA PRATA, o incentivo aos atores locais na reivindicação de interesses educativos próprios da comunidade local que representam e a possibilidade de execução de políticas educativas locais[127].

2.1. Aspetos de pormenor

Com enfoque no Decreto-Lei n.º 21/2019, de 30 de janeiro, em torno daquilo que são as (novas) competências dos órgãos municipais, importa sublinhar que o seu elenco não parece traduzir uma grande novidade, uma vez que a maior parte das competências já se encontravam consagradas em diplomas legais anteriores[128]. A grande alteração residirá, por um lado, no seu alargamento,

[126] Uma expressão do Presidente da República, Marcelo Rebelo de Sousa, aquando da promulgação da lei-quadro de 2018, que foi sendo divulgada nos meios de comunicação, e que parece ter sido acompanhada pelo presidente da ANMP, na altura.

[127] Para maiores desenvolvimentos, vd. sobre o tema, ANA RITA PRATA, *Descentralização e Educação em Portugal: os (novos) desafios das Autarquias Locais, cit.*

[128] Não recuando muito no tempo, podemos fazer menção ao Decreto-Lei n.º 144/2008, de 28 de julho, que veio definir o quadro de transferência de competências para os municípios em matéria de educação, prefigurando a figura legal do contrato de execução a celebrar entre o Ministério da Educação e as câmaras municipais. Evidencia-se também a Lei n.º 75/2013, de 12 de setembro, que estabelece o regime jurídico das autarquias locais, aprova o estatuto das entidades intermunicipais, estabelece o regime jurídico da transferência de competências do Estado para as autarquias locais e para as entidades intermunicipais e aprova o regime jurídico do associativismo autárquico, onde muitas das competências educativas são já previstas como próprias dos órgãos locais. A seguir regista-se o Decreto-Lei n.º 30/2015, de 12 de fevereiro, que estabelece o regime de delegação de competências nos municípios e entidades intermunicipais no domínio de funções sociais, onde a educação assume um papel importante. Estes dois últimos diplomas são resultado do "Aproximar – Programa de Descentralização de Políticas Públicas", tendo-se materializado, nos domínios da educação, no "Programa Aproximar Educação", levando à celebração de diversos contratos interadministrativos em projetos-piloto, entre o Estado e os municípios.

além dos restantes níveis de ensino, ao ensino profissional e, por outro lado, na obrigatoriedade da sua aplicação, tal como confirma o n.º 2 do artigo 76.º do Decreto-Lei assinalado.

Assim, as autarquias ganham aparentemente "competências" ao nível do *planeamento*, da *gestão* e da *realização de investimentos*, em ordem ao disposto no n.º 1 do artigo 3.º, sendo certo que, no que concerne ao *planeamento*, ficam a cargo das câmaras municipais a elaboração da carta educativa (artigos 5.º a 16.º)[129], a elaboração do plano de transportes escolares (artigos 17.º a 22.º)[130] e, ainda, a definição da rede de ofertas de educação (artigos 23.º a 30.º).

Por outro lado, as câmaras municipais "*ganham*" ainda competências de *investimento* no edificado escolar (artigos 31.º e 32.º), destacando-se as competências de construção, requalificação e modernização dos edifícios escolares, bem como de realização de intervenções de conservação

[129] A carta educativa é, nos termos do artigo 5.º, a nível municipal, o instrumento de planeamento e ordenamento prospetivo de edifícios e equipamentos educativos a localizar no município, de acordo com as ofertas de educação e formação que seja necessário satisfazer, tendo em vista a melhor utilização dos recursos educativos, no quadro do desenvolvimento demográfico e socioeconómico de cada município. Tem como objetivo, nos termos do artigo 6.º, assegurar a adequação da rede de estabelecimentos de educação pré-escolar e de ensinos básico e secundário, para que, em cada momento, as ofertas educativas disponíveis a nível municipal respondam à procura efetiva existente. E deve ter como objeto, nos termos do artigo 7.º, a identificação, a nível municipal, dos edifícios e equipamentos educativos, e respetiva localização geográfica, bem como das ofertas educativas da educação pré-escolar, dos ensinos básico e secundário da educação escolar, incluindo as suas modalidades especiais de educação, e da educação extraescolar. Ela incide sobre os estabelecimentos de educação pré-escolar e de ensino da rede pública, privada, cooperativa e solidária e deve refletir a estratégia municipal para a redução do abandono escolar precoce e para a promoção do sucesso educativo, bem como prever os termos da prossecução, pelo município, de ações na área das atividades complementares de ação educativa e do desenvolvimento do desporto escolar.

[130] No que diz respeito ao plano de transportes escolares, refira-se que este é "a nível municipal, o instrumento de planeamento da oferta de serviço de transporte entre o local da residência e o local dos estabelecimentos de ensino da rede pública, frequentados pelos alunos da educação pré-escolar, do ensino básico e do ensino secundário", tal como dispõe o artigo 17.º, competindo igualmente à câmara municipal, segundo o n.º 1 do artigo 21.º, "a elaboração e a aprovação do plano de transporte escolar [...] após discussão e parecer do conselho municipal de educação", estando as condições de vigência e revisão previstas no artigo 22.º. Por outro lado, a elaboração do plano tem por base certos pressupostos previstos no artigo 20.º, a saber: a gratuitidade para os alunos da educação pré-escolar, do ensino básico e do ensino secundário e a gratuitidade para os alunos da educação inclusiva, pelo que assistimos a um alargamento da obrigatoriedade de transportes escolares gratuitos a cargo dos municípios, nomeadamente à educação pré-escolar e à educação inclusiva, o que terá como consequência direta o aumento significativo não só do número de alunos transportados como ainda da despesa, não estando previstas, no entanto, formas de financiamento específicas nesta matéria.

e de pequena reparação[131] em estabelecimentos de educação pré-escolar e de ensinos básico e secundário, exceto nos edifícios da Parque Escolar, E.P.E., e, ainda, a aquisição de equipamento básico, mobiliário e material didático.

A este propósito importa evidenciar que é possível que exista a transferência da titularidade dos equipamentos educativos que integram a rede pública do Ministério da Educação para as câmaras municipais, com as exceções consideradas no mesmo preceito legal, sendo certo, contudo, que os imóveis transferidos não podem ser objeto de direitos privados, enquanto estiverem afetados a funções educativas e formativas – o que denota que, apesar de a titularidade pertencer à autarquia, esta não poderá dispor livremente dos equipamentos educativos.

Noutra dimensão, as câmaras municipais aumentam o universo das suas "competências de *gestão*", destacando-se quatro áreas essenciais, a saber: *i)* a ação social escolar (artigos 33.º a 41.º), que, segundo o artigo 30.º da LBSE , se traduz "num conjunto diversificados de ações", concretizadas "através da aplicação de critérios de discriminação positiva que visem a compensação social e educativa dos alunos economicamente mais carenciados"[132]; *ii)* o recrutamento do pessoal não docente, existindo a possibilidade de transferência do pessoal não docente com vínculo ao Ministério da Educação para o município (artigos 42.º a 45.º)[133]; *iii)* o funcionamento dos edifícios escolares,

[131] Neste âmbito, cumpre-nos referir o disposto na alínea *e)* do n.º 2 do artigo 38.º da Lei n.º 50/2018, de 16 de agosto, relativo às novas competências dos órgãos das freguesias. Prescreve este artigo que os órgãos das freguesias têm competências que são transferidas pelos municípios, sendo que uma delas diz respeito à "realização de pequenas reparações nos estabelecimentos de educação pré-escolar e do primeiro ciclo do ensino básico". Desta forma, importa aprofundar a articulação desta norma com o que dispõe o n.º 3 do artigo 32.º do Decreto-Lei n.º 21/2019, em análise.

[132] Importa referir que a ação social escolar se desdobra em cinco valências essenciais: *i)* os refeitórios escolares, sendo certo que, não obstante a gestão dos mesmos, em todos os níveis de ensino, seja tarefa das câmaras municipais, já no que diz respeito aos preços das refeições estes são fixadas por despacho dos membros do Governo competentes; *ii)* os transportes escolares, ficando a cargo das câmaras municipais organizar o processo de acesso aos mesmos, requisitar às entidades concessionárias os passes escolares, contratar e gerir os circuitos especiais, entre outros; *iii)* as residências escolares, sendo transferidas para a titularidade dos municípios a rede oficial de residências para estudantes e os alojamentos nas modalidades de colocação junto de famílias de acolhimento; e *iv)* a escola a tempo inteiro, que se traduz em medidas de apoio à família e na realização de atividades em que a sua planificação é desenvolvida não só pelas câmaras municipais, mas também pelos órgãos de administração e gestão dos agrupamentos escolares e escolas não agrupadas.

[133] Por outro lado, relativamente ao pessoal não docente importa destacar que, no que concerne à determinação da dotação máxima de referência, os critérios e a fórmula de cálculo, por agrupamento de escola ou escola não agrupada, são definidos por portaria ministerial, sendo certo que a Portaria n.º 73-A/2021, de 30 de março, que traduz a segunda alteração à Portaria n.º 272-A/2017, de 13 de setembro, veio prever um reforço de mais dois mil funcionários – 1190 assistentes operacionais e 810 assistentes técnicos – em relação à portaria em vigor até aqui.

cujos serviços externos, como eletricidade e combustível, entre outros, ficam a cargo das câmaras municipais (artigos 46.º a 48.º); e, por fim, *iv)* a segurança escolar, sendo esta assegurada pelas câmaras municipais em articulação com as forças de segurança e com os órgãos das escolas (artigo 49.º).

§ 3. A descentralização na área da saúde

Em sintonia com a lei-quadro, o regime setorial relativo à descentralização na saúde é contemplado no Decreto-Lei n.º 23/2019, de 30 de janeiro, prevendo no n.º 2 do seu artigo 5.º, como ponto de referência alcançar o modelo de gestão articulado e integrado dos cuidados de saúde primários no território municipal, visando atingir precisamente a promoção da eficácia e eficiência da gestão dos recursos na área da saúde através quer da articulação entre os diversos níveis da Administração Pública quer do envolvimento da comunidade local na prestação de cuidados de saúde, sendo certo que se "concretiza" a nível municipal através de uma Estratégia Municipal de Saúde, conforme indica o artigo 7.º do diploma.

Sucintamente, o Decreto-Lei n.º 23/2019 transfere para os órgãos municipais a participação no planeamento, na gestão e na realização de investimentos relativos a novas unidades de prestação de cuidados de saúde primários, nomeadamente na sua construção, equipamento e manutenção, por força da alínea *a)* do artigo 2.º.

Neste registo, importa evidenciar as várias competências dos órgãos municipais, nomeadamente as acolhidas nas alíneas *b), c)* e *d)* do artigo 2.º, como sejam a de gestão, manutenção e conservação de outros equipamentos afetados aos serviços de saúde primários, sendo também transferida a gestão de trabalhadores integrados na carreira de assistente operacional, das unidades funcionais dos Agrupamentos de Centros de Saúde (ACES), bem como ainda a gestão dos serviços de apoio logístico das unidades funcionais dos ACES (portanto, serviços de limpeza, atividades de apoio à vigilância e segurança, arranjos exteriores, incluindo jardinagem, o fornecimento de eletricidade, gás, água e saneamento, a gestão de viaturas e respetivos encargos, outros encargos de deslocação, utilizadas para prestação de cuidados de saúde, seguros dos estabelecimentos de saúde transferidos, manutenção de elevadores, sistemas AVAC [Aquecimento, Ventilação e Ar Condicionado] e, caso haja, pagamento de rendas e outros encargos inerentes ao património).

Ou seja, além da gestão do património ligado aos ACES, o município recebe também os trabalhadores ligados a esse património e já não os que se encontram adstritos à efetivação dos serviços de saúde que neles se praticam e adstritos à prática dos atos que envolvem a "vida" dos ACES e que são a parte diretamente ligada a cuidados de saúde propriamente ditos.

Ainda sobre as competências transferidas, temos aquela que descreveríamos como a única efetiva competência ínsita à prestação de cuidados de saúde *tout court*, sendo que as outras são competências efetivas e se realizam em estabelecimentos adstritos a cuidados primários de saúde, mas que lhe são instrumentais ou logísticos. Referimo-nos à previsão de competência para ser parceiro estratégico nos programas de prevenção de doença, com especial incidência na promoção de estilos de vida saudáveis e envelhecimento ativo, prevendo-se a possibilidade de fazer contratos-programa com a Administração Central. Tendo, contudo, de ressalvar que se torna claro que estes contratos-programa têm limites de financiamento e, dentro deste, da quota-parte do financiamento que pode ser central – acabando por demonstrar que o legislador não previu integrar as despesas necessárias para efetivar esta competência no financiamento a transferir e que, na falta de capacidade dos municípios para ficar com a "parte de leão" do investimento pretendido, haverá eventualmente subfinanciamento da competência.

As competências previstas pelo Decreto-Lei n.º 23/2019, de 20 de janeiro, são executadas pela Câmara Municipal, conforme dispõe o artigo 4.º, indicando que as competências previstas no artigo 33.º da Lei-Quadro (Lei n.º 50/2018, de 16 de agosto), estão a cargo dos Conselhos Intermunicipais ou dos Conselhos Metropolitanos, nas respetivas formas – note-se, em ligação com o artigo 21.º, que prevê a existência também de pareceres prévios das Comunidades Intermunicipais e Áreas Metropolitanas relativamente à celebração de acordos e à definição da rede de unidades de cuidados de saúde primários e de unidades de cuidados continuados de âmbito intermunicipal.

Além da intervenção destes órgãos nas novas tarefas afetadas à saúde, o Decreto-Lei n.º 23/2019, de 30 de janeiro, prevê a existência de um Conselho Municipal de Saúde, no artigo 9.º, com representantes locais da administração estadual da saúde e de outras entidades ligadas materialmente à saúde ou à sociabilidade, com possibilidade de participação de figuras de reconhecido mérito. Para o exercício essencialmente de funções consultivas, ampliando também os níveis de articulação entre administrações no território e participação da sociedade civil e do terceiro setor. Assegura-se também que, apesar da autonomia dos ACES, nomeadamente técnica por força do artigo 6.º, haja uma coordenação através da Estratégia Municipal de Saúde, que envolve uma articulação do Conselho da Comunidade do ACES com os municípios, assegurado pelo artigo 8.º do diploma.

§ 4. Conclusão provisória e parcial

Nesta sequência, podemos concluir que no rol de competências agora transferidas para as Autarquias Locais se incluem competências já apresentadas noutros quadros legais anteriores como competências postas a cargo das autarquias, e, neste sentido, podemos inferir, em parte, a falta de inovação e de novidade. É certo, contudo, que também podemos assinalar que a reunião das diversas competências que se encontravam dispersas em legislação avulsa estão agora reunidas e estruturadas num só diploma, passando, em breve, e de modo definitivo, da esfera da Administração Central do Estado para a esfera da Administração Local, visto que esta descentralização de competências se consubstancia num alargamento aos 308 municípios, sendo certo que, a partir de 31 de março de 2022, as competências são definitivamente da esfera de todos eles e não apenas daqueles que deram o seu assentimento, antes[134].

Uma outra nota diz respeito ao tipo e à natureza das competências propriamente ditas, podendo ser equacionada a dúvida quanto à distinção a efetuar entre a transferência de competências e a simples transferência de um amplo conjunto de tarefas afins à competência decisória. De facto, assalta-nos a dúvida quanto à classificação a realizar e na sua generalidade percebemos que encontramos neste rol um maior número de competências executórias, fazendo corresponder os órgãos dos municípios a meros executantes

[134] Como é do conhecimento generalizado, além das vozes individualmente dissonantes, em meados de janeiro de 2020, um grupo de autarcas liderados pelo presidente da Câmara Municipal do Porto, Rui Moreira, publicou a "Declaração do Rivoli", assinada por mais de 20 presidentes, instando o Governo a suspender os prazos de obrigatoriedade e a retomar o "processo negocial" com os municípios, por considerar o calendário "impossível" e as verbas insuficientes. No início de março, os presidentes das câmaras do Porto e de Lisboa enviaram uma carta ao primeiro-ministro, António Costa, apelando para que o prazo fosse prorrogado. Na carta, os dois autarcas consideravam que, desde o início, o processo de descentralização tem revelado "inúmeras dificuldades e inconsistências" e afirmaram que o calendário estabelecido, "pela sua estreiteza" e "atraso na publicação de diplomas setoriais", não permitiu uma "reflexão cuidada" nem a "devida adaptação e preparação" dos serviços para as novas competências. Por outro lado, consideraram que tanto o envelope financeiro previsto como os recursos humanos são "manifestamente desadequados e aquém das verdadeiras necessidades", podendo "colocar certos municípios em risco de falência".

de medidas cujo conteúdo decisório, em termos de política pública local, jamais impacta nos domínios da educação em sentido substancial ou da saúde.

Após a alusão ao elenco sumário das competências a transferir e das demais considerações, cumpre-nos referir uma última nota que diz respeito ao *financiamento* dessas competências e ao tema sobre o qual existe muita incerteza, muito se discute e pouco, ao certo, se sabe, uma vez que nem os regimes setoriais dispõem em abundância sobre o tópico, nem o processo de negociação pela ANMP parece deixar transparecer, a que se soma a falta de estudos multidisciplinares e de relatórios de monitorização e acompanhamento. Certos e imediatos são os encargos, é certo[135].

Ao longo dos diplomas setoriais é dito que serão fixadas fórmulas de financiamento através de portaria dos respetivos membros do Governo responsáveis pelas áreas das finanças, das autarquias locais e respetivamente da educação e da saúde. Ora, até ao momento, alguns diplomas regulamentares são pouco conhecidos e outros não foram ainda publicados. Quanto ao Fundo de Financiamento da Descentralização (FFD), a proposta rejeitada em 2021 do OE/2022 previa, através deste Fundo, 832 milhões de euros para o exercício das competências nos domínios da educação, da saúde e da ação social pelos municípios, entre abril e dezembro de 2022. No âmbito das negociações, e já após a rejeição inicial do OE/2022, foram várias as propostas de alteração apresentadas pela ANMP, nomeadamente quanto aos valores atribuídos à descentralização.

Na versão final do documento, o Parlamento reforçou em 10,8 milhões de euros as verbas do FFD destinadas à educação. E estabeleceu também alterações às verbas anuais a atribuir aos municípios por cada escola que assumam, segundo critérios de área e de idade do edifício, quando até agora os municípios tinham como referência 20 mil euros anuais para encargos com a manutenção e conservação de equipamentos escolares, independentemente do seu estado.

Nos termos da Lei n.º 12/2022, de 27 de junho, que prevê o Orçamento do Estado para 2022 (OE/2022), no correspondente ao período compreendido entre 1 de abril e 31 de dezembro de 2022, cerca de 730 000 000 €, do montante total de 843 266 046 € do FFD[136], serão dirigidos para a educação,

[135] Sobre o assunto, para maiores desenvolvimentos, *vd.* Joaquim Freitas da Rocha/Noel Gomes, "As dimensões financeiras do impulso descentralizador", *cit.*, pp. 56 e ss.

[136] Nos termos do artigo 89.º da Lei n.º 12/2022, relativo ao FFD e às transferências financeiras ao abrigo da descentralização e delegação de competências, estabelece-se no n.º 1 que "[e]m 2022, o Fundo de Financiamento da Descentralização (FFD), gerido pela DGAL, é dotado das verbas necessárias ao financiamento das competências descentralizadas para os municípios do território

sendo que a proposta inicial previa para esta área até 718.750.480 €. Nas demais áreas, os valores na saúde correspondem a 70 461 473 €, sendo que as transferências para o FFD dessas verbas são asseguradas pela Administração Central do Sistema de Saúde, I. P., deduzidas dos montantes correspondentes ao período compreendido entre 1 de janeiro de 2022 e a data de entrada em vigor da Lei n.º 12/2022 e dos montantes correspondentes às competências não transferidas.

Em particular, no que respeita à educação, dispõe o n.º 4 do artigo 89.º Lei n.º 12/2022 que as transferências dessas verbas para o FFD são asseguradas pelo Instituto de Gestão Financeira da Educação, I. P., deduzidas dos montantes correspondentes ao período compreendido entre 1 de janeiro de 2022 e a data de entrada em vigor da Lei n.º 12/2022, tendo em consideração: *a)* O disposto na Portaria n.º 272 -A/2017, de 13 de setembro, no que se refere às despesas com o pessoal não docente; *b)* A dedução dos montantes relativos às despesas com as componentes das competências transferidas que os municípios não assumam integralmente. Mais se refere na alínea *c)* que "o valor a transferir para os municípios, destinado a encargos com a manutenção e conservação de equipamentos, é atualizado de acordo com os seguintes critérios: *i)* Escolas com menos de 10 anos ou recuperadas há menos de 10 anos, 2,80 (euro)/m2; *ii)* Escolas com mais de 10 anos e menos de 20 anos ou recuperadas nesse período, 4,20 (euro)/m2; *iii)* Escolas com 20 anos ou mais, 5,60 (euro)/m2"; sendo certo que, nos termos da alínea *d)*, "sempre que da aplicação dos critérios referidos na alínea anterior resulte um valor inferior a 20 000 (euro), o valor a transferir é fixado em 20 000 (euro)".

No que concerne às dotações referentes a competências descentralizadas ou delegadas correspondentes ao período compreendido entre 1 de janeiro de 2022 e a data de entrada em vigor da Lei n.º 12/2022 ou até à transferência efetiva das respetivas competências, designadamente nos termos dos contratos de execução (celebrados ao abrigo do Decreto-Lei n.º 144/2008, de 28 de julho), ou dos contratos interadministrativos de delegação de competências celebrados ao abrigo do Decreto-Lei n.º 30/2015, de 12 de fevereiro,

continental e entidades intermunicipais, nos termos do Decreto-Lei n.º 21/2019, do Decreto-Lei n.º 22/2019 e do Decreto-Lei n.º 23/2019, todos de 30 de janeiro, e do Decreto-Lei n.º 55/2020, de 12 de agosto, correspondentes ao período compreendido entre 1 de abril e 31 de dezembro de 2022, até ao valor total de 843 266 046 (euro), asseguradas as condições legalmente previstas, com a seguinte distribuição: *a)* Saúde, até ao valor de 70 461 473 (euro); *b)* Educação, até ao valor de 729 564 220 (euro); *c)* Cultura, até ao valor de 890 942 (euro); *d)* Ação social, até ao valor de 42 349 411 (euro)".

da descentralização de competências operada ao abrigo dos Decretos-Leis n.º 21/2019, n.º 22/2019 e n.º 23/2019, todos de 30 de janeiro, e n.º 55/2020, de 12 de agosto, fica o Governo autorizado a transferir para os municípios do território continental e entidades intermunicipais as referentes dotações inscritas, respetivamente, no orçamento afetado ao Ministério da Administração Interna, no domínio da fiscalização, regulação e disciplina de trânsito rodoviário, nos termos da Lei n.º 50/2018, de 16 de agosto; no orçamento afetado ao Ministério da Cultura, no domínio da cultura; no orçamento afetado ao Ministério da Educação, no domínio da educação; no orçamento afetado ao Orçamento da Segurança Social, no domínio da ação social; e no orçamento afetado ao Ministério da Saúde, no casos das competências transferidas no domínio da saúde.

Prevê-se no OE/2022 que o Governo regulamente, no prazo de 30 dias após a entrada em vigor Lei n.º 12/2022, através de decreto regulamentar, os termos e condições da comunicação das transferências, os procedimentos a adotar em caso de dedução de verbas e as condições de reporte e de acesso à plataforma eletrónica, uma vez que, para efeitos do n.º 3 do artigo 80.º-B da Lei n.º 73/2013, de 3 de setembro, os municípios, através de plataforma eletrónica, reportam informação, designadamente a relativa ao registo das transferências financeiras, das receitas arrecadadas e dos encargos relativos ao exercício das competências transferidas.

Finalmente, importa dizer que o valor das verbas a transferir do FFD em cada domínio ou área de descentralização podem ser, nos termos do n.º 9 do artigo 89.º da Lei n.º 12/2022, atualizadas mediante despacho dos membros do Governo responsáveis pela área das finanças, pela área cujas competências sejam descentralizadas e pela área das autarquias locais, ficando o Governo autorizado a reafetar, nos termos do n.º 10 do artigo 89.º, em cada domínio de competências, as dotações do FFD por município, considerando o enquadramento legal subjacente à atribuição do apoio e a validação do reporte previsto no n.º 6, através da reafetação dos montantes entre municípios. Após esgotado o mecanismo de reafetação, pode a atualização prevista ser efetuada por contrapartida dos orçamentos dos ministérios acima identificados, por despacho dos membros do Governo responsáveis pela área das finanças, pela área cujas competências sejam descentralizadas e pela área das autarquias locais.

Afinal, talvez por ter sido publicado, hoje, o OE/2022, terminamos este texto inevitavelmente a falar de euros em matéria de descentralização administrativa, o que vai de encontro ao modo como o tema foi assumindo centralidade, parecendo ser tanto o *alfa* como o *ómega* do processo de descentralização.

Este assunto faz esquecer todas as demais questões jurídicas e, sobretudo, desvaloriza todos os demais assuntos sérios atinentes à descentralização – especialmente o poder de os municípios reivindicarem competências para implementar verdadeiras políticas públicas locais na saúde, na educação e em outras áreas; o poder de os municípios reclamarem autonomia administrativa, financeira e patrimonial, bem como as preciosas certeza, segurança e estabilidade financeiras; faz desconsiderar a necessária avaliação de pressupostos de descentralização, que devem acontecer através de verdadeiros estudos multidisciplinares (designadamente estudos sobre o impacto financeiro direto e indireto na transferência de competências), e faz recair a mesma medida sobre todos os municípios, sem que cada um seja singularmente bem considerado. É disto prova, a propósito da educação e da questão financeira, especialmente a fixação do valor a transferir para os municípios, destinado a encargos com a manutenção e conservação de equipamentos, a escolha dos critérios estabelecidos para o efeito (como "escolas com mais de 10 anos", "escolas recuperadas ou não recuperadas há mais de 10 anos", e por aí diante). Ora, esquecendo-se de tudo o mais, mormente de que o aumento das atividades tem também um impacto indireto que resulta da necessidade de ajustar a estrutura da organização municipal à escala resultante do processo de descentralização, que isso também tem de considerar os alunos, as famílias, a ruralidade, a geografia, e toda a envolvente local, não se tendo estimado os custos estruturais/indiretos, a partir das rubricas gerais de aquisição de bens e serviços nos mapas de execução de despesa, por exemplo.

Parece-nos que a solução encontrada para o tema do financiamento da descentralização administrativa espelha a "ciência ditada por acordos políticos", estando erradamente a ser mais valorizada do que aquela que deve ser a solução a ditar a partir de estudos imparciais e interdisciplinares, que devem ser realizados, por iniciativa do Estado, em relação a todos e cada um dos 278 municípios do continente.

ESTUDO VIII

– A descentralização administrativa nos domínios da saúde: *is less still more*? (texto escrito em coautoria com José Henrique Rocha), *Questões Atuais de Direito Local*, n.º 35, julho-setembro de 2022, pp. 7-20.

A DESCENTRALIZAÇÃO ADMINISTRATIVA NOS DOMÍNIOS DA SAÚDE: IS LESS STILL MORE?

Sumário[137]**:** **§1.** Introdução. **§ 2.** A relevância do fenómeno em análise. **§ 3.** A descentralização no domínio da saúde. **§ 4.** Duas questões complicadas: a interferência no exercício da competência e a questão financeira. **§5.** Algumas notas finais: *Is less still more?*

---

§1. Introdução

Portugal continua a ser um dos países europeus mais centralizados e, em particular no domínio da saúde, o Estado português inscreveu nas suas obrigações constitucionais a criação de um Sistema Nacional de Saúde, assumindo a partir do centro as respetivas tarefas – pese embora as dinâmicas atinentes às parcerias público privadas, às iniciativas de autonomização de estruturas e o mais recente movimento descentralizador[138]. Na realidade, contam-se diferentes fases nesta estória, desde a fase de grande investimento próprio, a de criação de administrações indiretas, a de intensa aplicação dos modelos de concessão e PPP's e agora uma fase de "municipalização", por força

[137] O texto foi escrito em coautoria com José Henrique Rocha, Mestre em Direito Administrativo.

[138] Sobre o tema, vd. FERNANDO ALVES CORREIA, *"Os Memorandos de Entendimento entre Portugal, o Fundo Monetário Internacional, a Comissão Europeia e o Banco Central Europeu e a reforma do Poder Local"*, in: *As Reformas do Sector Público: Perspetiva Ibérica no Contexto Pós-Crise*, Coimbra: Instituto Jurídico da Faculdade de Direito, 2015, pp. 13-36, p. 13.; JOSÉ MELO ALEXANDRINO, "A Lei de reforma da Administração Local e os seus grandes Problemas", *Questões Atuais de Direito Local*, janeiro/março de 2014, pp. 7- 20, pp. 12 e 13.

do pacote legislativo alargado e "complexo"[139], de competências transferidas para as Autarquias Locais.

A reflexão que se segue situa-se, tematicamente, na descentralização administrativa e em particular no assunto da transferência de competências dos órgãos do Estado nos órgãos das Autarquias Locais na área da saúde e procura evidenciar o papel crescente que o Poder Local tem na organização administrativa da saúde e na realização dos respetivos fins públicos, bem como as novas competências (*rectius* competências operativas ou "competências de execução") e o regime jurídico que as prevê (mormente que prevê o financiamento que acompanha as novas competências). Questiona-se aqui, sobretudo, se com esta transferência específica de competências do Estado para o Poder Local é possível que se agravem problemas antigos de que este domínio já padece, como é a falta de coesão territorial, derivada das assimetrias entre o litoral e o interior, a capital e a periferia, o urbano e o rural, pese embora o bem-intencionado do propósito descentralizador[140].

Hoje, fruto da reforma descentralizadora iniciada pela Lei n.º 50/2018, de 16 de agosto, que foi desenvolvida, neste domínio, pelo Decreto-Lei n.º 23/2019, de 30 de janeiro, identificamos um conjunto de "competências de execução", que são transferidas essencialmente para os órgãos dos Municípios, com participação das Áreas Metropolitanas ou Comunidades Intermunicipais[141]. Precisamente, por isso, nesta reflexão interrogamo-nos se o processo de descentralização em curso traduz a transferência de poderes ou significa o descartar de responsabilidades do Estado para o Poder Local – por este vir a acolher encargos sem que os mesmos sejam acompanhados dos meios para os cumprir; se há uma efetiva partilha de competências no domínio da saúde em sentido estrito, assumida, mais ou menos planeada, que não só potencie a concretização de políticas públicas de saúde locais (e reforce, portanto, a autonomia local) como também muscule a qualidade no acesso à saúde (e a saúde) dos munícipes.

[139] Sobre o tema da descentralização, em geral, vd. JOSÉ MELO ALEXANDRINO, "A Lei de reforma... *cit.*, pp. 7 – 20, pp. 12 e 13.

[140] A este propósito, vd. BRÍGIDA MAGALHÃES MALHEIRO, "A descentralização administrativa dos serviços primários de saúde: os desafios à concretização do Decreto-Lei n.º 23/2019, de 30 de janeiro", *Questões Atuais de Direito Local,* janeiro/março de 2021, pp. 31-42, p. 38.

[141] Sobre o tema, vd. MARIA JOSÉ L. CASTANHEIRA, "Em Debate: O processo de descentralização e transferência de atribuições e competências para a Administração Local: Panorâmica sobre os diplomas setoriais do processo de descentralização em Curso", *Revista de Administrativo,* maio/agosto de 2019, pp. 57-62, p. 62

§2. A relevância do fenómeno em análise

A atual reforma descentralizadora tem as suas vantagens e pontos positivos, como reflexo da própria descentralização constitucionalmente desenhada[142] e, em particular no domínio da saúde, por todos as razões que se possam apontar, tendo em conta que a proximidade nos cuidados de saúde deve significar sobretudo acesso ponderado caso a caso, fácil e adaptado às situações, rapidez, menos custos e qualidade[143].

A Saúde é, neste contexto e sem que se veja apenas no contexto da Pandemia Covid-19, um domínio de elevada importância numa sociedade desenvolvida, como aquelas que se designam como as áreas da sociabilidade, designadamente, a saúde, a segurança social e a educação, como que uma "Trilogia da Sociabilidade"[144]. Essa importância decorre da impreteribilidade de uma estrutura pública que garanta o Direito fundamental à Proteção da Saúde,

[142] Sobre a descentralização administrativa em curso, *vd.* ISABEL CELESTE FONSECA, "Descentralização administrativa em curso: as questões jurídicas, a ausência de estudos multidisciplinares e a centralidade da questão financeira", *Revista Questões Atuais de Direito Local*, n.º 34, abril/junho de 2022, pp. 7-29. E, para uma visão enquadrada, *vd.*, da mesma autora, "Transferência (contratualizada) de atribuições e competências a favor das freguesias: possibilidades de ganhos e perdas", *in Direito Regional e Local*, n.º 21, 2013; depois no texto "Lei 75/2013, de 12/9, e acordos de execução: apresentação de –um ilustre desconhecido" *in Cadernos de Justiça Administrativa*, n.º 105, 2014 e a seguir no artigo "Como celebrar Acordos de Execução: problemas, soluções (caso a caso) e bom senso q.b.", *in Revista Questões Atuais de Direito Local*, n.º 1, janeiro-março de 2014, pp. 41 a 59. E, em particular, sobre a Lei n.º 50/2018, de 16 de agosto, deixámos algumas preocupações no artigo "A descentralização em curso: reforço (ou esforço) das autonomias locais", *in Revista das Assembleias Municipais*, n.º 9, janeiro-março de 2019, pp. 27 e ss. E, após a publicação do quadro normativo setorial, voltámos ao assunto e seguimos o tópico, em jeito de saga, questionando se as competências transferidas são (ou não) efetivamente acolhidas e cumpridas na sua globalidade ("A descentralização nos domínios das vias de comunicação e estacionamento público: *less is more*", *in Revista Questões Atuais de Direito Local*, n.º 25, janeiro-março de 2020, pp. 7 a 22.). Voltamos ao tema num texto que teve como título "A descentralização administrativa nos domínios da Educação: *less is more*" (texto escrito em coautoria com ANA RITA PRATA e publicado em *Revista Questões Atuais de Direito Local*, n.º 32, outubro-dezembro de 2021, pp. 7 ss.). Neste último estudo, voltámos a expressar o receio de que a *municipalização* de competências no domínio da educação fosse apenas aparente, tendo em conta as opções do respetivo regime acolhido no Decreto-Lei n.º 21/2019, de 30 de janeiro.

[143] Sobre o tema da descentralização administrativa na saúde em concreto, *vd.* ISA ANTÓNIO, "A Descentralização Administrativa e o Serviço Público de Saúde", in *Descentralização Administrativa: Perspetiva Luso-Espanhola*. dezembro de 2018, coord. Suzana Tavares da Silva, p. 475 – 495, p. 478 e seguintes.

[144] Neste sentido, JOÃO CARLOS LOUREIRO, "A transferência de competências para os Municípios na Área da Sociabilidade", in: *Descentralização Administrativa*... cit., pp. 227 – 267, p. 236.

e à Promoção da Saúde, mas também da necessidade de ponderação ou *balancing*[145], numa sociedade de Bem-estar com recursos limitados, ou limitada ao socialmente possível. Sendo que, como bem aponta Luis Saud Telles, o "próprio reconhecimento de um direito como fundamental traz consigo a atribuição de um conteúdo mínimo indissociável, com a correspondente imposição de deveres de cumprimento progressivo, não regressividade e proibição de não discriminação odiosa"[146]. Além de que, essa apontada ponderação passa não só pela parte valorativa, de discussão pela ciência política e pela ciência jurídica, mas pela parte empírica, sendo essencial o estudo, pertencente à ciência da administração, da distribuição e utilização eficaz e eficiente dos recursos, dada a imperiosa necessidade de levar a sério a escassez[147].

Devemos, portanto, em todo o momento que envolva a alteração das dinâmicas assentes no domínio da saúde, colocar em causa questões de justiça material[148], resultante da alteração de normas, ou por via de normas na efetivação prática dos cuidados de saúde – destacando que, nas políticas em geral, existe uma questão premente de equilíbrio entre urbano e rural, litoral e interior, capital e periferias, numa dissonância que impele a soluções modernas,

[145] Para melhor compreensão do conceito, transcrevemos em PAULO OTERO (*Manual de Direito Administrativo*. Vol. I., Reimp. da edição de 2013, Coimbra: Almedina, 2016, p. 432): "A ponderação – ou balancing, na terminologia norte-americana –, envolvendo um contrapesar, um balanceamento ou um equilibrar equitativo do peso relativo de realidades jurídicas conflituais em presença (bens, interesses ou valores), pode dizer-se que é um método, estabelecendo um enunciado racional de preferência e afastando a radicalidade de um "tudo ou nada". A ponderação surge como uma forma de decidir com um duplo significado: a) a ponderação é um procedimento decisório (...); b) a ponderação é também o resultado ou conteúdo da solução decisória alcançada (...)".

[146] *Vd.* LUIS ANTÓNIO SAUD TELES, *O Direito Social à Saúde: suas possibilidade e condições de efetivação no limite da tensão entre o político e o jurídico.* Dissertação para Obtenção do grau de Mestre na Faculdade de Direito da Universidade de Lisboa. Lisboa: 2017, p. 34.

[147] No mesmo sentido, JOÃO CARLOS LOUREIRO, "A Transferência de Competências... cit., p. 227 – 267, p. 245.

[148] Apontamos como critérios de justiça material que possam servir de referência os enquadrados Rui Nunes, que devem coexistir em concordância prática e que são a igualdade radical (preponderando em questões como vacinação universal), necessidade (preponderando em questões como acesso a emergência médica), esforço e mérito (preponderando nas remunerações e colocações de profissionais), contribuição social (apontando para os que beneficiam a economia, a sociedade ou a demografia) e a concorrência e mercado (preponderantes em questões como a possibilidade de seguro comercial de saúde), em RUI NUNES, "Justiça distributiva e direito à saúde", *in: Direito À Saúde: Dilemas Atuais,* ISA ANTÓNIO (coord.), Lisboa: Editorial Juruá, 2017, p. 9-29, p. 11.

negociais, associativas, reformadoras e inovadoras, como já vem referindo Brian Dadson[149], e que subscrevemos.

Dito isto, importa contextualizar. Na estrutura constitucional portuguesa a tríade da sociabilidade aludida encontra projeção constitucional jusfundamental: está inserida no Título III, da Parte I, dos Direitos e Deveres Económicos, Sociais e Culturais, sendo que, em particular o Direito Fundamental à Proteção da Saúde, tem assento no artigo 64.º da Constituição da República Portuguesa. Este, além de prever este direito à proteção do bem saúde, prevê que o direito será realizado através de um Serviço Nacional de Saúde, que seja universal, geral e, tendencialmente, gratuito, incumbindo prioritariamente ao Estado a garantia de acesso, a garantia de cobertura eficiente em todo o território, sendo certo que, ainda por desígnio constitucional, a gestão do Serviço Nacional de Saúde é descentralizada.

Precisamente, em sintonia principiológica, a mesma Carta Fundamental prevê nos seus artigos 6.º, 267.º e 235.º e seguintes, como princípio de organização e funcionamento da Administração Pública a subsidiariedade e a descentralização democrática da Administração Pública, aceitando o preponderante papel autárquico no território e a autonomia do Poder Local, tal qual o compromisso assumido internacionalmente[150].

Ora, antes de entrar nos diplomas em apreço, não preterimos mencionar que, a ação na saúde é feita num âmbito de implementação de política nacional, que a sua gestão descentralizada desenvolve, prevista na Lei de Bases da Saúde, a Lei n.º 95/2019, de 4 de setembro. Relevando, face à economia própria do formato, a referência à Base 4, que aponta o âmbito nacional e transversal, dinâmico e evolutivo das políticas de saúde, apontando, na Base 8, que as autarquias locais participam na efetivação, nos termos da lei.

[149] Vd. BRIAN DADSON, "Regional Solutions for Rural and Urban Challenges", *State and Local Government Review*, Volume 51, n.º 4, Dezembro 2019, p. 283-291.

[150] Referimo-nos à Carta Europeia da Autonomia Local (CEAL), a que Portugal aderiu e que constitui um catálogo de disposições vinculantes do Estado Português. Evidencia-se, nessa lista, nomeadamente, as garantias institucionais e democráticas, firmadas nos artigos 2.º e 3.º, as garantias de substância e território, nos artigos 4.º e 5.º, as garantias de exercício e financeiras , nos artigos 6.º, 7.º e 9.º e as garantias de liberdade de ação, associação e tutela jurisdicional efetiva, conforme prescritas nos artigos 8.º, 10.º e 11.º. Sobre a conjugação da CEAL com a Constituição da República Portuguesa, vd. JORGE MIRANDA; RUI MEDEIROS, *Constituição Portuguesa Anotada*. 2.ª Edição. Tomo. III. Coimbra: Coimbra Editora, 2010, p.454.

§3. A descentralização no domínio da Saúde

Assim, avançamos para a análise da legislação compreendida como descentralização na saúde. A primeira nota, de traço mais genérico, é que a atual reforma vem concretizar na intersetorialidade, e em específico, a Lei n.º 75/2013, de 12 de setembro, no seu Anexo I, apelidado de Regime Jurídico das Autarquias Locais (RJAL), que prevê as atribuições no domínio da saúde dos municípios, conjugando os artigos 2.º e 23.º, para exercício de competências de cariz estratégico e operativo, previstas pelo artigo 3.º do RJAL, que também prevê o regime de base a que a descentralização obedece[151], e agora efetivada na reforma de 2018[152].

Necessariamente, a Lei n.º 50/2018, de 16 de agosto, que é a Lei-Quadro da transferência de competências para as autarquias locais e para as entidades intermunicipais, consagra a transferência de competências no domínio da saúde, para os municípios, nos termos do artigo 13.º, e para as Comunidades Intermunicipais, no artigo 33.º (sendo esta uma norma que se aplica às Áreas Metropolitanas, por força do artigo 42.º) [153].

[151] O RJAL prevê as disposições relativas à descentralização administrativa, no artigo 111.º, com o objetivo de aproximação das decisões dos cidadãos, a promoção da coesão territorial, o reforço da solidariedade inter-regional, a melhoria da qualidade dos serviços prestados às populações e a racionalização dos recursos disponíveis, conforme prevê o artigo 112.º. As delegações de competência do Estado nos municípios, nas Comunidades Intermunicipais e nas Áreas Metropolitanas, e dos municípios nas Comunidades Intermunicipais e nas Áreas Metropolitanas estão previstas nos artigos 124.º e seguintes do RJAL.

[152] Lembrar ainda os projetos-piloto de 2015, que abrangiam os domínios da sociabilidade e alcançaram sucesso. Contudo, é muito diferente ter sucesso com aqueles que se autoconsideram capazes, e, outra diversa, é a situação que envolve todos os municípios. Sendo que, com alguns municípios predispostos e previamente) dispostos, no quadro de uma verdadeira negociação, foi sendo proveitosos e o modelo foi elogiado, apresentando condições melhores do que as previstas num regime geral, e até mais adaptadas ao recetor do que uma previsão legal. Neste sentido, LUCIANA SOUSA SANTOS, "Municipalizar, para a saúde democratizar?", *in Democracia e Poder Local – Prémio Professor Doutor António Cândido de Oliveira*, coord. Isabel Celeste M. Fonseca, Braga, maio de 2017, pp. 53 – 79, p. 71.

[153] Neste contexto, o exercício das competências previstas pelo Decreto-Lei n.º 23/2019, de 20 de janeiro, é da competência da Câmara Municipal, conforme regula o artigo 4.º, indicando que as competências previstas no artigo 33.º da Lei-Quadro, a Lei n.º 50/2018, de 16 de agosto, está a cargo dos Conselhos Intermunicipais ou Conselhos Metropolitanos, nas respetivas formas. Note-se, em ligação com a previsão do artigo 21.º, que prevê a existência também de pareceres prévios das Comunidades Intermunicipais e Áreas Metropolitanas relativamente à celebração de acordos e definição da rede de unidades de cuidados de saúde primários e de unidades de cuidados continuados de âmbito intermunicipal. Além destes órgãos, o Decreto-Lei n.º 23/2019, de 30 de janeiro,

Mais uma vez lembrar que a Lei n.º 50/2018, de 16 agosto, identifica um conjunto de fontes de direito reguladores da descentralização concreta, evidenciando-se, a par da subsidiariedade, os princípios de autonomia administrativa, financeira, patrimonial e organizativa das autarquias locais, o princípio da eficiência e eficácia da gestão pública[154], o princípio da estabilidade de financiamento no exercício das atribuições cometidas e, ainda, as garantias de qualidade no acesso aos serviços públicos, a garantia de promoção da coesão territorial, a garantia da universalidade e igualdade no acesso aos serviços públicos e a garantia de transferência para as autarquias locais dos recursos humanos, patrimoniais e financeiros adequados, conforme elencado rigorosa e expressamente no seu artigo 2.º. Do regime consta ainda que a concretização da transferência é indicada como universal, permitindo a transferência gradual, através da adesão voluntária (na vontade de fazer contratos de delegação e em que domínios fazer os contratos de delegação), entre 2018 e 2021, tendo na saúde (como na educação) sido um prazo prorrogado até abril de 2022.

Avançando para a explicação do âmbito e alcance da transferência de competências na área da saúde, o Decreto-Lei n.º 23/2019, de 30 de janeiro, preambula que faz parte do Programa do Governo o reforço das competências das autarquias locais, bem como das suas estruturas associativas, tendo em conta o melhor interesse dos cidadãos e das empresas que procuram da parte da Administração Pública uma resposta mais ágil e eficiente. E, por isso, estabelece como objetivo, no artigo 5.º, o contínuo processo de aperfeiçoamento do serviço público, através de desenvolvimento de projetos de excelência, melhoria e inovação, identificado por respostas mais eficazes e mensuráveis, com a potencialidade de envolvimento comunitário.

prevê a existência de um Conselho Municipal de Saúde, conforme regulado pelo artigo 9.º, com representantes locais, da administração da saúde (administração indireta do Estado) e de outras entidades ligadas materialmente à saúde ou à sociabilidade, com possibilidade de participação de figuras de reconhecido mérito. Para o exercício essencialmente de funções consultivas, ampliando também os níveis de articulação entre administrações no território e participação da sociedade civil e do terceiro setor. Prevendo-se também que, apesar da autonomia dos ACES, nomeadamente técnica por força do artigo 6.º, haja uma coordenação através da Estratégia Municipal de Saúde que envolve uma articulação com o Conselho da Comunidade do ACES com os municípios, assegurado pelo artigo 8.º deste diploma.

[154] Sobre esta questão, vd. ANA FERNANDA NEVES, "Em Debate: o processo de descentralização e a transferência de atribuições e competências para a Administração Local. Notas sobre a execução da transferência de competências para os municípios e para as entidades intermunicipais", *Revista de Administrativo*, maio/agosto de 2019, pp. 37- 43, p. 41 e 42.

Como modelo de gestão, o diploma refere-se, no seu n.º 2, do artigo 5.º, a um modelo de gestão articulado e integrado dos cuidados de saúde primários no território municipal, descrevendo que este será realizado através da promoção da eficácia e eficiência da gestão dos recursos na área da saúde local, através da articulação entre município e os diversos níveis da Administração Pública, com criação de sinergias e potencialidades resultantes do envolvimento da comunidade local na prestação de cuidados de saúde, devendo levar a um resultado, que, ao nível municipal, deve corresponder a uma Estratégia Municipal de Saúde (conforme indica o artigo 7.º.).

Sucintamente, o Decreto-Lei n.º 23/2019, de 30 de janeiro, transfere para os órgãos municipais a participação no planeamento, na gestão e na realização de investimentos relativos a novas unidades de prestação de cuidados de saúde primários, nomeadamente na sua construção, equipamento e manutenção (por força da alínea a) do artigo 2.º)[155].

São delegadas também várias competências de gestão, nomeadamente pelas alíneas b), c) e d), do artigo 2.º do Decreto-Lei n.º 23/2019, de 30 de janeiro. E, de entre essas, a gestão, manutenção e conservação de outros equipamentos afetos aos serviços de saúde primários, a gestão dos trabalhadores integrados na carreira de assistente operacional, das unidades funcionais dos Agrupamentos de Centros de Saúde (ACES), transferindo ainda a gestão dos serviços de apoio logístico das unidades funcionais dos ACES, pelo que a transferência de competências de gestão traz consigo a transição de trabalhadores e a gestão de pessoal, os serviços logísticos, portanto, de limpeza, atividades de apoio à vigilância e segurança, arranjos exteriores, incluindo jardinagem, o fornecimento de eletricidade, gás, água e saneamento, a gestão de viaturas e respetivos encargos, outros encargos de deslocação, utilizados para prestação de cuidados de saúde, seguros dos estabelecimentos de saúde transferidos, manutenção de elevadores, sistemas AVAC e, caso haja, pagamento de rendas e outros encargos inerentes ao património. Ou seja, além da gestão do património ligado aos ACES, transitam para a autarquia os trabalhadores ligados a esse património e não os que se encontram adstritos à efetivação dos serviços de saúde que neles se praticam e dos atos que

[155] Em correspondência problemática, evidenciam-se as questões da titularidade de instalações e equipamentos, de que tratada o artigo 11.º, bem como as questões de construção e de manutenção, previstas no artigo 12.º, bem como ainda, finalmente, as questões relativas aos projetos de investimento, previstos no artigo 13.º, e o tema da construção e manutenção de outros edifícios e equipamentos, intrinsecamente ligando os artigos 17.º e 2.º, alínea b).

envolvem a "vida" dos ACES, *id est*, aquele *quid* que é a parte diretamente ligada a cuidados de saúde já não são transferidos.

Ainda sobre as competências movimentadas temos aquela que descreveríamos como a única efetiva competência de cuidados de saúde, sendo que as outras são, como acabámos de mencionar, competências de execução que se concretizam em estabelecimentos adstritos a cuidados primários de saúde, mas que lhe são instrumentais ou logísticos. Referimo-nos à previsão de competência para ser parceiro estratégico nos programas de prevenção de doença, com especial incidência na promoção de estilos de vida saudáveis e envelhecimento ativo, nos termos da alínea e) do artigo 2.º, intrinsecamente ligado com as normas do artigo 16.º, prevendo-se a possibilidade de realização de contratos-programa com a administração central, sendo certo que estes contratos-programa têm limites de financiamento, mormente na quota-parte do financiamento que pode ser central, o que acaba por demonstrar que o legislador não previu integrar as despesas necessárias para efetivar esta competência no financiamento a transferir e que, na falta de capacidade dos municípios para ficar com a "parte de leão" do investimento pretendido, haverá imediatamente subfinanciamento da competência.

§4. Duas questões complicadas: a interferência no exercício da competência e a questão financeira

No que concerne às relações administrativas relevantes que nesta teia de atores e na pluralidade de atuações na saúde se evidenciam, importa registar fragilidades várias[156], à semelhança do que acontece na Educação[157]. É criada no domínio da Saúde uma comissão, em cada município, com a competência específica de acompanhar, numa lógica de proximidade, o desenvolvimento e a evolução das competências transferidas para o município e para propor a adoção de medidas tendo em vista a concretização dos objetivos enunciados

[156] Para maior desenvolvimento do tópico, apontamos JOSÉ HENRIQUE COSTA ROCHA, *A Tutela dos Municípios no domínio da saúde face à "reforma administrativa de 2018": A Municipalização da saúde*, Dissertação de Mestrado apresentada à Escola de Direito da Universidade do Minho setembro de 2021.

[157] Vd. ISABEL CELESTE FONSECA, ANA RITA ALMEIDA PRATA "*A descentralização administrativa nos domínios da Educação: less is more* ... op. cit.. Vd. para desenvolvimentos, ANA RITA ALMEIDA PRATA "*Descentralização e Educação em Portugal: os (novos) desafios das Autarquias Locais*", Dissertação de Mestrado apresentada à Escola de Direito da Universidade do Minho, março de 2021.

no artigo 5.º, integrando também titulares do município e da administração indireta.

Mas, além desta forma de acompanhamento, o diploma indica, no seu artigo 3.º, que a transferência não prejudica o acompanhamento pelo Ministério da Saúde (administração direta do Estado), descrendo o artigo 14.º obrigações para o Ministério da Saúde e para o município (ou cada município), sendo nomeadamente, obrigações do Ministério acompanhar a execução dos serviços prestados e verificar se estão observadas as condições necessárias e adequadas ao funcionamento das atividades relacionadas com as infraestruturas. Ficando, em contraponto, o município adstrito a assegurar a qualidade das intervenções e condições de funcionamento e segurança das instalações, sendo igualmente obrigados a prestar a informação necessária ao exercício pelo Ministério da Saúde das suas "obrigações", e a garantir os adequados níveis de prestação de serviços transferidos, estipulando que por "adequados níveis" o nível observado em cada uma das instalações e equipamentos afetos aos cuidados de saúde primários e à divisão de intervenção nos comportamentos aditivos e nas dependências das administrações regionais de saúde transferidas à data da referida transferência.

A interpretação que fazemos deste regime vai no sentido de que o mesmo permite mais do que os limites da tutela que é consagrada no texto constitucional, uma vez que este regime se avizinha da permissão para a aferição do mérito de competências municipais, tanto mais quanto escolha não se prevê particular forma ou critérios de escrutínio de atuação, monitorização ou acompanhamento do exercício de competências ou, em suma, controlo de mérito. É certo que, puxando ao limite uma interpretação sistemática deste diploma com o art. 8.º da CEAL, é possível admitir-se o controlo de mérito do exercício de competências delegadas, *ex vi* do n.º 2 do artigo 8.º, parte final, mas apenas e somente no período de delegação via contrato de delegação, não sendo já admissível tal intromissão no período em que as competências transitem definitivamente para as autarquias, passando estas a ser próprias e definitivas dos 278 municípios[158] – o que, a bem ver, já assim é, desde abril de 2022.

Quanto à dimensão financeira da transferência de competências e quanto ao respetivo desequilíbrio, o tema é conhecido *ad nauseam* e também aqui se

[158] Concretamente sobre esta possibilidade apontamos, JOSÉ HENRIQUE COSTA ROCHA, *A Tutela dos Municípios no domínio da saúde... op. cit.*, p.255 e ss.

revela existir[159]. Na verdade, a delegação das competências já mencionadas importa um conjunto de recursos financeiros para a sua efetivação, e de entre os quais se evidencia agora, apenas, o Fundo de Financiamento da Descentralização, cuja suficiência se vai questionando, ano após ano[160]. Nos termos da Lei n.º 12/2022, de 27 de junho, que prevê o Orçamento do Estado para 2022 (OE/2022), no correspondente ao período compreendido entre 1 de abril e 31 de dezembro de 2022, cerca de 70 461 473 (euro), do montante total de 843 266 046 (euro) do FFD[161], são dirigidos para a saúde.

Não sendo de prever crescimento de investimento além do indexado à inflação e mantendo-se o, já notório, subfinanciamento do Serviço Nacional de Saúde e o subfinanciamento das Autarquias Locais, é caso para se adivinhar o *quantum* de competências nesta área que não será cumprido. Esta forma de financiamento e a falta de tempo para uma transição mais gradual levam a que se perca o que de melhor se apontou aos projetos de 2015[162], não

[159] Na verdade, e tendo por referência um dos poucos estudos conhecidos, este realizado na Universidade do Minho, por iniciativa da autarquia do Porto, intitulado "Estudo de avaliação do impacto financeiro da transferência de competências no Município do Porto", elaborado por LINDA VEIGA (NIPE) – coordenadora do relatório, MIGUEL RODRIGUES (CICP) e PEDRO CAMÕES (CICP), "No caso da saúde, "a manutenção e conservação dos espaços dos Agrupamentos de Centros de Saúde (ACES) Porto Oriental e Porto Ocidental, a gestão de parte dos seus recursos humanos (Assistentes Operacionais), bem como as despesas relativas ao apoio logístico, passam a ser asseguradas pelo município. Estas novas competências implicam um aumento de despesas na ordem dos 3,6 milhões de euros. O aumento de receitas, por via da transferência da Administração Central, fica um pouco abaixo deste valor (3,5 milhões). Esta situação é um risco de desequilíbrio financeiro, uma vez que o município terá, adicionalmente, que desenvolver programas de promoção de saúde e prevenção de doença e assegurar o funcionamento do conselho municipal da saúde".

[160] Sobre esta dimensão financeira e o FFD, vd. JOAQUIM FREITAS DA ROCHA, NOEL GOMES, "Em Debate: o processo de descentralização e transferência de atribuições e competências para a Administração Local. As dimensões financeiras do impulso descentralizador", *Revista De Administrativo*, maio/agosto de 2019, pp. 51- 56.

[161] Nos termos do artigo 89.º OE/2022, relativo ao FFD e às transferências financeiras ao abrigo da descentralização e delegação de competências, estabelece-se no n.º 1 "em 2022, o Fundo de Financiamento da Descentralização (FFD), gerido pela DGAL, é dotado das verbas necessárias ao financiamento das competências descentralizadas para os municípios do território continental e entidades intermunicipais, nos termos do Decreto -Lei n.º 21/2019, do Decreto -Lei n.º 22/2019 e do Decreto -Lei n.º 23/2019, todos de 30 de janeiro, e do Decreto -Lei n.º 55/2020, de 12 de agosto, correspondentes ao período compreendido entre 1 de abril e 31 de dezembro de 2022, até ao valor total de 843 266 046 €, asseguradas as condições legalmente previstas, com a seguinte distribuição: a) Saúde, até ao valor de 70 461 473 €; b) Educação, até ao valor de 729 564 220 €; c) Cultura, até ao valor de 890 942 €; d) Ação social, até ao valor de 42 349 411 €".

[162] Como apontou, por exemplo, LUCIANA SOUSA SANTOS, "Municipalizar, para a saúde democratizar... *cit.*, p. 53 – 79, p. 71 e 78.

levando com seriedade e, talvez, até subvertendo o que é o princípio da justa repartição de recursos entre as Autarquias Locais e o Estado e o princípio da autonomia financeira das Autarquias Locais[163].

§5. Algumas notas finais. *Is more less?*

Na área da saúde, o processo de descentralização ocorre em matérias de gestão corrente, deixando de fora a possibilidade de o poder local desenhar políticas públicas locais que alarguem significativamente a abrangência e extensão dos serviços prestados. Não são transferidas competências de dimensão estratégica para o setor, embora esteja prevista a criação de um Conselho Municipal de Saúde. É transferida para o município a responsabilidade pela gestão operacional e financeira dos centros de saúde do Serviço Nacional de Saúde (SNS) disponíveis à população na respetiva área geográfica, designadamente de manutenção, de conservação e de gestão dos equipamentos e serviços de apoio logístico. Na área da saúde, está prevista a transferência de cerca de 1 800 trabalhadores, 600 equipamentos e 900 edifícios para os municípios. Sucintamente, o Decreto-Lei n.º 23/2019, de 30 de janeiro, transfere para os órgãos municipais a participação no planeamento, na gestão e na realização de investimentos relativos a novas unidades de prestação de cuidados de saúde primários, nomeadamente na sua construção, equipamento e manutenção.

Se tivéssemos de apresentar no final do texto uma conclusão, uma análise SWOT (*strengths, weaknesses, opportunities, and threats*) ao regime e processo de transferência de competência para as autarquias na área da saúde, permitir-nos-ia mais facilmente apresentar os respetivos pontos fortes e fracos, as oportunidades a explorar e as respetivas ameaçadas. Segundo este modelo de abordagem, quanto a pontos fortes, podemos identificar a efetiva aplicação do princípio da subsidiariedade e da aproximação dos serviços às populações. O processo mantém ou aumenta a importância das Áreas Metropolitanas e das Comunidades Intermunicipais neste domínio e promove a democracia representativa e participativa, se no caso puder existir efetiva realização de políticas públicas de saúde locais. Quanto a fraquezas, destaca-se a necessidade de apetrechamento das autarquias locais com recursos humanos e técnicos especializados e isso traduz-se em despesa imediata e certa.

[163] Vd. JOSÉ HENRIQUE COSTA ROCHA, *A Tutela dos Municípios no domínio da saúde... op. cit.* pp. 71 e 72.

A falta de estudos prévios com um "pré-diagnóstico" do impacto do disposto no diploma setorial nas estruturas municipais traduz o ponto fraco deste processo. A incompletude e a lenta publicação do diploma setorial não é aspeto positivo, tendo sido a razão para a fraca adesão voluntária das autarquias ao processo e à aceitação de competências, o que protela agora também a aquisição e partilha de experiências nesta área. O tipo de competência transmitido não permite intervenção para realização de política de saúde local, sendo meramente operativa.

Quanto às oportunidades, destacamos a oportunidade para intervenção em rede local, entre atores locais, bem como a possibilidade de existir localmente vários tipos de *balancing*, podendo ser priorizado o que for prioritário para cada localidade. Possibilita diretamente o alargamento da rede de cuidados primários, bem como a reorganização interna dos Municípios para melhor afetar recursos humanos e financeiros.

E finalmente ameaças a salientar: a insuficiência crescente do suporte financeiro para a execução das competências e a eventual existência crescente de conflitos e jogos de interesses políticos que todos os processos de descentralização têm associados e que acabam por se traduzir em perdas de coesão e aumento de assimetrias regionais, bem como o risco de os poderes de acompanhamento e intervenção locais permitirem que a Administração do Estado possa vir a exercer uma tutela de mérito sobre estes, contrária à CRP.

Dito isto, também aqui questionamos, sob a mesma ótica do dito sobre descentralização em outros escritos, *is less still more*? E isto porque este processo de delegação alargada de competências, em vez de aumentar a autonomia das autarquias, está a sufocá-las, por um lado, com deveres e encargos em mil e um campos de atuação, e está a desequilibrá-las, do ponto de vista financeiro, alcançando verdadeira sangria, por outro. Está a tirar-lhe a sustentabilidade estrutural e a consolidação nos recursos humanos e técnicos. Está a tirar-lhe autonomia porque a expõe e as torna mais permeáveis ao Poder Central. Todo o processo gera desconfiança, não sendo diferente o domínio da saúde[164].

[164] Como refere LUIS VALENTE DE OLIVEIRA ("Descentralização, pedra angular da reforma do Estado", *Questões Atuais De Direito Local*. Braga: abril/junho de 2016, p. 7 – 12, p. 12): "Em Portugal, a centralização a que voltamos, uma vez e outra, é o reflexo da falta de confiança que temos uns nos outros", *"Descentralização, pedra angular da reforma do Estado"*, Questões Atuais De Direito Local. Braga: abril/junho de 2016, p. 7 – 12, p. 12.

ESTUDO IX

– A descentralização administrativa no domínio da ação social: less is most definitely more! (texto escrito em coautoria com Vasco Cavaleiro), *Revista Questões Atuais de Direito Local*, n.º 36, outubro-dezembro de 2022, pp. 7-21.

A DESCENTRALIZAÇÃO ADMINISTRATIVA NO DOMÍNIO DA AÇÃO SOCIAL: *LESS IS (MOST DEFINITELY) MORE*

Sumário[165]: **§1.** Introdução. **§2.** A descentralização nos domínios da ação social. **2.1.** Aspetos de pormenor: as competências transferidas. **2.2.** Aspetos de pormenor: os instrumentos na transferência de competências. **2.3.** Aspetos de pormenor: resenha legislativa. **§3.** A transferência de competência e a articulação com a economia social. **§4.** Notas finais (inconclusivas)

---

§1. Introdução

A reflexão que se segue situa-se no domínio temático da descentralização administrativa em curso[166] e, em particular, no da transferência de competências na área social, procurando apurar qual é o papel que o Poder Local

[165] Texto escrito em coautoria com Vasco Cavaleiro, Mestre em Direito Administrativo, Doutorando da Escola de Direito da Universidade do Minho. Advogado.

[166] Iniciamos esta reflexão, na verdade, aquando da publicação da Lei n.º 50/2018, de 16 de agosto, dando a conhecer algumas ideias (em "A descentralização em curso: reforço (ou esforço) das autonomias locais", *in Revista das Assembleias Municipais*, n.º 9, janeiro-março de 2019, pp. 27 e ss.) e, após a publicação do quadro normativo setorial, voltamos ao assunto e seguimos o tópico, em jeito de saga, questionando se as competências transferidas são (ou não) efetivamente acolhidas e cumpridas (em "A descentralização nos domínios das vias de comunicação e estacionamento público: *less is more*", *in Questões Atuais de Direito Local*, n.º 25, janeiro-março de 2020, pp. 7 a 22.). Também, no texto mais recente sobre o tema ("A descentralização administrativa nos domínios da Educação: *less is more*", coautoria Ana Rita Prata, *Questões Atuais de Direito Local*, n.º 32, 2022) voltámos a expressar o receio de que a municipalização de competências nos domínios da educação fosse apenas aparente, tendo em conta o teor do Decreto-Lei n.º 21/2019, de 30 de janeiro.

tem hoje no domínio da ação social local e aferir do *quantum* de competências delegadas pelo Estado nos órgãos das Autarquias locais.

É nosso intuito perceber o *iter* procedimental seguido, compreender o respetivo regime e saber se as novas competências podem estar em risco de não execução, uma vez que de todo o *pacote* de competências transferências estas é aquela cujo processo se mostra menos transparente e inclusivo, menos temporalmente garantístico e financeiramente sustentável[167].

Pois bem, na ação social, entre outras competências, os municípios passam não só a gerir os contratos de RSI (Rendimento Social de Inserção) e os SAAS (Serviços de Atendimento e Acompanhamento Social), como a assegurar uma estrutura de atendimento à população necessitada dos apoios de que podem beneficiar, transferindo-se para o município a responsabilidade pelo desenvolvimento de programas de promoção de conforto habitacional para pessoas idosas, pelo serviço de atendimento e de acompanhamento social, pela atribuição de prestações pecuniárias em situações de carência económica, pela celebração e acompanhamento dos contratos do rendimento social de inserção (RSI) e pelo apoio à família para crianças que frequentam o ensino pré-escolar da rede pública.

[167] Tal como se escreve num estudo elaborado por investigadores da Universidade do Minho, a propósito do impacto financeiro da descentralização no Porto ("Estudo de avaliação do impacto financeiro da transferência de competências no Município do Porto", elaborado por Linda Veiga (NIPE) - coordenadora do relatório, Miguel Rodrigues (CICP) e Pedro Camões (CICP), "[é] no domínio da ação social que se estima um maior diferencial entre os recursos disponibilizados pela Administração Central e as despesas a suportar pelo município. Tendo em consideração o aumento de receita previsto pela Administração Central, pode resultar ainda numa insuficiência financeira na ordem dos 6,9 milhões de euros"; Por sua vez, "[a] fatia mais significativa deste impacto, prevista em 12,1 milhões de euros (75%), diz respeito à transição para os quadros do Município do pessoal não docente (assistentes operacionais e assistentes técnicos), atualmente ao serviço do Ministério da Educação. Não obstante a lei determinar que este encargo adicional seja financiado com transferências da Administração Central, a previsão apresentada neste trabalho aponta para que as mesmas ascendam a cerca de 15,6 milhões de euros, o que poderá não ser suficiente para cobrir na totalidade o aumento de encargos". No caso da saúde, "a manutenção e conservação dos espaços dos Agrupamentos de Centros de Saúde (ACES) Porto Oriental e Porto Ocidental, a gestão de parte dos seus recursos humanos (Assistentes Operacionais), bem como as despesas relativas ao apoio logístico, passam a ser asseguradas pelo município. Estas novas competências implicam um aumento de despesas na ordem dos 3,6 milhões de euros. O aumento de receitas, por via da transferência da Administração Central, fica um pouco abaixo deste valor (3,5 milhões). Esta situação é um risco de desequilíbrio financeiro, uma vez que o município terá, adicionalmente, que desenvolver programas de promoção de saúde e prevenção de doença e assegurar o funcionamento do conselho municipal da saúde".

Como refere o estudo desenvolvido a propósito do impacto financeiro da descentralização no Porto, "é no domínio da ação social que se estima um maior diferencial entre os recursos disponibilizados pela Administração Central e as despesas a suportar pelo município. Tendo em consideração o aumento de receita previsto pela Administração Central, pode resultar ainda numa insuficiência financeira na ordem dos 6,9 milhões de euros"[168].

Na área da ação social, o estudo prevê que "os municípios passam não só a gerir os contratos dos RSI (Rendimento Social de Inserção) e SAAS (Serviço de Atendimento e Acompanhamento Social), como a assegurar uma estrutura de atendimento à população necessitada dos apoios de que podem beneficiar. No caso do Porto, há pouco mais de 8 mil processos ativos de RSI, e cerca de 16 mil processos de SAAS, correspondentes a mais de 150 mil ocorrências de atendimentos e acompanhamentos, e 600 pessoas em situação de sem abrigo. Para além da gestão dos contratos, é necessário criar uma estrutura de atendimento ao público dirigida às necessidades desta população. O impacto financeiro da transferência de competência na área da ação social resulta uma despesa global na ordem dos 8,8 milhões de euros. Tendo em consideração que o número de processos atualmente atribuídos aos técnicos superiores e ajudantes de ação direta está muito acima do exigido às entidades externas contratualizadas, a transferência para o município de um valor equivalente às despesas salariais com as atuais equipas no terreno será claramente insuficiente para fazer face às despesas estimadas. O mesmo sucede com os protocolos existentes para a gestão dos SAAS. O volume de processos a transferir condiciona a necessidade de aumentar o número de acordos existentes com entidades externa. Assim, caso pretenda reduzir consideravelmente o número de processos geridos por cada equipa envolvida, o município será obrigado a suportar as despesas adicionais de recursos humanos e de protocolos celebrados. É no domínio da ação social que se estima um maior diferencial entre os recursos disponibilizados pela Administração Central e as despesas a suportar pelo município. Tendo em consideração o aumento de receita previsto pela Administração Central, pode resultar ainda numa insuficiência financeira na ordem dos 6,9 milhões de euros".

[168] Vd. "Estudo de avaliação do impacto financeiro da transferência de competências no Município do Porto..." cit.

§2. A descentralização nos domínios da ação social

2.1. Aspetos de pormenor: as competências transferidas

A Lei-Quadro da transferência de competências (Lei n.º 50/2018, de 16 de agosto), ao transferir para os municípios competências em diversos domínios, estabelece, quanto à transferência de competências no domínio da ação social, que cabe aos órgãos dos municípios a competência: (i) para a elaboração e divulgação das cartas sociais municipais; (ii) para a emissão de parecer sobre a criação de serviços e equipamentos sociais com apoios públicos; (iii) para a coordenação da execução dos programas dos contratos locais de desenvolvimento social; (iv) para o desenvolvimento de programas de promoção de conforto habitacional para pessoas idosas; (v) para assegurar o serviço de atendimento e de acompanhamento social (SASS); (vi) para a elaboração dos relatórios de diagnóstico técnico e acompanhamento e a atribuição de prestações pecuniárias de caráter eventual em situações de carência económica e de risco social; (vii) para a celebração e acompanhamento dos contratos de inserção dos beneficiários do rendimento social de inserção (RSI); (viii) bem como, para a implementação da componente de apoio à família para crianças que frequentam o ensino pré-escolar da rede pública (cf. artigo 12.º).

Por seu turno, na concretização da Lei-Quadro para o setor da ação social, o Decreto-Lei n.º 55/2020, de 12 de agosto, estatui como competências dos órgãos municipais: (i) assegurar o SAAS; (ii) elaborar as cartas sociais municipais, incluindo o mapeamento de respostas existentes ao nível dos equipamentos sociais; (iii) assegurar a articulação entre as cartas sociais municipais e as prioridades definidas a nível nacional e regional; (iv) implementar atividades de animação e apoio à família para as crianças que frequentam o ensino pré-escolar que correspondam à componente de apoio à família; (v) elaborar os relatórios de diagnóstico técnico e acompanhamento e de atribuição de prestações pecuniárias de caráter eventual em situações de carência económica e de risco social; (vi) celebrar e acompanhar os contratos de inserção dos beneficiários do RSI; (vii) desenvolver programas nas áreas de conforto habitacional para pessoas idosas, designadamente em articulação com entidades públicas, instituições particulares de solidariedade social ou com as estruturas de gestão dos programas temáticos; (viii) Coordenar a execução do programa de contratos locais de desenvolvimento social (CLDS), em articulação com os conselhos locais de ação social; (ix) emitir parecer, vinculativo quando desfavorável, sobre a criação de serviços e equipamentos sociais com apoios públicos (*vide* n.º 1 do artigo 3.º).

Reserva, ainda, o Decreto-Lei n.º 55/2020, de 12 de agosto, como competências dos órgãos das entidades intermunicipais: (i) participar na organização dos recursos e no planeamento das respostas e equipamentos sociais ao nível supraconcelhio, exercendo as competências das plataformas supraconcelhias e assegurando a representação das entidades que as integram; (ii) elaborar as cartas sociais supramunicipais, para identificação de prioridades e respostas sociais a nível intermunicipal (*vide* n.º 2 do artigo 3.º).

2.2. Aspetos de pormenor: os instrumentos na transferência de competências

O quadro legislativo da transferência de competências no domínio da ação social é pincelado por instrumentos estratégicos e de planeamento que se destinam a assegurar essa transferência, que de seguida passamos a elencar e caracterizar sucintamente, assim: (i) Carta social municipal, que consubstancia o instrumento estratégico de planeamento da rede de serviços e equipamentos sociais, sendo um instrumento de diagnóstico e planeamento prospetivo (cf. artigos 4.º, 6.º e 7.º, do Decreto-Lei n.º 55/2020, de 12 de agosto); (ii) Carta social supramunicipal, que consubstancia o instrumento estratégico para identificação de prioridades de respostas sociais a nível intermunicipal (cf. artigos 5.º e 6.º do Decreto-Lei n.º 55/2020, de 12 de agosto); (iii) SAAS: neste contexto compete à câmara municipal assegurar o desenvolvimento do serviço de atendimento e de acompanhamento social de pessoas e famílias em situação de vulnerabilidade e exclusão social, bem como de emergência social; competindo-lhe, ainda, elaborar os relatórios de diagnóstico social e de acompanhamento e a atribuição de prestações pecuniárias de carácter eventual em situação de emergência social, comprovada carência económica e de risco social. De resto, o exercício dessas competências pode ser contratualizado, através da celebração de acordos específicos, com instituições particulares de solidariedade social (IPSS) ou equiparadas (cf. artigo 10.º do Decreto-Lei n.º 55/2020, de 12 de agosto); (iv) Programa de contratos locais de desenvolvimento social pelas autarquias locais (CLDS): neste âmbito os municípios passam a ser as Entidades Coordenadoras Locais da parceria (ECLP), assumindo o papel de dinamização e de coordenação da execução do plano de ação, desenvolvendo a totalidade ou parte das ações, com o correspondente financiamento, em articulação com as restantes entidades da parceria, quando existam. Importa dizer que o programa CLDS é passível de financiamento da União Europeia. Acresce a previsão normativa de a câmara municipal poder selecionar instituições de solidariedade social para desenvolver a execução das ações previstas nos planos de ação que integrem os CLDS (cf. artigos 8.º do Decreto-Lei n.º 55/2020, de 12 de agosto); (v) Programas de conforto habitacional para pessoas idosas: desenvolvimento de programas de promoção de conforto habitacional para pessoas idosas, designadamente em articulação com entidades públicas, instituições de solidariedade social ou com as estruturas de gestão dos programas temáticos (cf. artigo 9.º do Decreto-Lei n.º 55/2020, de 12 de agosto); (vi) Celebração e acompanhamento dos contratos de inserção dos beneficiários do RSI: a coordenação do núcleo local de inserção (NLI) passa a competir ao presidente da câmara municipal ou ao vereador com competência delegada no domínio da ação social, sendo o cumprimento de cada contrato de inserção assegurado pela câmara municipal, através do técnico gestor do processo por aquele designado (cf. artigo 11.º do Decreto-Lei n.º 55/2020, de 12 de agosto).

2.3. Aspetos de pormenor: resenha legislativa

Cabendo ao Decreto-Lei n.º 55/2020, de 12 de agosto, regular setorialmente a concretização da transferência de competências para os órgãos municipais e para as entidades intermunicipais, no domínio da ação social, este diploma é complementado por uma imbrincada regulamentação expressa na:

(i) Portaria n.º 63/2021, de 17 de março, que regula o disposto nas alíneas a) e e) do n.º 1 do artigo 3.º e do artigo 10.º do Decreto-Lei n.º 55/2020, de 12 de agosto, nomeadamente os termos de operacionalização da transferência de competências, em matéria de SAAS[169] de pessoas e famílias em situação de vulnerabilidade e exclusão social, para as câmaras municipais;

(ii) Portaria n.º 64/2021, de 17 de março, que define, nos termos da alínea h) do n.º 1 do artigo 3.º e do artigo 8.º do Decreto-Lei n.º 55/2020, de 12 de agosto, o exercício de competências de coordenação

[169] As condições de organização e de funcionamento do SAAS encontram-se previstas na Portaria n.º 188/2014, de 18 de setembro.

administrativa e financeira do programa de contratos locais de desenvolvimento social pelas autarquias locais (CLDS);

(iii) Portaria n.º 65/2021, de 17 de março, que estabelece os termos de operacionalização da transição de competências em matéria de celebração e acompanhamento dos contratos de inserção dos beneficiários do RSI para as câmaras municipais, tendo em consideração o disposto na alínea f) do n.º 1 do artigo 3.º e no artigo 11.º do Decreto-Lei n.º 55/2020, de 12 de agosto[170];

(iv) Portaria n.º 66/2021, de 17 de março, que regula o disposto nas alíneas b), c) e i) do n.º 1 e da alínea b) do n.º 2 do artigo 3.º do Decreto-Lei n.º 55/2020, de 12 de agosto, e o disposto na secção II do capítulo II do referido decreto-lei, designadamente a criação das cartas sociais municipais e supramunicipais e fixação dos respetivos conteúdos, regras de atualização e de divulgação, bem como os procedimentos de revisão;

(v) Despacho n.º 9817-A/2021, de 8 de outubro, que promove a publicação do Mapa com os encargos anuais com as competências descentralizadas no âmbito da ação social.

§3. A transferência de competência e a articulação com a economia social

Sendo missão do Estado a proteção dos cidadãos no plano social, não podemos olvidar o papel histórico que nessa proteção sempre tiveram entidades coletivas não estatais (numa rede que vai desde as pioneiras Santas Casas da Misericórdia, passando pelo movimento Mutualista, Cooperativo e pelas Instituições Particulares de Solidariedade Social).

Temos, portanto, que um elevado número das entidades da economia social[171] desempenha um papel vital na oferta na área da ação social, na gestão dos serviços e nos equipamentos sociais.

[170] Atente-se, quanto a esta matéria, à Portaria n.º 257/2012, de 27 de agosto, onde se estabelece as normas de execução da Lei n.º 13/2003, de 21 de maio, que, por seu turno, instituiu o RSI e procedeu à fixação do seu valor.

[171] A economia social, como sublinha a Resolução do Parlamento Europeu [2008/2250 (INI)], de 19 de fevereiro de 2009, "ao aliar rentabilidade e solidariedade, desempenha um papel essencial na economia europeia, criando empregos de elevada qualidade, reforçando a coesão social, económica e regional, gerando capital social, promovendo a cidadania activa, a solidariedade

No plano do enquadramento jurídico da economia social no panorama português resulta que a mesma assume dignidade constitucional, porquanto «ao ser valorizada a noção de "setor cooperativo e social", há uma recepção jurídico-constitucional autónoma que abrange quase toda a economia social»[172], neste conspecto atente-se ao plasmado na al. b) do artigo 80.º (coexistência do setor público, setor privado e setor cooperativo e social de propriedade dos meios de produção) e n.º 4 do artigo 82.º (caracterização do setor cooperativo e social), ambos da Constituição da República Portuguesa.

Numa breve caracterização da economia social, note-se que, em 2016, o Valor Acrescentado Bruto (VAB) da economia social representou 3,0% do VAB da economia, tendo aumentado 14,6%, em termos nominais, face a 2013. Este crescimento foi superior ao observado no conjunto da economia (8,3%), no mesmo período. A economia social representou 5,3% das remunerações e do emprego total e 6,1% do emprego remunerado da economia nacional.

Sendo que, ainda no âmbito da última "Conta Satélite da Economia Social" (CSES)[173], relativa ao ano 2016, foram identificadas cerca de 71 885 entidades, distribuídas por um conjunto diversificado de atividades, de entre essas atividades a dos serviços sociais gerou 24,3% do total de VAB da economia social. No contexto dos serviços sociais, em 2016, foram identificadas 5 622 entidades com o estatuto de IPSS ou equiparado, observando-se um acréscimo de 0,7% face a 2013. Por seu turno, essas IPSS desenvolveram a sua atividade sobretudo nos serviços sociais (56,3%), seguindo-se a saúde (26,3%) e a educação (6,5%).

Operada esta sucinta caracterização da economia social e, em especial, das entidades da economia social que operam nos serviços sociais e do seu peso em representação e em VAB na economia social, alvitra-se a razão do recorte jurídico-normativo da transferência de competências na área da ação social

e um tipo de economia com valores democráticos que põe as pessoas em primeiro lugar, para além de apoiar o desenvolvimento sustentável e a inovação social, ambiental e tecnológica". Sendo que, por economia social entende-se o conjunto das empresas de livre adesão e autonomia de decisão, democraticamente organizadas, com personalidade jurídica própria, criadas para satisfazer as necessidades dos seus membros no mercado, produzindo bens e serviços, e nas quais a eventual distribuição dos excedentes de exercício e a tomada de decisões não estão ligadas ao capital individual dos membros, que terão um voto cada (para maior aprofundamento veja-se RUI NAMORADO *et al.*, *in* Economia Social em Ação, Coimbra, Almedina, 2014.

[172] RUI NAMORADO, *in* Os quadros jurídicos da economia social – uma introdução ao caso português, Faculdade de Economia da Universidade de Coimbra e Centro de Estudos Sociais, disponível em https://www.ces.uc.pt/publicacoes/oficina/251/251.pdf, p. 15.

[173] Disponível em www.ine.pt.

criar uma exigência reforçada de existência de parceria[174] entre os órgãos das Autarquias locais e o sector social.

De facto, o processo de descentralização na área social assume como um dos seus pilares estruturantes a qualificada interação entre os municípios e as entidades do setor social, como evidenciam as opções normativas quanto: (a) à seleção de instituições de solidariedade social para desenvolver a execução das ações previstas nos planos de ação que integrem os CLDS (cf. artigo 8.º, n.º 2, do Decreto-Lei n.º 55/2020, de 12 de agosto); a participação de instituições de solidariedade social no desenvolvimento de programas nas áreas de conforto habitacional para pessoas idosas (cf. artigo 9.º do Decreto-Lei n.º 55/2020, de 12 de agosto); (c) a celebração de acordos específicos com IPSS ou equiparadas para assegurar o desenvolvimento do serviço de atendimento e de acompanhamento social de pessoas e famílias em situação de vulnerabilidade e exclusão social (cf. artigo 10.º, n.º 4, do Decreto-Lei n.º 55/2020, de 12 de agosto); (d) a contratualização com IPSS ou equiparadas tendo em vista a celebração e acompanhamento dos contratos de inserção dos beneficiários do rendimento social de inserção (cf. artigo 11.º, n.º 3, do Decreto-Lei n.º 55/2020, de 12 de agosto).

§4 . Notas finais (inconclusivas)

Numa reforma administrativa em que o processo de transferência de competências abrange 20 áreas, em cujo domínio se pretende um exercício de poder mais próximo das populações, destacam-se naquele conjunto, em face da sua especial sensibilidade, as áreas da educação, saúde e ação social.

De facto, tendo presente que "a ação social apresenta um papel imprescindível numa sociedade cuja evolução deu origem a novas necessidades e modos de vida, vendo-se, assim, confrontada com uma crescente procura de diferentes respostas sociais de apoio aos indivíduos carenciados e respetivas

[174] Na senda das linhas de ação fundamentais dos sucessivos programas Governativos, no âmbito da estratégia para relançar a economia e promover o emprego, em que se tem reforçado a parceria com o sector social – elegendo-se o reforço do sector social como *«um inquestionável pilar do desenvolvimento económico e social do nosso País»* (veja-se, por todos, o referido na Resolução do Conselho de Ministros n.º 55/2010, de 4 de agosto) e assumindo *«como nuclear a construção de uma relação de profunda interação com as entidades da economia social»* (cf. Resolução do Conselho de Ministros n.º 103/2012, de 7 de dezembro).

famílias"[175] qualquer mudança realizada neste domínio, tanto mais quando se reconfigura o quadro de interlocutores (e respetivas responsabilidades), será sempre impactante no bem-estar individual e da comunidade.

Desde logo, o direito à segurança social encontra arrimo constitucional, sendo missão do Estado organizar, coordenar e subsidiar um sistema de segurança social unificado e descentralizado, que proteja os cidadãos na doença, velhice, invalidez, viuvez e orfandade, bem como no desemprego e em todas as outras situações de falta ou diminuição de meios de subsistência ou de capacidade para o trabalho (cf. n.ºs 1 a 3 do artigo 63.º da Constituição da República Portuguesa).

Numa fase histórica atravessada por uma emergência de saúde pública que ainda faz sentir as suas réplicas, em especial no contexto económico, a que acresce uma crise económico-financeira motivada pelo eclodir de uma guerra no espaço europeu (causadora de uma espiral inflacionista e de crescimento das taxas de juro), a que se soma uma condicionante estrutural demográfica de predominância crescente dos grupos etários mais avançados (com maiores necessidades assistencialistas do ponto de vista físico, psíquico e social), a necessidade de respostas sociais, sobretudo junto das famílias e dos idosos, é cada vez mais presente e exigente.

É neste "caldo" conjuntural que a melhor qualidade dos serviços prestados aos cidadãos, almejada pelo processo de transferência de competências, apresenta-se, inelutavelmente, indexada a uma transferência de fluxos financeiros cuja robustez se mostre proporcional a essa finalidade

Ao mirar a dotação do Fundo de Financiamento da Descentralização, de abril a dezembro de 2022, vemos que a mesma ronda os 832 milhões de euros para a saúde, educação, ação social e cultura. Sucede, porém, que, desse valor global, 718 milhões de euros destinam-se à educação, quedando cerca de 70 milhões de euros para a saúde e apenas 42 milhões de euros para a ação social.

Em contraponto, os riscos da descentralização são muitos, sobretudo tendo em conta a falta de estudo prévio quanto aos custos indiretos da descentralização, que o Estado não aquilatou[176].

[175] Como recordado por A. M. Rochette Cordeiro e Lúcia Santos, *in* Cadernos de Geografia Coimbra n.º 32 – 2013, Coimbra, FLUC, pp. 357-372.

[176] Na verdade, e tendo por referência o citado "Estudo de avaliação do impacto financeiro da transferência de competências no Município do Porto...", pode conclui-se, a partir do relatório final, que, quanto ao Porto, "Para além dos impactos financeiros diretos da descentralização, o correspondente aumento das atividades tem também um impacto indireto que resulta da necessidade de

A realidade do financiamento existente, confrontada com os significativos custos acrescidos (diretos e indiretos) – tanto a nível de recursos humanos como a nível de equipamentos e infraestruturas – que a área da ação social acarreta, determina que o caminho da efetivação da transferência de competências na área da ação social tenha de ser acompanhado por dotações financeiras necessárias, suficientes e adequadas à dimensão das competências transferidas e às finalidades visadas.

Vale por dizer, a concordância prática entre as competências transferidas e a finalidade de melhor qualidade dos serviços prestados aos cidadãos pretendida apenas poderá ser garantida por via de um fluxo financeiro que respeite o princípio da proporcionalidade.

Aproximando-se o prazo de assunção das competências pelos municípios na área da ação social, que foi prorrogado até janeiro de 2023, somos a concluir que, não havendo um redimensionamento das dotações financeiras, o muito transferido no processo de descentralização será certamente demais... o que nos faz recuperar a ideia de que uma transferência de competência na área social que tivesse tido uma menor dimensão no seu âmbito conseguiria alcançar (certamente) mais... *less is (most definitely) more.*

ajustar a estrutura da organização municipal à escala resultante do processo de descentralização. Neste caso, estimando estes custos estruturais/indiretos a partir das rubricas gerais de aquisição de bens e serviços nos mapas de execução de despesa, verifica-se que correspondem a cerca de 8,1% da despesa total da CM do Porto. Com o pressuposto de que os custos diretos conduzirão a um aumento proporcional nos custos indiretos, estima-se um aumento de cerca de 2,84 milhões de euros nos custos indiretos. Em suma, considerando todas as receitas e despesas associadas ao processo de transferência de competências em curso, estima-se um diferencial negativo de praticamente 12 milhões de euros por ano, tendo como referência 2021. Mesmo tendo em atenção a receita adicional associada à receita do IVA cobrado nos setores do alojamento, restauração, comunicações, eletricidade, água e gás que, segundo o Orçamento de Estado de 2021, será de 2,6 milhões de euros, continuam em falta 9,4 milhões de euros".

ESTUDO X

– "A reforma do Estado e as Freguesias: a descentralização que (não) chega às Freguesias" (texto escrito em coautoria com José António Ferreira). Inédito.

A DESCENTRALIZAÇÃO QUE (NÃO) CHEGA ÀS FREGUESIAS

Sumário[177]**:** **§1.** introdução. **§2.** Descentralização. **§3.** As Freguesias. **§4.** A Lei n.º 50/2018 (descentralização de competências). **§5.** Conclusões.

§1. Introdução

Abordar a descentralização de competências e a forma como ela interage, ou não, nas suas diversas formas de entendimento e aplicação prática, com as freguesias, enquanto ente do poder local, é o motivo e foco principal deste artigo. O conceito, a aplicação ao longo dos tempos, o princípio, a dimensão constitucional, e a legislação produzida para a tentar fazer cumprir, serão alvo de atenção que contribua para uma clarificação do seu sentido e amplitude.

Haverá uma atenção ainda para com o preconizado nos termos e propósitos expostos na Lei n.º 50/2018 no que às freguesias diz respeito, para se tentar perceber de forma mais evidente como a mesma interfere com a dinâmica, valorização do seu papel e, por fim, se esta é um contributo ao reforço da autonomia e poder de decisão no que aos interesses dos seus fregueses diz respeito. No final, com a soma das partes, esperamos poder ter encontrado a resposta à pergunta: a descentralização que vai acontecendo, chega, ou não, às freguesias?

[177] O texto foi escrito em coautoria com José António Ferreira. Em grande parte deste estudo, haverá a invocação de ideias que este investigador demonstrou na sua excelente Dissertação de Mestrado que foi defendida recentemente na Escola de Direito da Universidade do Minho e que foi classificada com 19 valores.

§2. Descentralização

2.1. O Conceito

Pode afirmar-se numa definição elementar que "a *descentralização* consiste na transferência de funções administrativas da organização administrativa central (isto é, do Estado-administração) para outros organismos administrativos"[178]. A descentralização é "melhor entendida e compreendida, se se tiver presente o seu oposto, a centralização, significando tais conceitos opções distintas quanto ao sistema de uso das atribuições da função administrativa de um dado Estado. Desde logo uma e outra (centralização e descentralização) estão entre si como os pratos de uma balança: aumentando-se o peso de uma, diminui-se, com isso, o peso da outra"[179]. São figuras que "põem em causa várias pessoas colectivas públicas ao mesmo tempo", por oposição à "concentração e desconcentração que são figuras que se reportam à organização interna de cada pessoa colectiva pública"[180].

Alerta-se para a distinção do sentido atribuído a descentralização entre o plano jurídico e o plano político-administrativo. Assim, e de forma sucinta, no plano jurídico, "diz-se «centralizado» o *sistema em que todas as atribuições administrativas de um dado país são por lei conferidas ao Estado*, não existindo portanto, quaisquer outras pessoas colectivas públicas incumbidas do exercício da função administrativa". Será assim um Estado, em que atribuições estão concentradas apenas "no Governo, situado na capital, a direção da vida político-administrativa de todo o país, ainda que desconcentre territorialmente vários órgãos ou serviços"[181]. Diz-se, "pelo contrário, «descentralizado» *o sistema em que a função administrativa esteja confiada não apenas ao Estado, mas também a outras pessoas colectivas territoriais* – designadamente, autarquias locais"[182]. Por sua vez, análise realizada numa perspetiva político-administrativa, "os conceitos assumem uma feição diferente"[183]. Neste caso será descentralizado

[178] VITAL MOREIRA, *Administração Autónoma e Associações Públicas*, Coimbra, 1997, p. 144.

[179] ANTÓNIO FRANCISCO DE SOUSA, *Direito Administrativo das Autarquias Locais*, 2ª edição, Lisboa, 1992, p. 117.

[180] DIOGO FREITAS DO AMARAL, *Curso de Direito Administrativo*, Vol. I, 4ª edição, Coimbra, 2015, p. 723.

[181] ANTÓNIO CÂNDIDO DE OLIVEIRA, "Descentralização: a organização político-administrativa do território em França e em Portugal (desde as revoluções de 1789 e 1820 até aos nossos dias)", in: *Questões Atuais de Direito Local*, n.º 19, Braga, 2018, p. 8.

[182] DIOGO FREITAS DO AMARAL, *Curso de Direito Administrativo*, Vol. I... cit., p. 723.

[183] DIOGO FREITAS DO AMARAL, *Curso de Direito Administrativo*, Vol. I... cit., p. 723.

"um Estado que possui vários níveis territoriais de administração pública, constituído por entes públicos dotados de autonomia e assim, naturalmente, de órgãos eleitos"[184]. A diferença pode aparentar ser pequena, mas não é de todo irrelevante. Percebe-se que "pode haver descentralização em sentido jurídico e não haver descentralização em sentido político. Foi o que sucedeu em Portugal durante o regime da Constituição de 1933: havia autarquias locais, que eram pessoas colectivas distintas do Estado, mas não havia descentralização em sentido político, porque elas eram dirigidas por Presidentes da Câmara nomeados (e demitidos) pelo Governo [...]. Sob a aparência de descentralização, havia um regime fortemente centralizado"[185].

O conceito pode ainda ser entendido como absoluto ou relativo. No plano jurídico é absoluto pois ou existe ou não. Ao invés, no plano político-administrativo o sentido que lhe é atribuído é obviamente relativo, pois pode ter um *quantum* maior ou menor e continuar a mesma a existir. Países como Portugal, a França, a Suíça ou a Alemanha, gozam de descentralização em sentido jurídico, mas seria enganador acreditar que usufruem de igual modo e grau da descentralização, numa perspetiva político-administrativa, pois será menor cá do que em França e muito maior nos outros dois (Suíça e Alemanha)[186]. A descentralização é por vezes "um conceito muito mal tratado"[187], por erroneamente ser vista como sinónimo de desconcentração, deslocalização ou até participação. Acontece por norma quando se deseja referir a saída de algum serviço público do centro (a capital) para outras zonas do país (a dita província). Tal é indevido pois "só na descentralização se verifica uma verdadeira repartição do poder de decidir"[188], o que não sucede com as outras três possibilidades em que o poder se mantém na órbita do Estado. A desconcentração acontece quando se diminui "poderes de um centro que se considera demasiado sobrecarregado. [...] Os beneficiários da desconcentração são serviços ou entes públicos que estão na dependência do Estado, podendo variar apenas o grau dessa dependência"[189]. Crê-se que "o reforço e o aprofundamento

[184] ANTÓNIO CÂNDIDO DE OLIVEIRA, *Descentralização: a organização...* cit., p. 8.
[185] DIOGO FREITAS DO AMARAL, *Curso de Direito Administrativo, Vol. I...* cit., p. 413.
[186] DIOGO FREITAS DO AMARAL, *Curso de Direito Administrativo*, Vol. I... cit., p. 724.
[187] ANTÓNIO CÂNDIDO DE OLIVEIRA, *Descentralização: a organização...* cit., p. 7.
[188] JOÃO BAPTISTA MACHADO, *Participação e descentralização, democratização e neutralidade na Constituição de 76*, Coimbra, 1982, pp. 76 e 77.
[189] ANTÓNIO CÂNDIDO DE OLIVEIRA, "A difícil democracia local e o contributo do Direito", in: *Estudos em Comemoração do Décimo Aniversário da Licenciatura em Direito da Universidade do Minho*, Coimbra, 2004, p. 97.

da via descentralizadora farão mais pela harmonização e pela solidariedade do que o centralismo. [...] Um sistema administrativamente descentralizado é um sistema politicamente mais justo e administrativamente mais eficaz"[190].

Observado o que foi ocorrendo ao longo dos anos, conclui-se que se tem verificado um "movimento pendular"[191], sendo que no ano ido de 1896 já se constatava que a legislação ia "oscilando alternadamente entre centralização e descentralização"[192]. O de "hoje" mostra estar-se perante um tempo em que a intenção e as vontades indicam o caminho da descentralização. O binómio centralização/descentralização foi estando sempre presente, conforme se afirmou, nestes dois séculos de organização administrativa, comportando vantagens e desvantagens relativamente evidentes. A título de exemplo, a centralização do lado das vantagens pode elencar: um melhor contributo que qualquer outro à unidade do Estado; ação política mais homogénea; melhor coordenação do exercício da função administrativa. Claro que as desvantagens são significativas, a saber: o gigantismo do poder central gerador de ineficácia da ação administrativa; desvalorização dos problemas locais por desconhecimento, fruto da distância entre o poder de decisão e os por ela beneficiados. Por oposição e em espelho, depreende-se que a descentralização transporta consigo, e desde logo, as liberdades locais e, em contínuo, contribui para a limitação do poder absoluto decorrente de um Estado centralizado; permite a participação das comunidades na tomada de decisões dos interesses próprios e permite, por fim, entre inúmeros que poderiam aqui ser expostos, a melhor rentabilização dos dinheiros públicos por melhor aplicação dos mesmos, visível pela obtenção de determinado benefício, por norma com um menor custo. Na vertente das desvantagens evidencia-se, e a título de exemplo, a descoordenação que acontece quando unidades territoriais de parca dimensão replicam meios para satisfação de necessidades das suas comunidades e o eventual uso indevido pelos eleitos dos poderes atribuídos às autarquias locais[193]. Estes motivos e outros que não se detalham levam a que seja praticamente consensual e aceite que a descentralização seja o meio adotado na atualidade pelos Estados democráticos, pese embora a implementarem com diferentes graus de atribuições e recursos.

[190] JORGE SAMPAIO, "O Poder Local (Tópicos de intervenção)", in: *30 anos de Poder Local na Constituição da República Portuguesa – Ciclo de Conferências na Universidade do Minho – 2006*, p. 362.

[191] ANTÓNIO CÂNDIDO DE OLIVEIRA, *Descentralização: a organização...* cit., p. 20.

[192] JOSÉ TAVARES, *A freguesia ou parochia como divisão administrativa*, Coimbra, 1896, p. XI.(

[193] DIOGO FREITAS DO AMARAL, *Curso de Direito Administrativo*, Vol. I... cit., pp. 725 e 726.

Neste passado recente de vivência democrática do país, tem sido motivo de atenção a descentralização de atribuições e competências, do poder central para as autarquias locais (municípios e freguesias, que não as regiões), com maior ou menor regularidade pelo Estado, até por imperativo constitucional[194].

2.2. O princípio

O princípio da "descentralização administrativa teve na sua origem (e assim chegou aos nossos dias) uma questão de organização político-administrativa do território de um Estado", sendo, pois, "uma partilha de poder de nível territorial e essa partilha só é real em Estados democráticos"[195] que a adotam por norma. Pode-se ainda entendê-la como "uma forma de separação vertical de poderes"[196], ou seja, a repartição destes em função do tipo de assuntos, nomeadamente os de interesse local (freguesias e municípios), regional (apenas nas regiões autónomas dos Açores e da Madeira, pois no continente pese com relevância constitucional não estão implementadas) e nacional (governo). Compreende-se então estar-se perante uma forma de "aproximação dos serviços das populações e com a participação dos interessados, que constituem linhas de força do programa constitucional de organização e funcionamento da administração pública"[197]. Sendo a expressão descentralização administrativa utilizada e aplicada com vários sentidos, deve a mesma em sentido estrito ser entendida "aqui principalmente como um movimento. Movimento que se

[194] JORGE MIRANDA, "As freguesias, a Constituição e a Lei n.º 22/2012, de 30 de maio", in: *A Reforma do Estado e a Freguesia,* OLIVEIRA, António Cândido de, OLIVEIRA, Fernanda Paula, FONSECA, Isabel Celeste, ROCHA, Joaquim Freitas da, (Coordenadores), Braga, 2013, p. 24. Sabendo-se que o princípio da descentralização "não é de aplicação imediata, não funciona sem lei vejamos os atos legislativos de maior significado: o Decreto-Lei n.º 77/1984 (Governo PS-PSD, 1º ministro – Mário Soares), a Lei n.º 159/1999 (Governo PS, 1º ministro – António Guterres), a Lei n.º 75/2013 (Governo PSD-CDS, 1º ministro – Pedro Passos Coelho) e por fim a Lei n.º 50/2018 (Governo PS, 1º ministro – António Costa. Estes podem ser considerados os exemplos legislativos mais marcantes em prol de uma aproximação do poder de decisão, ou talvez do poder de mera execução, aos interesses das comunidades locais.

[195] ANTÓNIO CÂNDIDO DE OLIVEIRA, *Descentralização: a organização...* cit, p. 8.

[196] ANTÓNIO CÂNDIDO DE OLIVEIRA, *Manual Breve de Cidadania Local,* Braga, 2016, p. 19.

[197] JOSÉ CARLOS VIEIRA DE ANDRADE, *Lições de Direito Administrativo,* 3ª Edição, Coimbra, 2013, p. 97.

traduz na transferência, feita por lei, de atribuições e competências do Estado (e das regiões autónomas) para as autarquias locais"[198].

Acrescente-se que "a descentralização verdadeira respeita sempre à autonomia de decisão"[199], pelo que "um sistema descentralizado implica, pois, a transferência de poderes decisórios para outros entes que não o Estado"[200]. Desde logo, fica evidente que os legisladores constituintes tiveram o propósito de "que as atribuições não essenciais do Estado vão sendo cada vez em maior número transferidas para os municípios: não é possível, contudo, transferir atribuições dos municípios para o Estado, porque isso é uma política centralizadora"[201]. A título de reforço, realce-se que "a descentralização, em sentido rigoroso, não envolve apenas o reconhecimento da personalidade jurídica autónoma e a concessão de poderes exclusivos, mas, caracteristicamente, o reconhecimento de interesses e finalidades próprias das comunidades cuja autonomia estabelece"[202]. Importa referir que se a descentralização tem dificuldade em viver sem a democracia, o inverso já não é tão verdade, pois pode existir um Estado democrático que não adote uma organização político-administrativa que privilegie a descentralização[203]. Para tal se verificar, Baptista Machado elencou três pressupostos a cumprir para se alcançar a descentralização: "a) o reconhecimento pelo Estado de colectividades humanas baseadas numa solidariedade de interesses; b) a gestão desses interesses por órgãos eleitos, emanadas das colectividades; c) e o controlo administrativo sobre estes órgãos, exercido pelo Estado"[204].

Desta forma, fica evidente que "característica essencial da descentralização é, pois, a inexistência de um *poder de direcção* do Estado sobre o ente descentralizado: O Estado não poderá exercer sobre a actividade de tal ente, no que respeita ao desempenho das atribuições próprias deste, um poder *directamente directivo*"[205]. Este é um princípio deveras relevante e merecedor de cuidada

[198] ANTÓNIO CÂNDIDO DE OLIVEIRA, "A difícil democracia local e o contributo do Direito", in: *Estudos em Comemoração do Décimo Aniversário da Licenciatura em Direito da Universidade do Minho*, Coimbra, 2004, p. 97.

[199] JOÃO BAPTISTA MACHADO, Participação e descentralização, ... cit., p. 25.

[200] JOÃO PACHECO DE AMORIM et al, "Atribuições e competências das autarquias locais", in:: *Jornadas dos 40 anos do Poder Local*, Braga, ANTÓNIO CÂNDIDO DE OLIVEIRA E CARLOS JOSÉ BATALHÃO (Coord.), 2017, p. 65.

[201] DIOGO FREITAS DO AMARAL, *Curso de Direito Administrativo*, Vol. I... cit., p. 754.

[202] JOSÉ CARLOS VIEIRA DE ANDRADE, *Lições de Direito Administrativo*... cit., p. 95.

[203] JOÃO BAPTISTA MACHADO, *Participação e descentralização*... cit., pp. 30 e 31.

[204] JOÃO BAPTISTA MACHADO, *Participação e descentralização*... cit., p. 27.

[205] JOÃO BAPTISTA MACHADO, *Participação e descentralização*... cit., p. 76.

atenção no âmbito da governação local. Verifica-se ser a descentralização "o ímpeto constitucional mais notório no sentido de uma repartição de poder"[206] entre o Estado e as autarquias locais. Releva, por fim, ter presente que no "seu entendimento mais exigente, o princípio da descentralização aponta para o princípio da subsidiariedade, devendo a lei reservar para os órgãos públicos centrais apenas aquelas matérias que as autarquias não estão em condições de prosseguir. Em todo o caso, ele pressupõe uma competência geral e plena de desempenhar todas as tarefas com incidência local e que, pela lei, não sejam atribuídas a outros titulares da Administração"[207].

A Constituição consagra este princípio nos artigos 6.º, n.º 1 e no art.º 237.º que tem precisamente como epigrafe – "Descentralização administrativa". Pelo que se vai descrever de seguida talvez fosse mais avisado ter presente que "mais do que em descentralização administrativa justifica-se falar em *descentralização autárquica*"[208].

Apesar da sua elevada importância, "o princípio constitucional da descentralização é apenas um critério geral, que não pode só por si fornecer uma delimitação material precisa entre as atribuições estaduais e as atribuições autárquicas nem, dentro destas, entre as atribuições de cada tipo de autarquia (freguesia, município, região)"[209]. Por si só "serve tão-somente (e não é pouco) de critério de interpretação e integração"[210]. Fica evidente que "a ideia de descentralização local não é, contudo, um princípio absoluto e único [...]; tem de ser entendida em conjugação com outros postulados. O próprio modo como vem expressa oferece-se elucidativo. [...] Impõe-se, por conseguinte, ao legislador uma harmonização ou concordância entre o *princípio da descentralização* e o *princípio da unidade de ação* na prossecução do interesse público, de modo a conseguir um *equilíbrio eficiente* entre os interesses e poderes em presença"[211]. Significa que deverá existir bom senso e ponderação no respeito pelo mesmo, até pela força, mesmo que contida, que a Constituição lhe confere, não podendo assim ser "reduzido a cinzas por via interpretativa"[212].

[206] ANDRÉ FOLQUE, *A Tutela Administrativa nas relações entre o Estado e os Municípios*, Coimbra, 2004, p. 34.

[207] JOAQUIM GOMES CANOTILHO E VITAL MOREIRA, *Constituição da República Portuguesa Anotada*, Coimbra, p. 887.

[208] JORGE MIRANDA, "As freguesias, a Constituição e a Lei n.º 22/2012... cit., p. 21.

[209] JOAQUIM GOMES CANOTILHO E VITAL MOREIRA, *Constituição da República...* cit., p. 887.

[210] JORGE MIRANDA, "As freguesias, a Constituição e a Lei n.º 22/2012... cit., p. 24.

[211] JORGE MIRANDA, "As freguesias, a Constituição e a Lei n.º 22/2012... cit., p. 23.

[212] DIOGO FREITAS DO AMARAL, *Curso de Direito Administrativo*, Vol. I... cit., p. 755.

A descentralização administrativa "postula a difusão das tarefas públicas, mediante a devolução de atribuições e de poderes a entidades públicas autónomas situadas abaixo do Estado [...], nomeadamente os de carácter territorial, justamente as autarquias locais"[213]. Frise-se que a "Constituição é totalmente omissa quanto à definição concreta das matérias de competência autárquica, excluída a indicação do art. 65.º, n.º 4 (habitação e urbanismo). Salvo no que respeita às regiões (art. 257.º), a Constituição também não fornece indicações quanto às atribuições específicas de cada categoria de autarquias"[214].

A descentralização "não encerra um domínio predeterminado ou uma extensão definida de uma vez por todas. O legislador moldará a autonomia – observado esse conteúdo essencial – à luz das suas opções políticas, dentro da alternância propiciada pela democracia pluralista e tendo em conta as variações das conjunturas económicas e sociais. Moldá-la-á quer no tocante ao elenco de atribuições específicas das diversas categorias de autarquias quer no tocante aos modos de colaboração entre elas e entre elas e o Estado"[215]. Entende-se que esta abertura deixada pelo legislador constituinte é feliz, por evitar que as determinações de um tempo funcionassem como condicionante, às opções de um outro tempo, por serem as mesmas redutoras e desajustadas das vontades do Estado e das autarquias.

§3. As Freguesias

A freguesia pode ter várias possibilidades de definição, nomeadamente a de que "*são as autarquias locais que, dentro do território municipal, visam a prossecução de interesses próprios da população residente em cada circunscrição paroquial*"[216]. Em acrescento ou reforço "e na falta de um conceito seguro de freguesia", esta pode considerar-se "a entidade político-administrativa local mais próxima dos cidadãos"[217] e que "constitui uma estrutura que se enraizou na nossa organização administrativa"[218]. Numa análise relativa às freguesias, Freitas do Amaral

[213] JOAQUIM GOMES CANOTILHO E VITAL MOREIRA, *Constituição da República*... cit., p. 886.
[214] JOAQUIM GOMES CANOTILHO E VITAL MOREIRA, *Constituição da República*... cit., p. 887.
[215] JORGE MIRANDA, "As freguesias, a Constituição e a Lei n.º 22/2012... cit., pp. 24 e 25.
[216] DIOGO FREITAS DO AMARAL, *Curso de Direito Administrativo*, Vol. I... cit., p. 431.
[217] ANTÓNIO CÂNDIDO DE OLIVEIRA, "Poder local 2011-2013: de uma reforma local ambiciosa à extinção desastrada de freguesias", in: Questões Atuais de Direito Local, Braga, 2013, p. 121.
[218] ANTÓNIO CÂNDIDO DE OLIVEIRA, "As freguesias: um ano depois da reforma territorial e da "delegação legal de competências" (os acordos de execução)", in: *As Freguesias na Organização do Estado – Um Património Nacional*, CARLOS JOSÉ BATALHÃO, (Coord.), Lisboa, 2016, p. 95.

considerava que a nossa história distinguia três períodos quanto à sua evolução: "a) Desde a ocupação sueva até 1830: a freguesia não é autarquia local; b) De 1830 a 1878: fase de grandes indecisões e de substituição rápida de soluções; c) De 1878 para cá: a freguesia consolida-se como autarquia local"[219].

A Constituição de 1976 é fruto da mudança de regime ocorrida em abril de 1974 e assim se pode dizer que "ela ficou a dever à revolução não apenas a sua existência mas também grande parte do seu conteúdo"[220]. Assim, "nesse aspecto a CRP é, como muitas outras, uma constituição de origem revolucionária"[221]. No contexto que importa tratar, é relevante o facto de ser a primeira Constituição a referir-se expressamente a Poder Local, dedicando-lhe todo o Título VIII, da Parte III e dessa forma ser a que "restabeleceu de modo pleno a democracia a nível local"[222]. Verifica-se que "poder local acaba por ser o outro nome (a outra face) da autonomia local ou da autonomia das autarquias locais, tendo a vantagem de exprimir que esta se traduz num poder político, ou seja, que constitui manifestação do poder do povo. [...]"[223]. Pode ainda acrescentar-se que "uma das marcas caraterísticas das autarquias locais, enquanto Administração autónoma territorial, é a sua forte regulação constitucional, ao contrário do que acontece com a Administração autónoma não territorial que é constitucionalmente facultativa"[224]. Quando se fala em poder local, naturalmente o mesmo integra as freguesias, que ao contrário do município, é "um ente público local muito pouco comum" e a Constituição atribui-lhes "um papel de muito importante relevo na organização político-administrativa do nosso país", sendo até "muito generosa"[225] com elas, ao colocá-las em rigorosa paridade com as restantes autarquias locais, desde logo no Capítulo I – Princípios gerais, que consagra "preceitos que constituem elementos da autonomia local"[226], em número de nove, em que o legislador constituinte balizou, e principalmente lhes conferiu, um conjunto de prerrogativas em diferentes domínios. Ainda incidindo sobre as freguesias, a Constituição tem o cuidado de lhes dedicar o segundo capítulo, fazendo

[219] DIOGO FREITAS DO AMARAL, *Curso de Direito Administrativo*, Vol. I... cit., p. 433.

[220] JOAQUIM GOMES CANOTILHO E VITAL MOREIRA, *Constituição da República*... cit., p. 12.

[221] JOAQUIM GOMES CANOTILHO E VITAL MOREIRA, *Constituição da República*... cit., p. 29.

[222] ANTÓNIO CÂNDIDO DE OLIVEIRA, *Descentralização: a organização*... cit., p. 25.

[223] ANTÓNIO CÂNDIDO DE OLIVEIRA, *Direito das Autarquias Locais*, 2ª edição, Coimbra, 2013, p. 89.

[224] ANTÓNIO CÂNDIDO DE OLIVEIRA, FERNANDA PAULA OLIVEIRA E CARLOS JOSÉ BATALHÃO, *As Freguesias em Portugal. Que Futuro?* Braga, 2017. p. 26.

[225] ANTÓNIO CÂNDIDO DE OLIVEIRA E MATEUS AREZES NEIVA, *As Freguesias*... cit., p. 7.

[226] ANTÓNIO CÂNDIDO DE OLIVEIRA, Direito das Autarquias Locais, 2ª Edição... cit., p. 89.

referência aos seus órgãos, à possibilidade de associação e até à delegação de poderes em organizações de moradores, algo que o decorrer dos anos foi demonstrando ter aplicação prática reduzida.

3.1. Atribuições e competências

Atribuições e competências são expressões de uso regular do Direito das Autarquias Locais, pelo que se crê ser pertinente uma breve determinação do seu sentido e utilização, "no quadro de uma organização territorial (político-administrativa) unitária, mas estruturalmente complexa (pluralista)[227]. Serão uma e a mesma coisa? Quer as atribuições das pessoas coletivas (interesses ou necessidades coletivas a satisfazer), quer as competências dos seus órgãos (os poderes funcionais que o Direito confere para satisfazer as respetivas necessidades), são, num sentido muito amplo, poderes administrativos. Em regra, e fazendo a ligação com o poder local, as atribuições são específicas da autarquia, enquanto pessoa coletiva, e a competência é determinada em relação a cada um dos órgãos desta (município ou freguesia). Tanto as competências como as atribuições são definidas por lei.

De 1830 ao presente, vão praticamente dois séculos, sendo percetível, que ao longo deste tempo as atribuições e competências que "têm vindo a ser consagradas pelo legislador, revelam que as freguesias têm desempenhado um papel mais ou menos constante no panorama da organização administrativa do Estado"[228]. As primeiras atribuições e competências formais, no que às freguesias diz respeito, foram atribuídas, pelo *Decreto n.º 25, de 26 de novembro de 1830*, e eram em número considerável, nos seus trinta artigos. As competências atribuídas à Junta, eram também significativas conforme o art. 17.º o determinava, conferindo-lhe um papel de relevo em praticamente todas as áreas com influência direta na vida daquelas comunidades: saúde, ensino, conservação do património (igreja, vias, pontes,...), águas, obras públicas, ação social (expostos,...), serviço de registos e arquivo documental, ouvir o povo sempre que necessário (em diferentes domínios, de relevo para a comunidade),

[227] JOÃO PACHECO DE AMORIM et al, "Atribuições e competências das autarquias locais "... cit., p. 54.

[228] NUNO MARQUES PEREIRA, "Atribuições e competências das freguesias: uma questão sempre em aberto? In: *A Reforma do Estado e a Freguesia*, ANTÓNIO CÂNDIDO OLIVEIRA, FERNANDA PAULA OLIVEIRA, ISABEL CELESTE FONSECA, JOAQUIM FREITAS DA ROCHA (Coord.), Braga, 2013, p. 166.

entre outras. Abre-se ainda a possibilidade de a população se dirigir à câmara para apresentar das suas razões. Importante é que se afirma no art. 18.º, do mesmo decreto, que as freguesias urbanas (no conceito de hoje) não terão a totalidade das competências, que no caso seriam dos concelhos, o mesmo sucedendo nos concelhos de uma só freguesia. Posteriormente os Códigos Administrativos de 1936 e 1940 deram o seu contributo, adequado ao tempo e ao pensar de então.

A Revolução de Abril de 1974 trouxe consigo o poder local democrático, plasmado na Constituição de 1976 e com ele os primeiros órgãos das autarquias locais (municípios e freguesias) eleitos em abril desse mesmo ano. A Lei n.º 79/77, de 25 de outubro, é a que primeiro estabelece as atribuições e competências da freguesia em período democrático. Relativamente às atribuições especifica-as em conjunto para municípios e freguesias, logo no art. 2.º "(Atribuições) – É atribuição das autarquias locais tudo o que diz respeito aos respectivos interesses e, designadamente: a) De administração de bens próprios e sob sua jurisdição; b) De fomento; c) De abastecimento público; d) De cultura e assistência; e) De salubridade pública". Outros diplomas foram surgindo em período democrático (1984, 1997 ou 1999) com propósitos de reforço e consolidação da autonomia e/ou descentralização.

Atualmente é a Lei n.º 75/2013 que elenca as atribuições (comuns e próprias) e as competências das autarquias locais. A forma de o legislador definir as atribuições de uma autarquia local pode variar: desde optar por um sistema de enumeração taxativa, em alternativa ao sistema de cláusula geral, ou ainda um sistema misto. "Os defensores dum sistema de enumeração taxativa encaram a descentralização autárquica de forma análoga à desconcentração ou devolução de poderes que o Estado efectua quando cria entes públicos institucionais [...]"[229]. Os principais autores nacionais defendem um sistema de cláusula geral, por entenderem que só assim se assegura a autonomia e acontece uma verdadeira descentralização, posição com a qual se concorda. Sucede que sendo essa cláusula aberta, são poucas "as situações em que a lei identifica expressamente uma determinada atribuição como própria de um tipo de autarquia local"[230], o que pode gerar situações de esvaziamento de atribuições, por entretanto esgotadas por outro ente autárquico. Na lei em apreço o legislador optou por "um sistema de cláusula genérica

[229] MARIA JOSÉ CASTANHEIRA NEVES, *Governo e Administração Local*, Coimbra, 2004, p. 30.

[230] JOSÉ DE MELO ALEXANDRINO, "Direito das Autarquias Locais – introdução, princípios e regime comum", in: *Tratado de Direito Administrativo Especial*, Vol. IV, OTERO, Paulo, GONÇALVES, Pedro (Coordenadores), Coimbra, 2010, p. 189.

e aberta o que, na arquitetura legislativa do diploma, prepara o terreno para a descentralização em outros domínios que não os elencados a título não taxativo, adotando como princípio para o efeito o da subsidiariedade"[231]. A título de reforço "apraz salientar que o RJAL veio consagrar um universo aberto de fins públicos, uma vez que, a par da cláusula aberta de definição e a enumeração meramente exemplificativa de atribuições locais, o legislador veio prever expressamente a possibilidade de o Estado proceder, no futuro, a transferências de poderes para as autarquias [...] em sintonia com a CEAL e a CRP"[232].

Esta lei determina as atribuições das autarquias locais logo no art. 2.º: "Atribuições – constituem atribuições das autarquias locais a promoção e salvaguarda dos interesses próprios das respetivas populações, designadamente nos domínios referidos no n.º 2 do artigo 7.º e no n.º 2 do artigo 23.º da presente lei". Constata-se que no primeiro dos artigos invocados, constam as das freguesias e no segundo as relativas aos municípios. Sabe-se que "são atribuições das autarquias locais tudo o que diga respeito aos interesses próprios, comuns e específicos das respectivas populações. O interesse será próprio se disser directamente respeito à autarquia; será comum, se disser respeito a toda a autarquia e não a parte dela (ainda que possa ser geograficamente confinado a uma localidade), e será específico, se, pela sua natureza, disser tipicamente (não necessariamente, exclusivamente) respeito à respectiva autarquia. As atribuições das autarquias podem alargar-se a interesses de âmbito nacional [...]"[233].

Por sua vez, as competências estão apresentadas no art. 3.º: "Competências – As autarquias locais prosseguem as suas atribuições através do exercício pelos e órgãos das competências legalmente previstas, designadamente: *a)* De consulta; *b)* De planeamento; *c)* De investimento; *d)* De gestão; *e)* De licenciamento e controlo prévio; *f)* De fiscalização." Posteriormente ao longo do diploma constam as competências em específico de cada um dos órgãos dos municípios (Assembleia Municipal e Câmara Municipal), e das freguesias (Assembleia de Freguesia e Junta de Freguesia).

[231] RUI DIAS E CATARINA SEGORBE, "A evolução do panorama autárquico em Portugal" in: *Autarquias Locais: Democracia, Governação e Finanças*, PEREIRA, Paulo Trigo, DIAS, Rui, ALMEIDA, Miguel, (Coordenadores), Coimbra, 2016, p. 73.

[232] ISABEL CELESTE FONSECA, "Autarquias locais: atribuições e competências", in: *Direito das Autonomias (Locais) – Estudos Reunidos*, Braga, 2019, pp. 133 e 134.

[233] ANTÓNIO FRANCISCO DE SOUSA, *Direito Administrativo das Autarquias Locais*, 2ª edição, Lisboa, 1992, p. 116.

O legislador teve o cuidado de enquadrar esta temática com a principiologia que lhe deve estar subjacente, ao fazer constar tal no art. 4.º: "Princípios gerais – A prossecução das atribuições e o exercício das competências das autarquias locais e das entidades intermunicipais devem respeitar os princípios da descentralização administrativa, da subsidiariedade, da complementaridade, da prossecução do interesse público e da proteção dos direitos e interesses dos cidadãos e a intangibilidade das atribuições do Estado".

Por decorrência do princípio da descentralização, este "exige, entre outras coisas, a existência de um conjunto substancial de atribuições próprias (e não apenas delegadas pelo Estado) e a transferência para as autarquias das atribuições estaduais de natureza local"[234]. Especificamente sobre a freguesia a lei determina as atribuições no art. 7.º: "Atribuições da freguesia. 1. Constituem atribuições da freguesia a promoção e salvaguarda dos interesses próprios das respetivas populações, em articulação com o município. 2. As freguesias dispõem de atribuições designadamente nos seguintes domínios: *a)* Equipamento rural e urbano; *b)* Abastecimento público; *c)* Educação; *d)* Cultura, tempos livres e desporto; *e)* Cuidados primários de saúde; *f)* Ação social; *g)* Proteção civil; *h)* Ambiente e salubridade; *i)* Desenvolvimento; *j)* Ordenamento urbano e rural; *k)* Proteção da comunidade. 3. As atribuições das freguesias abrangem ainda o planeamento, a gestão e a realização de investimentos nos casos e nos termos previstos na lei"[235].

Evitando neste momento tecer grandes considerações a propósito do agora citado, importa desde logo realçar que o n.º 1 *in fine*, elenca "os interesses próprios", a grande razão de ser das autarquias locais, complementando que as mesmas devem ser levadas a cabo "em articulação com o município". Na verdade, o legislador em artigo congénere para o município (o 23.º), também escreveu que o inverso vale: "em articulação com as freguesias". Desde logo fica evidente a necessidade de "articulação" entre ambas. Verifica-se que as atribuições que são "designadamente" nomeadas para as freguesias, estão enumeradas para os municípios, num "elenco de notórias sobreposições"[236], pois são as mesmas de modo *ipsis verbis* ou idêntico, não se entendendo até a razão de diferenciação em expressões de uma para outra autarquia (ex: "ambiente e salubridade" vs. "ambiente e saneamento básico"), ou o sentido e alcance

[234] JOAQUIM GOMES CANOTILHO E VITAL MOREIRA, Constituição da República... cit., p. 898.

[235] LEI n.º 75/2013, de 12 de setembro.

[236] ANTÓNIO CÂNDIDO DE OLIVEIRA E MATEUS AREZES NEIVA, *As Freguesias na Organização Administrativa Portuguesa*, Braga, 2013, p. 10.

de uma ou outra atribuição (ex: "abastecimento público"). Ao município o legislador acrescentou umas quantas mais atribuições, justificável, por os mesmos, regra geral, possuírem uma maior população e um maior território e fazer sentido a eles estarem atribuídas, por razões de escala entre outras que se poderiam referir. Os factos dizem que "a distinção evidencia-se por uma prática reiterada ao longo de quase dois séculos e que chega aos nossos dias. [...] Às freguesias compete-lhes tarefas leves, de baixo custo, ligadas à proximidade com as pessoas. Essas tarefas são muito numerosas e podem definir-se como todas aquelas que interessam ao bem comum das pessoas que integram as freguesias, sendo difícil uma enumeração exaustiva, até porque estão em constante adaptação às necessidades que se vão fazendo sentir ao longo dos tempos"[237].

No âmbito das competências dos órgãos, merece que aqui se possa fazer referência às que em particular dizem respeito à Junta de Freguesia. Assim, irá destacar-se nas competências materiais apenas as que se entendem serem úteis ao presente artigo, não valorizando as que acabam por o ser, meramente decorrentes do facto de este existir enquanto órgão de uma autarquia local[238].

[237] ANTÓNIO CÂNDIDO DE OLIVEIRA E MATEUS AREZES NEIVA, *As Freguesias na Organização...* cit., p. 10.

[238] Vejamos): "SECÇÃO III – Junta de freguesia. SUBSECÇÃO I – Competências. Artigo 15.º – Natureza das competências Sem prejuízo das demais competências legais e de acordo com o disposto no artigo 3.º, a junta de freguesia tem as competências materiais e as competências de funcionamento previstas na presente lei. Artigo 16.º – Competências materiais:
1 – Compete à junta de freguesia: [...] f) Executar, por empreitada ou administração direta, as obras que constem das opções do plano e tenham dotação orçamental adequada nos instrumentos de gestão previsional aprovados pela assembleia de freguesia; [...] m) Discutir e preparar com instituições públicas, particulares e cooperativas que desenvolvam a sua atividade na circunscrição territorial da freguesia protocolos de colaboração, designadamente quando os respetivos equipamentos sejam propriedade da freguesia e se salvaguarde a sua utilização pela comunidade local; [...] o) Deliberar sobre as formas de apoio a entidades e organismos legalmente existentes, nomeadamente com vista à execução de obras ou à realização de eventos de interesse para a freguesia, bem como à informação e defesa dos direitos dos cidadãos; p) Pronunciar-se sobre projetos de construção e de ocupação da via pública, sempre que tal lhe for requerido pela câmara municipal; q) Participar, nos termos acordados com a câmara municipal, no processo de elaboração dos planos municipais de ordenamento do território; r) Colaborar, nos termos acordados com a câmara municipal, na discussão pública dos planos municipais do ordenamento do território; s) Facultar a consulta pelos interessados dos planos municipais de ordenamento do território; t) Promover e executar projetos de intervenção comunitária nas áreas da ação social, cultura e desporto; [...] v) Apoiar atividades de natureza social, cultural, educativa, desportiva. Recreativa ou outra de interesse para a freguesia; [...] w) Emitir parecer sobre a denominação das ruas e praças das localidades e das povoações; x) Prestar a outras entidades públicas toda a colaboração que lhe for solicitada,

O exposto em nota deixa a descoberto que às freguesias "sempre ficaram reservadas, ao longo da história e até aos nossos dias, tarefas mais simples que, sem deixarem de ter a maior vantagem para as populações, não requerem avultados meios técnicos, financeiros e humanos"[239].

Conclui-se e verifica-se, assim, que nas autarquias locais todos os órgãos têm competências distintas, confiadas para se poder cumprir atribuições por vezes idênticas. Só dessa forma se pode alcançar a verdadeira autonomia local,

designadamente nos domínios da estatística e outros do interesse da população da freguesia; y) Colaborar com autoridade municipal de proteção civil na iminência ou ocorrência de acidente grave ou catástrofe; z) Promover a conservação de abrigos de passageiros existentes na freguesia; aa) Gerir, conservar e promover a limpeza de balneários, lavadouros e sanitários públicos; bb) Gerir e manter parques infantis público e equipamentos desportivos de âmbito local; cc) Conservar e promover a reparação de chafarizes e fontanários públicos; dd) Colocar e manter as placas toponímicas; ee) Conservar e reparar a sinalização vertical não iluminada instalada nas vias municipais; ff) Proceder à manutenção e conservação de caminhos, arruamentos e pavimentos pedonais; gg) Conceder terrenos, nos cemitérios propriedade da freguesia, para jazigos, mausoléus e sepulturas perpétuas; hh) Gerir, conservar e promover a limpeza dos cemitérios propriedade da freguesia; [...] kk) Adquirir e alienar bens móveis; [...] mm) Fornecer material de limpeza e de expediente às escolas do 1.º ciclo do ensino básico e aos estabelecimentos de educação pré-escolar; nn) Proceder ao registo e ao licenciamento de canídeos e gatídeos; oo) Proceder à administração ou à utilização de baldios sempre que não existam assembleias de compartes; pp) Executar, no âmbito da comissão recenseadora, as operações de recenseamento eleitoral, bem como desempenhar as funções que lhe sejam determinadas pelas leis eleitorais e dos referendos; qq) Lavrar termos de identidade e justificação administrativa; rr) Passar atestados; [...].
2 – Compete também à junta de freguesia proceder à construção dos equipamentos referidos nas alíneas z) a cc) e hh) do número anterior quando os mesmos se destinem a integrar o respetivo património.
3 – Compete ainda à junta de freguesia o licenciamento das seguintes atividades: a) Venda ambulante de lotarias; b) Arrumador de automóveis; c) Atividades ruidosas de caráter temporário que respeitem a festas populares, romarias, feiras, arraiais e bailes". O legislador previu um conjunto de competências específicas do presidente da junta de freguesia e enumerou-as no art. 18.º da Lei n.º 75/2013. Também aqui se cita apenas as que conduzam ao exercício efetivo de alguma função.
"Artigo 18.º – Competência do presidente da junta de freguesia
1 – Compete ao presidente da junta de freguesia: [...] m) Colaborar com outras entidades no domínio da proteção civil, [...]; n) Participar no conselho municipal de segurança; o) Presidir à unidade local de proteção civil; [...] t) Presidir à comissão recenseadora da freguesia; [...] w) Informar a câmara municipal sobre a existência de edificações degradadas ou que ameacem desmoronar-se e solicitar a respetiva vistoria
2 – Compete ainda ao presidente da junta de freguesia:
a) Decidir sobre o exercício de funções em regime de tempo inteiro ou de meio tempo, nos termos da lei; [...]."

239 ANTÓNIO CÂNDIDO DE OLIVEIRA, "A reforma territorial e funcional das freguesias", in: *A Reforma do Estado e a Freguesia*... cit., p. 96.

pois além de órgãos eleitos democraticamente, também os mesmos devem ter competências decorrentes das atribuições... a que se juntará a muito relevante necessidade de autonomia financeira, proveniente das receitas.

§4. Lei n.º 50/2018 (Descentralização de Competências)

Denominada de Lei de Descentralização Administrativa de Competências para as Autarquias Locais e Entidades Intermunicipais, é uma lei ambiciosa nos seus objetivos e propósitos, onde os desafios das autonomias locais aumentaram, tendo originado uma maior necessidade de cooperação supramunicipal, justificada, entre outras razões, para a implementação de fundos da União Europeia, sendo que também essas parcerias, contribuíram para alguma (pouca) da "perda de centralidade dos municípios no desenvolvimento local"[240]. O Governo referia-se a esta *novel* Lei n.º 50/2018, de 16 de agosto, como o "maior processo de descentralização autárquico da democracia portuguesa"[241], acrescentando o então ministro Eduardo Cabrita estar-se em presença da "maior reforma de Estado" da legislatura anterior, "uma vitória da qualidade de vida dos portugueses"[242]. Expressões de grande relevo quanto à importância que lhe era dada.

Importa frisar que foi esta lei a que mais longe foi no domínio da descentralização de atribuições e competências para o poder local (principalmente para os municípios) e entidades intermunicipais, incluindo assim um vasto leque de matérias muito distintas, destacando-se entre outras: educação, ação social, saúde, proteção civil, cultura, justiça, património, cultura, habitação, áreas protegidas, estacionamento público, praias... Acrescente-se que no âmbito de cada setor há, por sua vez, um conjunto de atribuições elencadas com algum significado, o que deixa percecionar propósitos de grande alcance. Conforme o disse a então ministra Alexandra Leitão, a descentralização foi

[240] ISABEL CELESTE FONSECA, "A descentralização em curso: reforço (ou esforço) das autonomias locais", in: *Direito das Autonomias (Locais) – Estudos Reunidos*, Braga, 2019, p. 152.

[241] GOVERNO DE PORTUGAL, Ministério da Administração Interna, "Carta aos Presidentes de Assembleias Municipais" https://www.portugal.gov.pt/download-ficheiros/ficheiro.aspx?v=be395c10-a416

[242] EDUARDO CABRITA, Ministro da Administração Interna, in: *Observador*, 4 de dezembro de 2018 https://observador.pt/2018/12/04/descentralizacao-e-a-maior-reforma-de-estado-desta-legislatura/

alvo de "um pacote legislativo ambiciosíssimo"[243], pois à Lei n.º 50/2018, sucederam-se um conjunto de outros diplomas setoriais densificadores. Releva que este foi um processo desejado por (quase) todos. O ponto de partida esteve no programa do XXI Governo Constitucional (o primeiro dos três liderado pelo atual 1.º ministro) que referia no item III: "Um Estado forte, inteligente e moderno" e no ponto nove desse tópico, afirmava "Descentralização, base da reforma do Estado"[244], enunciando um conjunto de linhas orientadoras a propósito do que desejava poder realizar na legislatura 2015-2019, no âmbito da descentralização administrativa. Posteriormente, em julho de 2016, o Governo faz tornar público o Documento orientador – "Descentralização. Aprofundar a Democracia Local", em que se diz que "a concretização desta reforma pressupôs a aprovação de um documento estratégico pelo Governo"[245] e onde se dá a conhecer as áreas de intervenção alvo de descentralização.

Este processo contou com a participação ativa da Associação Nacional de Municípios. De referir que a Associação Nacional de Municípios Portugueses (ANMP) foi um parceiro privilegiado na preparação da proposta legislativa e que o seu conselho diretivo validou, quase que por unanimidade (16 dos seus 17 membros), a proposta de lei que posteriormente veio a ser aprovada. Diversos partidos políticos apresentaram na AR propostas no mesmo âmbito, sendo que a atual Lei-Quadro foi aprovada com uma base de apoio superior a dois terços dos deputados (bastava maioria simples), num processo legislativo aparentemente algo célere (para que aquando das eleições autárquicas de 2021, estivesse em plena aplicação)[246]. Por sua vez a Associação Nacional de Freguesias (ANAFRE) teve um papel menos visível no processo, pese ter contribuído com um parecer favorável à nova legislação e ter manifestado satisfação com a aprovação da Lei da Descentralização e da Lei das Finanças Locais (publicadas no mesmo dia), conforme o atestava o então seu presidente Pedro Cegonho, "congratulamo-nos por ver vertida em lei esta

243 ALEXANDRA LEITÃO, in: *Jornal Diário de Notícias*, 17 de janeiro de 2020, https://www.dn.pt/poder/governo-e-municipios-recusam-adiamento-da-descentralizacao-11717779.html

244 GOVERNO DE PROTUGAL, "Programa do XXI Governo Constitucional" https://www.portugal.gov.pt/ficheiros-geral/programa-do-governo-pdf.aspx

245 GOVERNO DE PORTUGAL, "Documento orientador – Descentralização. Aprofundar a Democracia Local"
https://www.atam.pt/component/jnews/mailing/view/listid-18/mailingid-1302/listype-1/Itemid-224

246 Os votos dos deputados do PS e PSD foram os que permitiram a aprovação da referida lei. O CDS absteve-se na votação e os restantes partidos com representação parlamentar (BE, PCP, Os Verdes e PAN) votaram contra.

intenção expressa de querer seguir um caminho de descentralização de competência, quer nos municípios, quer nas freguesias"[247].

4.1.

Conforme supra, foi uma lei desejada por todos e talvez por isso se acreditou ser o caminho, a imposição na sua aplicação, pois esta carateriza-se pela sua universalidade (art.º 3.º), abarcando todas as autarquias locais (não tanto no que às freguesias diz respeito) e comunidades intermunicipais (com a exceção das Regiões Autónomas dos Açores e da Madeira), a partir do primeiro dia de 2021, sendo que, em 2019 e 2020 poderia haver aceitação, ou não, da parte das entidades beneficiárias, originando dessa forma uma integração gradual. Está-se em presença de uma transferência unilateral e definitiva (até a mesma ser eventualmente revogada ou alterada) de atribuições e competências, com calendário predefinido por parte do legislador, que aqui e ali foi fazendo alguns pequenos ajustamentos na mesma. Verifica-se que, pese ter sido uma lei aprovada por mais de dois terços de deputados e previamente validada pelas duas associações de autarquias locais, a mesma gerou duas frentes de contestação, com graus de intensidade dispersos pelo tempo.

4.2.

A expressão «tarefização» entrou de forma mais notória no léxico autárquico, essencialmente os de âmbito municipal, precisamente com a Lei n.º 50/2018 e tudo o que a jusante e montante ela foi transportando. Queixavam-se (ainda hoje as há) de que aquilo que o Estado lhes atribuía não eram mais do que um conjunto de tarefas a executar, sem qualquer grau de participação no essencial – o poder de decidir ou contribuir para a decisão. O então, e atual, autarca do Porto era corrosivo em março de 2021, quando afirmava "esta descentralização não é descentralização nenhuma, é uma "tarefização". Aquilo que temos é isto: dizem ""a câmara tem que pôr o Ajax limpa-vidros e de vez em quando mandar limpar e reparar as janelas""[248]. Por sua vez, Paulo Cunha,

[247] PEDRO CEGONHO, in: *sapo 24*, https://24.sapo.pt/atualidade/artigos/anafre-congratula-se-com-promulgacao-da-lei-das-financas-locais-e-descentralizacao

[248] 4.2. RUI MOREIRA, Primeiro plano, in: *Jornal de Notícias*, Ano 133, n.º 286, 14 de março de 2021, p. 7.

então autarca de V. N. de Famalicão, "lembrou que há já sete anos, propôs a descentralização de competências do Estado central para a gestão dos "serviços mais relevantes à população, como é o caso da saúde", assumindo que "não basta passar a gestão dos edifícios". Entende que as câmaras devem ter "uma real influência na melhoria dos cuidados de saúde", algo que "não se cumpre tão só com um edifício higienizado", mas sobretudo pela gestão do pessoal e definição de horários e modos de funcionamento das unidades de saúde"[249]. Por sua vez, o presidente do Município de Aveiro, e, à época vice-presidente da Associação Nacional de Municípios, afirmava que "as ARS vão ser os nossos fiscais e nós vamos ter de prestar contas. É um mecanismo de prestação de serviços ao Ministério da Saúde e nós não somos prestadores de serviços do Estado"[250].

Aqui ficam três exemplos de discordância, de muitos possíveis, no que é uma pequena amostra de uma implementação que se manifestou e manifesta algo difícil, pese embora tão desejada. O denominado envelope financeiro (necessário em determinadas áreas cujas competências seriam transferidas), ou melhor, o desconhecimento dele, foi, e vai continuando a ser, uma barreira com grande significado (entre outras) nas reservas colocadas à aplicação da lei, principalmente pelos municípios (das diferentes colorações políticas), mas não só. O presidente da Escola de Economia e Gestão da Universidade do Minho (UM) questionava em modo de afirmação, logo em 2018, que "não parece que tenha havido um estudo sobre os custos associados a estas competências. Se surgem alterações à lei sem que haja um estudo prévio, corre-se o risco de passar competências para as câmaras municipais sem passar o pacote financeiro suficiente para executar essas competências"[251]. Pertinente foi a pergunta de eurodeputado: "é descentralização ou desorçamentação? Não podemos ter uma descentralização de tarefas que só significam despesa! Tem de se poder ter autonomia política em várias áreas: educação, planeamento territorial, saúde, [...]. A descentralização não pode significar desresponsabilização do governo"[252]. Título jornalístico, de 2019, sintetizava muito bem o problema: "Descentralização – esquerda e direita exigem conhecer

[249] PAULO CUNHA, Câmaras devem assumir gestão dos cuidados de saúde primários, in: *Jornal Correio do Minho*, Ano LXXXII, Série VI, n.º 11754, 26 de março de 2021, p. 11.

[250] RIBAU ESTEVES, Governo admite reaver centros de saúde em casos de má gestão, in: *Jornal de Notícias*, Ano 133, n.º 278, 6 de março 2021, p. 4.

[251] FRANCISCO VEIGA, in: *Jornal Correio do Minho*, 24 de novembro de 2018.

[252] JOSÉ MANUEL FERNANDES, in: *Jornal Correio do Minho*, 20 de dezembro de 2018, p. 25.

envelope financeiro"[253]. Este era, foi e continua a ser, um dos busílis associado à lei em apreço, conforme os dados partilhados deixam perfeitamente como razoável, a dúvida, sensata, sobre se a descentralização, ainda em curso, consistirá em: "reforço (ou esforço) das autonomias locais"[254]. O tempo ajudará a dar a resposta: a fazer claro o que hoje ainda não o é.

4.3.

O ímpeto e empenho descentralizador que a Lei n.º 50/2018 dava a conhecer, aparentemente diluiu-se, pese o líder governativo ser o mesmo, em ambos os tempos. Isto considerando a centralização reforçada no que foi visível no que ao PRR diz respeito, no que gerou uma onda de descontentamento geradora das mais diversas opiniões divergentes de autarcas ("enorme desilusão", "mais do mesmo", "sentença de morte")[255], sendo mais audíveis os que o são por partidos que não o que governa. Interessante é a opinião de alguém, jornalista, que sendo de coloração idêntica, faz um diagnóstico algo preciso e que se cita: "Este paradigma de governação, corporizado num centralismo que não se coaduna com a imperiosa necessidade de combater as inúmeras e graves assimetrias, está aliás bem patente na recente proposta do PRR. Este documento, que contempla o levantamento e planeamento do investimento dos 13 mil milhões a fundo perdido que a União Europeia disponibiliza a Portugal, foi colocado em discussão pública mas tem suscitado inúmeras críticas e protestos, precisamente por esquecer importantes parcelas da geografia nacional. E esse "esquecimento" tem origem precisamente na falta de auscultação dos representantes. Intencional ou não, esta falta de diálogo conduziu à elaboração de um documento que, a ser posto em prática nos precisos termos em que foi apresentado, está a léguas de se coadunar com o espírito e a letra dos objetivos que estiveram na base da criação da famosa "bazuca"[256]. A CCDRN, em posição do seu Conselho Regional (órgão político de caráter consultivo), manifesta apreensão e dá conhecimento ao governo

[253] JORNAL DE NEGÓCIOS, 11 de janeiro de 2019.

[254] ISABEL CELESTE FONSECA, "A descentralização em curso: reforço (ou esforço) das autonomias locais... cit., p. 151.

[255] JORNAL FAROL DE ESPOSENDE, PRR: Autarcas desagradados e descontentes, Ano 31, n.º 656, 12 de março de 2021, p. 4.

[256] JORGE CRUZ, A barra de Esposende e a "bazuca", in: *Jornal Correio do Minho*, Ano LXXXII, Série VI, n.º 11737, 9 de março de 2021, p. 21.

de que deseja "ver descentralizado o "modelo centralizado de governação" do PRR, indispensável não apenas ao equilíbrio territorial da sua aplicação, como ao próprio sucesso da sua implementação no todo nacional", sob pena de "não sendo concretizadas tais evoluções, dar-se-á um sinal contraditório sobre a política em curso de descentralização e desconcentração do Estado e praticar-se-á um ato perdulário relativo às capacidades territoriais do País e à eficácia da aplicação do PRR, com consequências negativas na competitividade nacional e na coesão territorial"[257]. O mesmo órgão, da mesma entidade, retoma o assunto em comunicado, dado a conhecer cerca de um mês após o primeiro e em que "defende a atribuição de metade dos fundos Portugal 2030 ao Norte, pois essa dotação financeira é fundamental para resolver os atrasos estruturais de desenvolvimento do Norte e concretizar os desafios fixados na estratégia 'Norte 2030'" até porque "um Norte forte e internacionalmente competitivo é condição indispensável da recuperação e do crescimento económico do País e da sua coesão social e territorial"[258]. Mais recente é o plano governativo, denominado "+ habitação", que foi alvo de críticas de múltiplos quadrantes por não ter auscultação/participação das autarquias e quando de autarquias se fala, releva referir que o ênfase é quase que único nos municípios. Estes exemplos em redor do PRR e do programa "+ habitação" são trazidos, para afirmar que tudo indica que os princípios norteadores da recente lei da descentralização tenham sido rapidamente esquecidos.

4.4.

Esta iniciativa legislativa elenca um conjunto enorme de matérias alvo de transferência e desejava ser um contributo à concretização dos princípios da subsidiariedade, da descentralização administrativa e da autonomia do poder local, conforme o art. 1.º da citada lei o refere. Constata-se que as competências que o diploma destina às freguesias são provenientes na grande maioria, dos municípios, no que é mais uma aplicação do princípio da subsidiariedade,

[257] CCDR NORTE, Deliberação da Comissão Permanente do Conselho Regional do Norte, 28 de fevereiro de 2021, https://www.ccdr-n.pt/storage/app/media/2021/Posicao_CPConselho Regional_PRR.pdf

[258] CCDR NORTE, Deliberação da Comissão Permanente do Conselho Regional do Norte, in: *Comunicado de imprensa – Rádio Clube de Penafiel*, 30 de março de 2021.

que não tanto da descentralização, pois esta provém do Estado central. Veja-se, agora os conteúdos que dela constam e que abaixo se partilham[259].

O Decreto-Lei n.º 57/2019, de 30 de abril, indica de que forma se concretiza a transferência de competências dos municípios para os órgãos das freguesias, com aplicação a partir de 1 de janeiro de 2021. O preâmbulo do referido decreto é elucidativo quanto aos seus propósitos e diz o que: "O Programa do XXI Governo Constitucional prevê reforçar as competências das autarquias locais, bem como das suas estruturas associativas, numa lógica de descentralização e subsidiariedade, salvaguardando melhor, assim, o interesse dos cidadãos e das empresas que procuram da parte da Administração Pública uma resposta pronta, ágil e adequada. O reforço da autonomia local é concretizado não só através da descentralização de competências da Administração direta e indireta do Estado para as autarquias locais e para as suas estruturas associativas, mas também através da redistribuição de competências entre a Administração autárquica. Sendo as freguesias as autarquias

[259] Novas competências dos órgãos das freguesias. Artigo 38.º: "1 – Os órgãos das freguesias têm as seguintes competências a descentralizar da administração direta do Estado: a) Instalar os espaços cidadão, em articulação com a rede nacional de lojas de cidadão e com os municípios; b) Gerir os espaços cidadão nos termos da alínea anterior.
2 – Os órgãos das freguesias têm as seguintes competências transferidas pelos municípios: a) Gestão e manutenção de espaços verdes; b) Limpeza das vias e espaços públicos, sarjetas e sumidouros; c) Manutenção, reparação e substituição do mobiliário urbano instalado no espaço público, com exceção daquele que seja objeto de concessão; d) Gestão e manutenção corrente de feiras e mercados; e) Realização de pequenas reparações nos estabelecimentos de educação pré-escolar e do primeiro ciclo do ensino básico; f) Manutenção dos espaços envolventes dos estabelecimentos de educação pré-escolar e do primeiro ciclo do ensino básico; g) Utilização e ocupação da via pública; h) Afixação de publicidade de natureza comercial; i) Autorizar a atividade de exploração de máquinas de diversão; j) Autorizar a colocação de recintos improvisados; k) Autorizar a realização de espetáculos desportivos e divertimentos na via pública, jardins e outros lugares públicos ao ar livre, desde que estes se realizem exclusivamente na sua área de jurisdição; l) Autorizar a realização de acampamentos ocasionais; m) Autorizar a realização de fogueiras, queimadas, lançamento e queima de artigos pirotécnicos, designadamente foguetes e balonas.
3 – As transferências de competências são diferenciadas em função da natureza e dimensão das freguesias, considerando a sua população e capacidade de execução.
4 – Os recursos financeiros afetos às transferências de novas competências para as freguesias a que se refere a alínea a) do n.º 1 provêm do Orçamento do Estado, nos termos a definir no âmbito do regime financeiro das autarquias locais e das entidades intermunicipais e, em cada ano, na Lei do Orçamento do Estado.
5 – Os recursos financeiros afetos às transferências de novas competências para as freguesias, pelos municípios, provêm do orçamento municipal após deliberação da assembleia municipal e de freguesia, não podendo ser inferiores aos constantes de acordos ou contratos respeitantes às mesmas matérias."

locais cujos órgãos se encontram mais próximos dos cidadãos, o Programa do XXI Governo Constitucional preconizava a afirmação do seu papel como polos essenciais da democracia de proximidade e da igualdade no acesso aos serviços públicos, procurando, também, contribuir para o desenvolvimento das regiões mais periféricas e do interior, assim assegurando uma maior coesão territorial.

Usando o processo de reorganização administrativa de Lisboa como referência, pretende-se que as freguesias exerçam competências em domínios que eram atribuídas apenas por delegação legal, por vezes ao sabor de estratégias políticas meramente conjunturais. Neste sentido, o decreto-lei concretiza a Lei n.º 50/2018, de 16 de agosto, a qual estabelece o reforço de várias competências das freguesias em domínios integrados na esfera jurídica dos municípios. Foram ouvidas a Associação Nacional de Municípios Portugueses e a Associação Nacional de Freguesias"[260].

O relatório de acompanhamento da DGAL – Direção Geral das Autarquias Locais, relativo ao 2.º trimestre de 2022 (o último disponível), é elucidativo acerca dos resultados práticos da aplicação da lei. Verifica-se que estão abrangidos cerca de um terço das autarquias locais, quando diz que, "112 municípios têm formalizada a transferência de competências para os órgãos de freguesia, o que corresponde a um total de 1116 freguesias a exercer competências descentralizadas. De referir que existem municípios que não transferiram as competências para todas as freguesias do respetivo território, seja porque as freguesias não as aceitaram, seja porque o município pretende manter as competências na sua esfera de atuação, seja ainda porque se encontram em negociações sobre os valores a transferir"[261]. Já no que diz respeito ao "número de Espaços Cidadão (EC) é de 803, mais 2 de que no trimestre anterior, mantendo-se, no entanto, 61 municípios sem qualquer Espaço Cidadão e 22 com Espaços Cidadão em todas as freguesias, estando a decorrer (com abertura a curto prazo) a instalação de 32 espaços cidadão"[262].

Importa ter presente que havendo um regime e estatuto (quase) único para as mais de três mil freguesias, verifica-se, em regra, serem as urbanas as que

[260] DECRETO-LEI N.º 57/2019, de 30 de abril, Preâmbulo.

[261] DGAL – Acompanhamento do processo de descentralização, execução do 2.º trimestre de 2022 http://www.portalautarquico.dgal.gov.pt/pt-PT/transferencia-de-competencias/relatorios-de-acompanhamento/

[262] DGAL – Acompanhamento do processo de descentralização, execução do 2.º trimestre de 2022 http://www.portalautarquico.dgal.gov.pt/pt-PT/transferencia-de-competencias/relatorios-de-acompanhamento/

mais despidas de competências se encontram, por as mesmas serem assumidas na malha da vila ou cidade pelo município, sendo raros os casos de acordos de execução com estas, ao contrário das freguesias não urbanas, onde é comum. O lamento bem recente do presidente da maior freguesia urbana de Braga (mais de 30 mil habitantes) foi notícia de primeira página de diário bracarense: "Ricardo Silva quer mais competências para a Junta de S. Victor"[263].

Como se percebe, vivemos tempos em que se deseja o reforço de competências das autarquias locais (mais dos municípios, menos das freguesias), sendo que este é um caminho que está a ser feito, não sendo ainda muito claros os resultados práticos de tais vontades políticas. O tempo, só o tempo, ajudará a fazer claro o que hoje não o é em pleno.

§5. Conclusões.

Precisamente em relação às freguesias e "como se percebe por este impulso legislativo, em causa está mais o reforço do princípio da subsidiariedade do que propriamente uma ideia de descentralização administrativa, tal como prevista na CRP. Não existe qualquer transferência de atribuições"[264], apenas se reforçam as competências das freguesias em domínios em que estas no geral já intervinham. Merece atenção o facto de o Decreto-Lei n.º 57/2019, de 30 de abril, que densifica as transferências dos municípios para as freguesias, especificar no art. 7.º a possibilidade de reversão de competências por acordo entre as partes, algo que não é previsto nas que são transferidas do Estado central para as autarquias e entidades intermunicipais. Aqui o Estado deixa ao cuidado dos intervenientes uma possibilidade que não permite na sua relação com as entidades para quem descentraliza competências.

Assim, as transferências que presenteiam as freguesias, provenientes dos municípios, caraterizam-se por lhes permitir tratar de um conjunto de tarefas, sim tarefas. Estas não são propriamente novidade para este tipo de autarquias locais, pois como se pode verificar nas competências elencadas na Lei 75/2013, encontram-se expressões como: pronunciar-se; participar; informar; colaborar; facultar a consulta; promover; apoiar; emitir parecer; prestar toda a colaboração; conservar e reparar; gerir, conservar e promover

[263] JORNAL DIÁRIO DO MINHO, Ano CIII | n.º 33469, 02 de março de 2023, capa

[264] CARLOS JOSÉ BATALHÃO, "As novas competências das freguesias", in: *Revista das Freguesias*, n.º 10, Braga, 2019, p. 19.

a limpeza; promover a reparação; fornecer material de limpeza e de expediente; colocar e manter; proceder à manutenção e conservação; passar atestados. Todas bem eloquentes quanto ao que se espera que uma Junta de Freguesia realize... tarefas, atrás de tarefas, sem evidente autonomia na decisão. A palavra "decidir" aparece uma única vez acerca de exercício de funções a tempo inteiro ou meio tempo do Presidente de Junta. A autonomia financeira é deficitária, logo não cumprida, deixando as freguesias completamente dependentes dos municípios, fazendo apenas o que eles entendam por bem, no momento que acreditem ser adequado e com o valor que aprovem. Percebe-se que não é só a descentralização que não chega às freguesias. De algo que se aparente com uma autarquia local, apenas o facto de ter os seus órgãos eleitos democraticamente.

Dito isto, crê-se, a partir dos dados apresentados, que é possível retirar algumas ilações e até mesmo conclusões, certamente úteis. Vejamos em 12 pontos:

1. Há o sentir da comunidade, que continua a ser de que "prosperar fora de Lisboa e do Porto é uma tarefa muito difícil num país tão centralista e centralizador como Portugal. E esse é um dos principais problemas do nosso país"[265];
2. Verifica-se também que o "movimento pendular" antes citado, entre descentralização e centralização, acaba por se continuar a fazer sentir. Umas vezes por ação, outras por omissão, quando não mesmo centralizando;
3. A Descentralização implementada pela Lei n.º 50/2018 não teve, ainda, a relevância nas freguesias que poderá ter nos outros entes envolvidos. Provavelmente nunca chegará a ser notória, desde logo porque se fala essencialmente de subsidiariedade;
4. O legislador colocou a universalidade nas transferências do Estado para os outros entes, mas não o fez (e bem) dos municípios para as freguesias;
5. A Descentralização (conceito e princípio com referência constitucional) e a forma como a mesma chega às freguesias, decorre seguindo toda a prática habitual dos procedimentos e relações que o Estado

[265] PEDRO MORGADO, "Unir Braga e Guimarães", in: *Jornal Correio do Minho*, 8 de março de 2021, p. 17.

e outros entes do Poder Local vão tendo com estas – pouca ou nenhuma relevância e reduzida atenção;

6. Importa ter presente que o expresso no número anterior é consequência dos factos que demonstram terem e serem os órgãos das freguesias entes que funcionam quase só como "facilitadores", interlocutores junto dos órgãos do município, relação que nem sempre acontece em regime de paridade;
7. Na verdade, são alvo de simpatia e palavras de reconhecimento e incentivo, que não se traduzem em atos que lhes confiram uma paridade equivalente à conferida constitucionalmente;
8. Os padecimentos de que possam sofrer as freguesias não derivam desta lei de 2018, tão pouco da de reorganização administrativa, conforme muitos de forma exagerada acreditam;
9. As freguesias sofrem por terem realidades muito distintas (interior *versus* litoral; áreas e populações muito diferentes) e manterem um regime que se lhes aplica quase que único – com a exceção das Freguesias de Lisboa – num enquadramento que passados perto de 50 anos do seu reconhecimento constitucional, enquanto ente autárquico, se perdeu, acreditando-se que tenha sido de forma irreversível;
10. Contributo forte para a perda de relevo das freguesias estará na digitalização que abre horizontes a cada vez mais cidadãos, a que acresce a quebra progressiva de laços identitários à terra, num rumo que se crê não terá volta;
11. Por fim, justifica-se pensar as freguesias mais além da Descentralização e suas eventuais consequências, pois está em aberto uma reflexão mais profunda e que possa conduzir à descoberta do rumo que podem vir a ter, no futuro, na organização administrativa portuguesa;
12. A reflexão alargada ajudará a fazer luz, a determinar o rumo que a todos beneficie, sem que se fique preso a amarras que hoje possam já não fazer sentido... num caminho de (re)afirmação de um papel em prol da comunidade.